山东省社科理论重点研究基地孔子研究院

中外文明交流互鉴研究基地成果

尼山世界儒学中心
中国孔子基金会 文库

曲阜碑刻视域下的孔子与历代中国

陈霞 著

齐鲁书社
·济南·

图书在版编目（CIP）数据

曲阜碑刻视域下的孔子与历代中国 / 陈霞著. -- 济南：齐鲁书社, 2023.9
ISBN 978-7-5333-4757-4

Ⅰ. ①曲… Ⅱ. ①陈… Ⅲ. ①儒学－研究－中国 Ⅳ. ①B222.05

中国国家版本馆CIP数据核字(2023)第140781号

项目统筹：许允龙
责任编辑：王江源
装帧设计：亓旭欣

曲阜碑刻视域下的孔子与历代中国
QUFU BEIKE SHIYU XIA DE KONGZI YU LIDAI ZHONGGUO
陈霞 著

主管单位	山东出版传媒股份有限公司
出版发行	齐鲁书社
社　　址	济南市市中区舜耕路517号
邮　　编	250003
网　　址	www.qlss.com.cn
电子邮箱	qilupress@126.com
营销中心	（0531）82098521　82098519　82098517
印　　刷	日照日报印务中心
开　　本	720mm×1020mm　1/16
印　　张	15.75
插　　页	2
字　　数	231千
版　　次	2023年9月第1版
印　　次	2023年9月第1次印刷
标准书号	ISBN 978-7-5333-4757-4
定　　价	88.00元

序

　　曲阜是孔子故里、儒学发源地。在这片圣土之上，曾经或迄今保留着大量有关孔子、孔庙和儒学的碑刻。这些碑刻本身，反映了历史上对孔子、儒学的重视。同时，碑刻的内容，更是孔子思想在传统社会存在与发展的真实记录，是儒学与历代政权互动的体现，具有重要的学术价值与现实意义。也正因为曲阜碑刻内容独特、价值突出，骆承烈先生曾整理、辑录曲阜碑刻，并将它们称为"石头上的儒家文献"。所以，从曲阜碑刻文献入手研究孔子、儒学与中国传统社会的关系，本身具有重要的学术价值。

　　现在呈现在大家面前的这本《曲阜碑刻视域下的孔子与历代中国》，是陈霞博士在其博士论文的基础上经过加工修改而成。陈霞博士出生在曲阜圣地，硕士研究生毕业后又工作于设在曲阜的儒学专门研究机构孔子研究院，一直从事孔子思想和儒家文化的学习与研究。2013年，她考取曲阜师范大学孔子文化研究院在职博士研究生。由于当时她正参与其在职单位所承担的国家社科基金重点项目"中国曲阜儒家石刻文献集成"，着力于曲阜碑刻的整理与研究工作，所以就将其作为其学位论文的研究方向。另外，相较于备受学者关注的传世文献，碑刻文献对于研究孔子、儒学，在材料、视角上也都比较新颖。所以，她最终以此为题，完成了其博士论文的撰写与答辩。

　　曲阜存有众多有关孔子、儒学的碑刻，这与历史上对孔子祭祀的重视密不可分。《明史·钱唐传》记载，洪武二年，刑部尚书钱唐上书曰："孔子垂教万世，天下共尊其教，故天下得通祀孔子，报本之礼不可废。"侍郎程徐亦上疏言：

"古今祀典，独社稷、三皇与孔子通祀。天下民非社稷、三皇则无以生，非孔子之道则无以立。尧、舜、禹、汤、文、武、周公，皆圣人也；然发挥三纲五常之道，载之于经，仪范百王，师表万世，使世愈降而人极不坠者，孔子力也。孔子以道设教，天下祀之，非祀其人，祀其教也，祀其道也。今使天下之人，读其书，由其教，行其道，而不得举其祀，非所以维人心扶世教也。"这道出了自古以来人们祭祀孔子的深刻意义，乃在于宣扬孔子之道，推行孔子之教，以维系人心，匡扶世教，保证社会有序发展，真所谓"孔子之道，天下一日不可无焉"。

曲阜孔庙，是孔子祭祀之本庙，历代政权对其非常重视。"丹青所以图盛迹，金石所以刊不朽。"这些树立于曲阜孔庙等文化遗迹的众多碑刻，记载了孔子之道对于历代政权稳定巩固、中华民族绵延昌盛的重要贡献。如今，当我们漫步圣域，在感受孔庙建筑、苍苍古柏所带来的庄严肃穆的同时，辨识古碑，品读孔子之道，或许更能深刻地体会到圣人之所以为圣人的原因。

"知之非艰，行之惟艰。"陈霞博士所选的这一题目看似容易，实际撰写起来并不容易。由于曲阜碑刻所涉时间跨度大，需要对各个时期的儒学发展状况有比较清晰的把握，方可知晓石碑刻立的背景及原因，进而理解碑刻的内容。此外，出于对孔子、儒学的无上尊崇，碑刻内容多有美誉和文饰之嫌，需要综合传世文献进行深入分析，方可透过碑刻记载而探究儒学发展之真实状况。在写作的过程中，陈霞博士阅读了大量史料，认真研读碑文，力争将这些重点、难点一一消化解决，论文最终得以顺利完成。

当然，"曲阜碑刻视域下的孔子与历代中国"是一个大题目，需要多学科、多领域的学者不断研究，方能不断深入并最终完成。本书以曲阜碑刻考察儒学在历代的发展状况，尚属初步尝试。希望陈霞博士能以此书的出版为新起点，在其学术之路上不断精进，也希望此书之出版，能为广大孔子、儒学爱好者及相关领域的研究者提供方便与帮助。

黄怀信

2023 年 2 月 6 日

目　录

绪　论

一、曲阜碑刻文献及其研究意义

在中国，将文字镌刻于石的记事方式起源很早。根据目前发现的石刻文字实物，至少在商代，石刻铭文就已经出现。春秋战国时期，不仅有了现存规模较大的"石鼓文"，而且在当时的文献《墨子》一书中，也有"是以书之竹帛，镂之金石，琢之盘盂，传遗后世子孙"[①]"咸恐其腐蠹绝灭，后世子孙不得而记，故琢之盘盂，镂之金石，以重之"[②]等记载。可见，在记载、传播媒介尚不发达的古代，人们往往将重要之事刻之于石，希望"托以金石之坚，广传后世"。秦汉，特别是东汉以来，刻石记事更是蔚然成风，且刻石内容逐渐丰富，国家凡是遇到像纪功颂德、颁布宪令、盟誓立约等重大事件，一般都要刻于石碑，以昭告天下，希冀传之无穷。久而久之，就形成了后世存在方式独特却有重要价值的碑刻文献。

曲阜是孔子的故乡，也是儒学的发源地，这里存有众多与孔子、儒学相关的文化遗迹。这些遗迹、遗存历经风雨沧桑，静静地矗立在这个被誉为"东方圣城"的地方，并以其独特的方式，向人们讲述着文明的演进、儒学的发展，以及孔子历史地位的升降沉浮。其中，遍布于曲阜城内外的历代碑碣石刻，尤为令人关注。

---

① （清）孙诒让：《墨子间诂》卷九《非命下》，中华书局 2001 年版，第 279～280 页。

② （清）孙诒让：《墨子间诂》卷八《明鬼下》，第 236 页。

　　据统计，曲阜现存碑刻多达一万余幢。从西汉到近代，几乎代代均有石碑被刻立。这些石碑时间跨度长达两千多年，且从无到有，由少而多，主要分布于曲阜的孔庙、孔府、孔林、颜庙、周公庙、少昊陵、尼山等儒家文化遗迹，其中尤以孔庙、孔府、孔林最为集中。它们形制多样，大小不一，有立于地上的石碑，也有镶嵌在墙壁上的石碣、题记等，最大的有五六米高，重达五六十吨，最小的则仅有十几厘米，真可谓"巨者逾丈，小者不盈尺"。此外，就碑文书写而言，篆隶行楷，诸体兼备；从文体看，散体骈文，诗歌颂赞，多姿多彩。因此，曲阜碑刻可谓多种多样。

　　除了数量与形制，曲阜碑刻的价值也特别引人注意。例如，碑刻界历来有"中国汉碑半济宁"的赞语，而曲阜所藏汉代碑刻，又占济宁地区的大半①，因此，曲阜所存汉碑实际上居全国汉碑数量之首，故又有"中国汉碑半济宁，济宁汉碑在曲阜"的说法。除了数量，曲阜汉碑的价值也尤为显著，像《鲁六年北陛石》《五凤二年鲁孝王刻石》《永兴元年乙瑛置守庙百石卒史碑》《永寿二年韩敕礼器碑》《建宁二年史晨前后碑》《汉泰山都尉孔君之碑》《建宁四年博陵太守孔彪碑》《熹平二年残石》等②，都是我国碑刻历史上的早期之作，无论是书法艺术，还是史料价值，都堪称我国石刻中的瑰宝。除了汉碑，曲阜也存有一部分魏晋南北朝时期的碑刻，例如《黄初年间鲁孔子庙之碑》《神龟二年魏兖州贾使君之碑》《正光三年魏鲁郡太守张府君清颂之碑》《兴和三年李仲璇修孔子庙碑》《乾明元年郑述祖夫子庙碑》等，这些碑刻，在留存量本来就少的魏晋南北朝碑刻中，显得更加珍贵。为此，曲阜专设汉魏碑刻陈列馆，对这些碑刻予以更加完善的保护。除此之外，曲阜还有许多金、元、清等朝代的碑刻，对研究少数民族文字、政治、历史等都有重要价值。

---

　　① 据统计，目前全国仅存汉碑70余幢，济宁市就存有39幢，而曲阜市存有31幢。

　　② 本书所涉及的曲阜碑刻名称，主要依据骆承烈汇编：《石头上的儒家文献——曲阜碑文录（上、下）》，齐鲁书社2001年版；杨朝明主编：《曲阜儒家碑刻文献集成》（上、中、下），齐鲁书社2022年版。

实际上，除了数量众多、价值显著之外，曲阜碑刻最引人注意、最具价值与特色的，就是石碑之所立、碑文之所记，几乎都与孔子、儒学密切相关。也正因为如此，前辈学者骆承烈教授将曲阜碑刻称为"石头上的儒家文献"①，可谓名副其实。

从曲阜现存历代碑刻来看，最早出现在曲阜的碑刻是西汉年间的。其中，刻于西汉景帝中元元年（前149）的《鲁六年北陛石》是最早的一幢。不过，从这一时期碑碣的数量与内容来看，后世碑刻的广泛功用尚未出现，碑刻与孔子、儒学的关联尚不密切。其中原因，一是由于西汉尚处于我国碑刻发展的早期阶段，碑刻本身数量有限；另一方面，则是因为孔子的地位并未如儒学的地位那般获得实质性提高，正如有学者所言，"西汉之时，孔子地位大概只能说是尊而不贵"②。因此，汉武帝及其后继者对祭孔礼仪的关注与重视尚不如后世，有关孔庙、孔子祭祀的相关制度也不完备，所以西汉时期仅有的几幢碑碣与孔子、儒学的联系尚不紧密。但到了东汉时期，曲阜碑刻数量明显增多。③这一方面是由于东汉时期中国碑刻的整体发展，更重要的则是随着儒学作为国家正统思想影响的深入，东汉王朝对孔子的尊崇有了明显提升。其中最重要的体现，就是祭孔被纳入国家祭祀体系，成为国家祭祀的有机组成部分，而曲阜孔庙也开始设立守庙官——"百石卒史"，由此，曲阜孔庙由私庙上升为官庙，以往的私人祭祀转变为国家祭祀。不仅如此，褒封孔子及其后裔、修缮孔庙等举措也日渐频繁。而东汉以后的历朝历代，更是遵照汉制，将祭孔、修庙、褒封孔子及其后裔等尊孔举措推向极致。在尊孔举措——落实的同时，历代统治者为了记录朝廷的尊孔崇儒之举，更借此宣示文化认同、宣扬儒家教化，往往勒石树碑于曲阜孔庙、孔林等地；

---

① 参见骆承烈汇编：《石头上的儒家文献——曲阜碑文录》（上、下），齐鲁书社2001年版。

② 黄进兴：《优入圣域：权力、信仰与正当性》，中华书局2010年版，第147页。

③ 骆承烈汇编《石头上的儒家文献——曲阜碑文录》收录东汉时期碑刻25幢。

而曲阜当地官员、孔子后裔，为了彰显孔子的历史地位及朝廷尊荣，也往往树碑刻石。因此，自东汉时起，曲阜碑刻就与历代政权对孔子、儒学的态度紧密联系起来，甚至一个朝代碑刻数量的多寡，就是孔子地位与儒学发展状况在那个时期的最直观的反映。

这些大大小小、历经岁月与风雨的碑刻，其碑文或斑驳不可辨，或依旧清晰。在这些碑文中，记载了历代王朝对孔子的褒扬与封赐，记载了以帝王为代表的统治者前来阙里对孔子的拜祭，记载了朝廷或当地政府对阙里孔庙的重视与修缮扩建，记载了历代政权对孔子后裔的种种优待，也记载了历史上许许多多的政要大员、文人儒士亲至阙里表达对孔子的敬仰。在这些碑刻记载的背后，体现的是孔子在中国传统社会历史地位的不断提升，体现的是儒学与历代中国社会的双向互动。

我们知道，孔子生逢礼崩乐坏的春秋乱世，他追慕古圣先王，推崇"郁郁乎文哉"的周代礼乐制度；他有着强烈的社会责任感，以"斯文在兹"的自觉与抱负，担当起整顿失序社会、治国、平天下的职责。因此，他所创立的儒学，是关注社会人生之学，是治国理政之学。也正是因为这一本质特征，儒学在汉武帝时期受到尊崇，成为国家的正统思想。自此以后，儒学不仅实现了参与国家治理的夙愿，并且日渐制度化，成为历代帝王治国理政必不可少的统治方略。一直到近代，制度性的儒学才逐渐解体，儒学再次降为学术一派。可以说，在整个中国传统社会，儒学虽然一直不断地受到佛、道等意识形态的挑战，但终究不失其正统地位，在国家治理与社会生活中发挥着主导作用，影响着传统中国的方方面面。对于孔子思想与历代政权之间的关系，元代曹元用曾一语中的，他说："孔子之教非帝王之政不能及远，帝王之政非孔子之教不能善俗。教不能及远，无损于道；政不能善俗，必危其国。"（《天历二年曹元用代祀阙里孔子庙碑》）① 此语既言及孔子思想的发展与影响对国家政权的依赖，更道出政治治理对孔

---

① 杨朝明主编：《曲阜儒家碑刻文献集成》（上），第319页。

子思想的需求。那么，在两千多年的中国传统社会中，孔子思想是如何存在与发展的？又是如何治理并影响社会的？这些问题虽然在传统的史籍文献中不乏记载，但曲阜的这些碑刻文献又为我们打开了一片独特而具体的新天地。曲阜，是孔子生长、生活与长眠之地，也是历史上治统与道统典型交汇之地，曲阜碑刻就如同历史时空里的简册，默默而又"深刻"地向人们讲述着孔子的历史境遇，以及儒学是如何在与历代社会的互动中发展的。

　　总而言之，曲阜因其作为孔子故里的独特原因，自西汉至近代，留下了大量的碑刻石碣。这些碑刻石碣，在现代人的认识中是一种以雕刻为表现手段的造型艺术，也是一种文物，但实际上，它们更是一种特殊的历史文献，是古代思想、文化的载体。它们保存了许多历史上的珍贵史料，也是孔子思想在历代发展变化的见证。

　　正是因为曲阜碑刻具有文字艺术、文献史料等重要价值，在中国历史上逐渐受到重视和保护。其中，规模最大的一次当是清代道光十八年（1838）创建孔庙碑林，将由汉至清的五百多幢碑刻石碣（主要包括同文门院、西斋宿院和十三碑亭院的碑刻）集中于孔庙大中门至大成门之间，从而使得曲阜碑刻得到了更好的保护，也奠定了今日所见曲阜孔庙碑林的规模。1998 年，曲阜文物管理部门又成立曲阜汉魏碑刻陈列馆，将原存和散落于孔庙、孔林等处的汉魏碑刻和部分其他朝代的重要碑刻移入馆内，进行集中保存和陈列。以上措施，有效地保存和保护了曲阜碑刻。然而，碑刻材质为石，虽然坚固难朽，但并非坚不可摧，特别是历经漫长的历史发展，在风雨侵蚀和人为破坏下，许多石碑已经湮没流失，即使得以保存下来，也被破坏得非常严重，尤其是一些材质稍差的石碑，碑文早已斑驳不可认。而且，随着时间的流逝，这种破坏会越来越严重，所以，抢救石碑、保护石碑、积极研究与利用石碑，显得非常必要。这也是本书出版的重要意义之所在。

二、相关研究现状的回顾与分析

碑刻在中国历史上出现很早，而对其系统研究则比较晚。不过，自宋代金石学形成，碑刻研究也有了近千年的学术传统。在这一学术传统下，曲阜碑刻因其数量多、儒学特色显著而成为学者们搜集、整理、研究的重要对象。

（一）民国以前曲阜碑刻的著录与研究

金石学自北宋形成以来，至清代达到鼎盛，其间不乏金石著作问世，其中具有代表性的有欧阳修的《集古录》，赵明诚的《金石录》，洪适的《隶释》，王昶的《金石萃编》，毕沅、阮元的《山左金石志》，孙星衍、邢澍的《寰宇访碑录》等。这些金石著作辑录了许多古代的金石铭文，甚至一些器物、碑刻的图像、拓片，对保存古代文化资料具有重要意义。曲阜碑刻众多，特色鲜明，在书法、史料等方面都具有重要价值，因而深受金石学者们重视，像欧阳修的《集古录》，赵明诚的《金石录》，孙星衍、邢澍的《寰宇访碑录》等金石文献，均有对曲阜碑碣石刻的著录与记载。这些金石著作对于辑存曲阜碑刻碑文有着重大的贡献，是当下我们研究曲阜碑刻的基础与重要资源。不过，受时代学术风气和当时研究条件的限制，这些著作大多只是著录了曲阜的部分碑刻，而且多为简要记录碑名；有的虽辑录碑文，并对碑文内容进行了一番研究，但多涉及对部分碑文记载的考证，不详细、不系统。总体来说，这些金石著作在碑刻的保存与著录方面有着重要贡献，但在思想学术方面的研究尚不深入。

除了金石著作，曲阜碑刻也多出现在曲阜的方志文献中。曲阜方志文献较多，这一方面源于曲阜历史悠久，且作为孔子的故乡，文化遗迹众多，当地官方重视对曲阜历史、地理、人文等资料的整理；另一方面，曲阜孔氏一族延绵不绝，学者辈出，孔子后裔自觉承担起追溯、记载、保存先祖及其子孙生长、生活的这片地域上的人与物的责任。所以，在历史上形成了许多关于曲阜的地方志著作。这些著作有的是官修的，像《曲阜县志》

《续修曲阜县志》；有的是孔子后裔或者有志于此的儒士所修，像宋代孔传撰《东家杂记》、金代孔元措编撰《孔氏祖庭广记》、明代陈镐纂修《阙里志》、明吕兆祥重修《陋巷志》、清孔继汾述《阙里文献考》等。这些方志文献著录、保存了许多曲阜的碑刻文献资料，有的仅著录碑名，有的著录碑文，并对碑文有一定的考释与说明。此外，在《山东通志》《山东省志》等省市地方志中，也有部分章节涉及曲阜碑刻。但这些方志文献大都停留在碑名、碑文著录与文献保存上，而没有对碑文进行学术研究。另，清孔昭薰等曾编《至圣林庙碑目》，民国年间孔祥霖曾编《曲阜碑碣考》，虽然以曲阜碑刻为主，但只是辑录孔庙、孔林中的一部分碑刻的名称，内容极其简略，亦谈不上学术研究。

（二）曲阜碑刻研究现状

新中国成立以后，特别是改革开放以来，随着金石学、方志学、碑刻学等文献学分支学科的发展，以及学术界对出土文献的学术价值越来越重视，曲阜碑刻文献的价值也被重新审视。在这一学术氛围下，对曲阜碑刻的整理与辑录、对曲阜碑刻的学术研究等相继展开，取得了一系列的成果。

1.整理与辑录。新中国成立之后的碑刻整理与辑录，以综合性著录较多，例如刘正成等主编《中国书法全集》、徐玉立主编《汉碑全集》、包备五编著《齐鲁碑刻》等都是将曲阜碑刻作为书中的一部分予以整理与辑录，专门对曲阜碑刻进行整理辑录的著作并不多见，但也取得重要突破。

骆承烈教授汇编的《石头上的儒家文献——曲阜碑文录》是这一时期的一大力作。该书专门整理与收录曲阜碑刻，共收碑碣1000余幢，按照年代分汉魏碑、隋唐宋金碑、元碑、明碑、清碑、民国以来碑六部分。该书主要是对碑文的辑录，但在每篇碑文后对碑碣概貌，包括立碑时间、地点、形制、文献收录等情况均有比较详细的介绍；同时，也对碑碣所立时期的相关政治、文化等背景，碑文撰写者、碑碣刻立者相关信息，碑文内容、碑刻价值等有较为详细的阐释与说明。不仅如此，骆教授注意到曲阜碑刻的儒家特色，将曲阜碑刻称为"石头上的儒家文献"，明确地将曲阜碑刻置于"儒家文献"的范畴内，引导人们以儒学的视角使用这批材料。可以说，该书是全面、系统考察曲阜碑刻的一大力作，也是目前辑录曲阜碑刻最多、最全的一部著作，不仅有抢救历史文物、保存文献史料之功，还有助于推动中国儒学的深入研究。不过，该书侧重于对碑文的辑录，虽然每篇碑文后有关于碑文内容的相关阐释，但阐释过于简略，全面、深入的研究并未展开。

杨朝明教授主编的《曲阜儒家碑刻文献集成》①是国家社科基金重点项目"中国曲阜儒家石刻文献集成"的结项成果，也是近年来曲阜碑刻文献辑录与研究的又一力作。该书是在以往曲阜碑刻辑录的基础上，对曲阜所存碑碣重新进行实地考察，并重新整理与辑录。该书共收录 600 余幢碑刻，按照朝代先后，一碑一篇，每篇碑文正文前列碑刻概貌，对碑文所立时间、地点、形制、文献收藏、艺术价值等信息进行介绍，碑文后又有对碑文疑难字词的注释与对碑文的论说。该书不仅纠正了许多以往碑文辑录中存在的抄录讹误，并且对碑文进行论说，使得碑文的内涵与价值得以彰显。不过，该书仍重在对碑文的整理与辑录，部分碑文后虽有论说，但主要围绕该碑展开，故对曲阜碑刻整体来说，针对碑文内容的研究尚不全面与深入。

孟继新主编的《孔府孔庙碑文楹联集萃》②选取部分曲阜孔府、孔庙的重要碑刻，辑录全文，碑文后附有对碑文疑难字词的注释。该书对曲阜碑刻有整理、保存之功，但只是选取部分碑文进行辑录，且该书为面向大众的通俗读物，所以并未对碑文内容进行学术探讨。

李樯、李天择的《济宁汉碑考释》③是对济宁地区所存汉碑的一次整理

---

① 杨朝明主编：《曲阜儒家碑刻文献集成》（上、中、下），齐鲁书社 2022 年版。

② 孟继新主编：《孔府孔庙碑文楹联集萃》，中国社会出版社 2011 年版。

③ 李樯、李天择：《济宁汉碑考释》，中国社会出版社 2014 年版。

与考释，曲阜所存汉代碑刻几乎全部被囊括其中。该书以一幢石碑为一篇，每篇列考述、刻文、注释及今译等部分，内容涉及书法艺术、文字衍变、典章制度、习俗风尚等方面的知识，既通俗易懂，又有学术深度，但仍是针对每篇碑文独立分析，缺乏系统性。

以上著作主要是对曲阜碑刻的辑录与考释，有文献保存之功，但并未对碑刻内容进行深入的学术研究，更未重点从历史上孔子思想与社会互动发展的角度来审视和利用这批石刻资料。

2. 研究专著。将曲阜碑刻作为专门研究对象的专著尚未见到，很多著作是将曲阜碑刻作为山东碑刻的一部分进行研究。例如：

刘海宇的《山东汉代碑刻研究》①是对山东地区汉碑的整体研究。该书从碑刻的兴起、社会背景、学术价值等方面进行研究，其中涉及对部分曲阜汉碑的探讨与分析，例如有对曲阜汉碑数量的统计、分布的探讨，还有对个别碑刻的断代等问题的探讨，对研究汉代曲阜碑刻有着重要的参考价值。

孟凡港的《石刻中的山东古代社会》②是对山东境内的碑刻、画像石等石刻文献的总体研究，其中，专列"曲阜石刻与崇儒尊孔"一章，对曲阜石刻的数量及空间分布、曲阜石刻的类型与内容、曲阜石刻的学术价值有比较详细的探讨。这有利于人们从总体上了解曲阜碑刻及其价值，但此章只是著作的一部分，并未进一步对曲阜碑刻从朝代特色、碑文所体现的儒学与社会的互动等方面深入研究。

3. 单篇论文。对曲阜碑刻内容进行研究的单篇论文，主要集中于以下诸篇：

有从整体上分析与概述曲阜碑刻的。例如，孟凡港的《从曲阜碑刻看历史上的尊孔活动》③以曲阜碑刻为史料依据，考察历史上的尊孔活动。根

---

① 刘海宇：《山东汉代碑刻研究》，齐鲁书社2015年版。

② 孟凡港：《石刻中的山东古代社会》，中国社会科学出版社2019年版。

③ 孟凡港：《从曲阜碑刻看历史上的尊孔活动》，《北华大学学报（社会科学版）》2009年第1期。

据碑刻内容，作者将历史上的尊孔活动概括为封谥孔子、祭拜孔子、封谥孔子嫡裔并赏赐其特权、修缮孔庙并颁赐礼器等几项。从该文可见历史上尊孔之盛与儒学所受重视程度。孟继新的《孔庙孔府碑刻琐议》①从碑刻的由来、内容思想、艺术价值、时代特征等方面，对孔府、孔庙所存碑刻进行分析和概述，便于人们了解曲阜碑刻的价值与地位。

有对曲阜某一时代的碑刻进行断代研究的。例如，张九龙的《曲阜孔庙元代碑刻研究》②以曲阜孔庙所藏元代碑刻为研究对象，对曲阜孔庙元代碑刻的数量、分布、类型、特点等进行概述与分析，考察碑刻所体现的元朝政府对孔子与儒学的尊崇，并对元代出现的女性祭孔现象进行了分析。

有依据某一幢或者几幢碑刻来考证史实、订正传世文献讹误的。例如，孟凡港的《孔融父兄考：以碑刻为主要依据——兼对史志记载讹误的订正》③主要依据曲阜所存《永寿二年韩敕礼器碑》《建宁元年史晨奏祀飨庙碑》《汉泰山都尉孔君之碑》《建宁四年博陵太守孔彪碑》《永兴二年孔谦碣》等汉代碑刻，考察东汉文学家、孔子二十世孙孔融的父亲、兄弟及家学传统，并对史志中一些错误记载进行了订正。赵文坦的《蒙元时期曲阜县尹与孔子林庙祭祀》④《蒙元时期衍圣公袭封考》⑤都是根据曲阜所存元朝时期的碑刻文献，结合史籍来考察元朝时期朝廷对儒学及孔子后裔的态度，前者是考察元朝时期曲阜县尹的袭替及其与林庙祭祀的关系；后者是考察元朝时期衍圣公的袭替状况，并以此认为，曲阜圣裔之所以能在元朝时期袭爵，是与朝廷中儒臣的助力、皇帝对儒学的态度，以及孔氏族人的拥戴乃至孔

---

① 孟继新：《孔庙孔府碑刻琐议》，《孔子学刊》第四辑，上海古籍出版社2013年版，第237~255页。

② 张九龙：《曲阜孔庙元代碑刻研究》，山东大学2014年硕士学位论文。

③ 孟凡港：《孔融父兄考：以碑刻为主要依据——兼对史志记载讹误的订正》，《福建论坛（人文社会科学版）》2011年第3期。

④ 赵文坦：《蒙元时期曲阜县尹与孔子林庙祭祀》，《齐鲁文化研究》2010年总第9辑。

⑤ 赵文坦：《蒙元时期衍圣公袭封考》，《孔子研究》2012年第2期。

氏族谱有很大关系。赵文坦的《文宣公孔仁玉中兴本事考》[①]利用元代《孔氏宗支图记碑》、明代《报本酬恩之记碑》及后来发现的宋乾德二年所立的《孔仁玉墓志》，结合《阙里志》《阙里文献考》等史籍记载，考证在孔氏家族史上有"中兴祖"之称的孔仁玉的事迹，指出历史上盛传的"孔末乱孔"并非历史真实，而碑文之所以如此记载，其目的，"除辨明孔氏族裔或俾其子子孙孙世加存抚其外祖张氏外，更在于严内孔外孔之别，不使外孔享有豁免赋税徭役的权利"。彭庆涛、贾国俊的《〈鲁国郡孔府君墓志铭〉与真实的孔氏"中兴祖"》[②]与孔伟、孔玥的《由孔仁玉墓志铭论"孔末之乱"》[③]都是根据《孔仁玉墓志》来分析历史上的"孔末乱孔"是否确有其事。前者据墓志铭及文献记载分析，认为"孔末乱孔"并不真实，孔氏家族使人仰视的社会地位和优越的生活待遇，以及族群之间的矛盾斗争史等促使了这一传奇故事的产生；后者则从"为亲者讳"，以及当时孔仁玉去世时孔末后人仍生活在当世等原因分析，认为墓志铭虽然没有提到"孔末之乱"，但也不应该否认其历史真实性。卢巧玲的《大长公主祥哥剌吉参与祭孔之特例分析——从曲阜孔庙三块元代石碑谈起》[④]根据曲阜现存三幢女性祭孔石碑，来考察元代祭孔之特例，以及元代对孔子、儒学的尊崇。

有依据某一时期的部分石碑研究某一时代的思想、文化的。例如，秦颖的《曲阜汉碑的思想意蕴》[⑤]以曲阜汉碑为研究对象，对汉碑中的孝悌

---

① 赵文坦：《文宣公孔仁玉中兴本事考》，《孔子研究》2015 年第 3 期。

② 彭庆涛、贾国俊：《〈鲁国郡孔府君墓志铭〉与真实的孔氏"中兴祖"》，《孔子学刊》第六辑，青岛出版社 2015 年版，第 325～329 页。

③ 孔伟、孔玥：《由孔仁玉墓志铭论"孔末之乱"》，《孔子学刊》第六辑，第 330～334 页。

④ 卢巧玲：《大长公主祥哥剌吉参与祭孔之特例分析——从曲阜孔庙三块元代石碑谈起》，《孔子学刊》第六辑，第 314～324 页。

⑤ 秦颖：《曲阜汉碑的思想意蕴》，《历史教学》2015 年第 2 期。

观念及其影响、儒佛道的融合、士族意识与士风之间的关系进行了分析，认为"曲阜汉代碑刻是汉代碑刻的代表与两汉时代社会文化的缩影，它不仅反映了当时的社会政治文化与意识形态，而且还成为统治阶级用以强化和规制世人德行的有力载体"。陈金海的《曲阜汉碑视野下的经学与社会》① 根据曲阜汉碑考察汉代经学及其社会影响。张黎黎的《以"孔庙三碑"为例谈东汉晚期的崇孔尚儒》② 以孔庙著名的三幢石碑《永兴元年乙瑛置守庙百石卒史碑》《永寿二年韩敕礼器碑》《建宁二年史晨前后碑》为研究对象，考察东汉晚期的崇孔尚儒风潮与具体措施。王汉峋的《据曲阜汉碑刻论汉儒〈春秋〉学之得失——以获麟、制作与禅让为中心》③ 依据曲阜汉碑，对勘其他文献，考察先秦两汉《春秋》学的变迁与得失。陈霞的《颜、孟"亚圣"易位考论——从曲阜碑刻文献谈起》④ 结合汉至宋元明时期的传世文献与曲阜碑刻文献，考察其中所载"亚圣"这一称号指代人物的变化，分析"亚圣"这一称号由颜子到孟子的转换，进而探讨儒学的历史变迁。孔祥安的《明初朱元璋的尊孔崇儒及其政治原因——以曲阜现存洪武初年的碑文为考察中心》⑤ 根据曲阜现存洪武初年的《朱元璋与孔克坚、孔希学对话碑》和《洪武二年钦赐属员碑》，考察朱元璋建立明朝后对孔子、儒学的尊崇，并指出儒学及儒生对治国理政的重要作用是朱元璋重视儒学的原因。李翠的《民国初年孔教运动的缩影——"重修尼

① 陈金海：《曲阜汉碑视野下的经学与社会》，《孔子学刊》第五辑，上海古籍出版社 2014 年版，第 232～245 页。

② 张黎黎：《以"孔庙三碑"为例谈东汉晚期的崇孔尚儒》，《哈尔滨职业技术学院学报》2010 年第 3 期。

③ 王汉峋：《据曲阜汉碑刻论汉儒〈春秋〉学之得失——以获麟、制作与禅让为中心》，《孔子学刊》第四辑，第 256～265 页。

④ 陈霞：《颜、孟"亚圣"易位考论——从曲阜碑刻文献谈起》，《孔子学刊》第七辑，青岛出版社 2016 年版，第 252～261 页。

⑤ 孔祥安：《明初朱元璋的尊孔崇儒及其政治原因——以曲阜现存洪武初年的碑文为考察中心》，《孔子学刊》第五辑，第 256～264 页。

山圣庙之碑"研究》[①]根据民国十四年所立"重修尼山圣庙之碑"，考察民国初年的孔教运动及其社会影响。

有以考订碑文来彰显碑刻价值的。例如，杨海文的《重订曲阜孔庙元代加封孔子碑两通》[②]主要对曲阜孔庙所存的《元大德十一年加封孔子制诏碑》和《至大元年加封孔子及致祭颜孟祝文碑》两碑的碑文进行考订，并对两碑的内涵及文献学价值、思想价值等予以分析。

以上为学界关于曲阜碑刻研究的大体状况，总体来说，可以归纳为两点：其一，对碑文整理与辑录；其二，利用部分碑刻对某一史实进行考证，或者对某一朝代的政治、思想、学术等进行研究。这些研究取得了重要成果，既奠定了曲阜碑刻研究的基础，也开启了曲阜碑刻研究的大门。然而，这些研究成果，显然与曲阜碑刻的实际价值不相符合，还缺乏系统性、整体性研究。本书即在以上现有成果的基础上，从儒学在历史上存在与发展的角度，全面、系统地考察曲阜碑刻，揭示儒学与历代中国的密切关系。

三、本书研究思路与研究方法

（一）研究思路

本书以曲阜现存的碑刻文献为主要资料，结合历代史籍、金石文献、地方文献资料等，全面、深入地考察曲阜碑刻，通过碑文记载，分析石碑被刻立的政治、文化背景，梳理碑文记载内容，分析孔子思想与儒学在当时社会的状况，以及与时代、政权、社会的相互影响。总而言之，主要是通过曲阜碑刻来考察孔子、儒学与中国历代社会的互动。具体思路如下：

第一，基于目前学界对曲阜碑刻辑录的成果，全面研读与考察曲阜

---

① 李翠：《民国初年孔教运动的缩影——"重修尼山圣庙之碑"研究》，《孔子学刊》第四辑，第266～277页。

② 杨海文：《重订曲阜孔庙元代加封孔子碑两通》，《西夏研究》2013年第3期。

碑刻。通过前期研读曲阜碑刻辑录成果与实地考察，对曲阜碑刻的数量、内容等有一个整体把握；在此基础上，对碑文进行爬梳、整理与研读，查阅相关金石文献与方志文献，以及近年出版的相关碑刻研究成果，与曲阜所存石碑相互对照，查缺补漏，互相校勘，以求碑文准确，为本书写作奠定坚实的文献基础。

第二，按朝代分期对碑刻进行整理分析。主要从各个朝代碑刻的数量、碑刻的种类、碑刻被树立的背景与原因、碑刻的内容等方面，对碑刻所体现的儒学的时代背景、统治者对儒学的态度与影响，以及儒学在此基础上的存在与发展状况进行考察分析，以具体体现儒学的时代发展特色。

第三，重点对碑文记载所体现的儒学与历代政权、儒学与孔氏家族、儒学与士大夫之间的互动进行考察，分析儒学在当时社会的境遇，以及以帝王和士大夫为主的统治阶层、孔氏后裔、文人儒士等不同的阶层对儒学的推动与发展。

第四，通过分析，揭示儒学是中华民族最深沉的精神追求之一，也是中华民族生生不息、发展壮大的丰厚滋养。通过曲阜多种多样、历代不绝的碑刻可以看出，在中国两千多年的历史发展中，儒学以其最适合中国社会的思想、主张，成为历代统治者在政治治理中必不可少的统治方略。而在以帝王和士大夫为主的统治阶层的推动下，孔子的思想主张、儒学的内涵，已然深入民众的骨髓，内化为中华民族的基因，成为中华民族的精神追求之一，也是中华民族生生不息、发展壮大的丰厚滋养。因此，儒家思想文化不仅是中国历代的统治方略，也是现代中国社会治理的良方；不仅对古代中国有着移风易俗、稳定政治秩序的社会功用，更对现代社会起着救偏补弊、规范人心的指导作用。

（二）研究方法

1. 文献研究法。首先，立足目前曲阜所存石碑，对所存石碑进行梳理、整理，选取其中与儒学相关的碑刻重点研究。其次，查阅相关金石文献与方志文献，以及近年出版的相关碑刻研究成果，并与曲阜所存石碑两相对照，查缺补漏，互相校勘，以求搜集更多的石碑及获得更加准确的碑文内容，为本书写作奠定坚实的文献基础。

2. 文献分析法。对与儒学相关的碑刻文献进行分析，通过石碑本身形制的大小、碑文记载的内容，并结合史籍文献，来探析这些碑刻所体现的儒学内涵。

3. 分阶段研究法。将曲阜所存不同时期的碑刻与中国历史阶段及儒学的发展脉络相结合，分阶段研究分析。分析每一朝代碑刻数量的多寡、碑刻形制的大小、碑刻记载的内容，并将碑刻文献与传世文本文献对照，以此总结儒学在中国历代中的发展特点及其对社会的影响。

第一章　两汉："孔子大圣，为汉制作"

汉代时期，儒学获得长足发展。在经历了春秋战国时期的"百家争鸣"与秦王朝的"焚书坑儒"灾难后，随着"大一统"政权的建立，儒学以其关注社会人心、致力于治国理政之特点受到汉朝统治者的重视。从汉高祖到汉武帝，出于稳固中央集权与促进社会发展的需要，汉统治者对儒学越来越重视。至汉武帝"罢黜百家，尊崇儒术"，儒学从"诸子百家"中脱颖而出，受到尊崇。自此以后，儒学开始被纳入封建政权制度化的安排之中，实现了与政治权力的结合。这一变化，一方面使得孔子与儒学的地位有了显著提升；另一方面，在政权的保障之下，儒学得以最大化地发挥其"正人心、美风俗"的功用。而在儒学经历重大转变的同时，中国碑刻在这一时期也获得重大发展。出于"镂之金石，以重之""托以金石之坚，广传后世"的需要，孔子、儒学与石碑，开始密切结合。

第一节　曲阜两汉碑刻概述

在中国的碑刻界，素来有"中国汉碑半济宁"①的说法。而济宁地区的汉代碑刻，又以曲阜保存居多。据刘海宇《山东汉代碑刻研究》统计，"山

---

① 刘瑞轩、管斌：《山东古代书法论》，山东大学出版社1995年版，第182页。

东现存西汉和新莽时代碑刻 17 种……现存东汉时代碑刻 99 种"，两汉共计 116 种，其中济宁市"共计 59 种"，为全省 12 个拥有汉碑的地级市中现存汉碑数量最多的一个。[①] 济宁的 59 种汉碑，又以曲阜保存最多，有 21 种。因此，又有"天下汉碑看济宁，济宁汉碑看曲阜"的说法。曲阜汉代碑刻的重要性由此可见一斑。从这些碑刻的朝代分布上来看，又以东汉碑碣为多，且与孔子、儒学联系密切。

在中国碑刻发展史上，西汉时期的碑刻相对稀少，因此宋人有"前汉无碑"[②] 的感叹。正因如此，曲阜目前所存 7 幢西汉时期的碑碣石刻就显得弥足珍贵。这 7 幢碑刻分别是：《鲁六年北陛石》《五凤二年鲁孝王刻石》《西汉舞雩台刻石》《九龙山王陵塞石》《鲁市东安汉里禺石》《居摄二年上谷府卿坟坛刻石》《居摄二年祝其卿坟坛刻石》。

从碑刻的形制、内容等情况来看，这一时期的碑刻显然多为刻石。刻石是中国碑刻发展早期的一种形式。和后世的碑刻相比，这些刻石一般形制较小，上面刻字不多，其用途主要是作为宫殿等建筑物或者是墓葬落成的标志。因此，从刻石的文字内容上来看，此一时期的石刻与孔子、儒学关系不大。但在西汉碑刻稀少的情况下，曲阜尚能出现且保存这些石刻，应该与曲阜悠久的历史及其所积淀的文明底蕴密切相关。也正是在这些碑刻的基础上，随着西汉中期以来儒学逐渐上升为国家的正统思想，孔子、儒学逐渐受到政权的重视，至东汉，曲阜的碑刻数量明显增加，内容也愈加丰富。西汉时期的刻石虽然与儒学的联系尚不紧密，但其也弥足珍贵。例如《五凤二年鲁孝王刻石》《居摄二年上谷府卿坟坛刻石》《居摄二年祝其卿坟坛刻石》就具有很高的书法艺术价值，其刻字向世人呈现了我国早期书法中篆、隶二体的风采，是我国书法艺术史上的瑰宝。

相比于西汉，东汉时期的碑刻数量明显增多。根据目前曲阜所存东汉

---

① 参见刘海宇：《山东汉代碑刻研究》，齐鲁书社 2015 年版，第 41～45 页。

② （宋）陈槱：《负暄野录》，丛书集成初编本。

碑刻及文献记载，东汉时期的碑刻有 19 幢，它们分别是：《建武二十二年新富里淜石》《永兴元年乙瑛置守庙百石卒史碑》《永兴二年孔谦碑》《永寿元年孔君墓碑》《永寿二年韩敕礼器碑》《延熹元年藏堂题记》《汉泰山都尉孔君之碑》《建宁二年史晨前后碑》《建宁四年博陵太守孔彪碑》《熹平二年残碑》《汉故豫州从事孔君之碑》《东汉元圣殿周公负扆图刻字》《考槃涧刻石》《汉石人铭》《汉督邮曹吏题名残碑》《鲁相谒孔庙残碑》《陶洛残汉碑》《周府君碑额残石》《归德桥碑》[①]。以上为目前仍存在的石碑。另有一些石碑已不见，但文献或记有碑名，或辑录碑文，这些碑刻有《阳嘉残碑》《汉鲁相韩敕后碑》《汉婺州从事孔德立"孔子墓祠坊碑"》《汉司空孔扶碑》《汉尚书郎河东太守孔宏碑》《汉御史孔翊碑》《汉博士孔志碑》《汉尊士倪寿碑》《"张角"等字残石》《孔融墓碑》。[②]

除了数量有明显增加外，在内容上，东汉石碑开始镌刻文字以纪功颂德，其内容则多与当时政权尊孔崇儒密切相关，像《永兴元年乙瑛置守庙百石卒史碑》《永寿二年韩敕礼器碑》《汉泰山都尉孔君之碑》《建宁二年史晨前后碑》等，都是这一时期的著名碑刻，记载了东汉政权在孔子祭祀、孔庙官员设置、孔庙礼器设置等方面对孔子的褒崇。此外，《永兴二年孔谦碑》《永寿元年孔君墓碑》《建宁四年博陵太守孔彪碑》《汉故豫州从事孔君之碑》等孔子后裔的墓碑，也不同程度地体现了东汉政府对孔子后裔的重视。碑刻的内容，无疑是当时社会政治、经济、文化等状况的反映。曲阜东汉时期的碑刻，开始与儒学紧密相连，这显然是两汉儒学大发展的反映。

---

①《归德桥碑》碑身为东汉之物，碑中"归德桥"三字为后世所刻。参见骆承烈汇编：《石头上的儒家文献——曲阜碑文录》（上），第 52 页。

②此统计主要据刘海宇《山东汉代碑刻研究》所列"山东佚失汉代碑刻统计表"（第 114～121 页）而得，其中《孔融墓碑》依据骆承烈汇编《石头上的儒家文献——曲阜碑文录》（上）而得。

第二节　汉碑与汉代尊孔崇儒

一、"太牢祀孔"：汉高祖拉开尊孔序幕

虽然从曲阜所存碑刻来看，西汉时期的碑刻并不多，且与孔子、儒学联系不密切，但是后世众多尊孔崇儒碑刻的出现，以及后世帝王尊孔崇儒，却与西汉之初的汉高祖密切相关。《史记·孔子世家》记载："高皇帝过鲁，以太牢祠焉。"[①] 汉高祖在曲阜以太牢之礼祭祀孔子，可以说拉开了历代政权尊孔崇儒的序幕。

草莽出身的汉高祖刘邦实际上在其即位之初对儒学、儒生非常厌恶："沛公不喜儒，诸客冠儒冠来者，沛公辄解其冠溺其中。与人言，常大骂。"[②] 但不久以后，刘邦竟然亲临曲阜，并以太牢之礼祭奠孔子，成为中国历史上第一位祭孔的帝王。是什么原因促使这位开国帝王态度的急剧转变呢？

据史书记载，在以太牢之礼祭孔之前，刘邦还来过一次鲁地。《史记·项羽本纪》记载：

> 项王已死，楚地皆降汉，独鲁不下。汉乃引天下兵欲屠之，为其守礼义，为主死节，乃持项王头视鲁，鲁父兄乃降。始，楚怀王初封项籍为鲁公，及其死，鲁最后下，故以鲁公礼葬项王谷城。汉王为发哀，泣之而去。[③]

---

① （汉）司马迁：《史记》卷四十七《孔子世家》，中华书局 1959 年版，第 1945～1946 页。

② （汉）班固：《汉书》卷四十三《郦陆朱刘叔孙传》，中华书局 1962 年版，第 2105～2106 页。

③ （汉）司马迁：《史记》卷七《项羽本纪》，第 337～338 页。

鲁城曾是项羽的封地。项羽死后，楚国各地都投降了汉军，唯有鲁城人不肯就范，因为他们坚守礼义，为主人以死守节。直到最后刘邦让人拿项羽的头给鲁城人看，鲁城人才投降。鲁城人的这番义举，定然对不喜儒的刘邦产生不小的心灵震撼，之后，高祖刘邦用葬鲁公的礼仪把项羽埋葬在谷城，为他举哀发丧，并悼念一番方才离去。

如果说鲁城人的忠义之举只是让刘邦产生一时的心灵震撼的话，那么汉朝初立时儒生在朝仪、国策方面的建议与举措，更是让他对儒学有了直观的认识，并扭转了他对儒学的态度。

据《史记·刘敬叔孙通列传》记载，汉高祖五年（前202），天下已并，诸侯们在定陶拥立刘邦为帝时，"群臣饮酒争功，醉或妄呼，拔剑击柱，高帝患之"。跟着刘邦征战沙场的大臣们大都是草莽出身，一向不拘小节，不讲礼仪，立国之后，更是邀功论赏，飞扬跋扈。混乱的朝仪让刘邦日渐厌烦并深以为患。这时候，来自薛县的叔孙通便向高祖进言："夫儒者难与进取，可与守成。臣愿征鲁诸生，与臣弟子共起朝仪。"得到高帝的许可之后，叔孙通便到鲁地征得三十多名儒生带回长安，与他的弟子一起参照秦仪，采撷古礼，制定汉朝礼仪，并带领群臣学习与演练。两年后，长乐宫成，群臣于此行朝岁之礼，这也是汉高祖第一次接受群臣以正式朝仪朝拜。整个仪式，"自诸侯王以下莫不振恐肃敬……无敢讙哗失礼者"。这一秩序井然、尊卑凸显的朝仪，再一次带给高祖无比的震撼，以至于他禁不住地感慨："吾乃今日知为皇帝之贵也。"[①]并拜叔孙通为太常，赐金五百斤。刘邦对儒学的价值与功能有了更加深切的认识与体会。

除了叔孙通制定朝仪，汉初的另一位大儒陆贾更是不断向高祖宣讲儒学。《史记·郦生陆贾列传》记载陆贾时常在高祖面前说称《诗》《书》，高祖便骂他说："乃公居马上而得之，安事《诗》《书》！"陆贾则反驳他：

---

① （汉）司马迁：《史记》卷九十九《刘敬叔孙通列传》，第2722～2723页。

居马上得之，宁可以马上治之乎？且汤武逆取而以顺守之，文武并用，长久之术也。昔者吴王夫差、智伯极武而亡；秦任刑法不变，卒灭赵氏。乡使秦已并天下，行仁义，法先圣，陛下安得而有之？①

显然，此时的汉高祖对如何治理国家尚无明确认识，而陆贾的一番话道出了"打天下"和"治天下"的不同。高祖听着虽然不舒服，但对错了然于心，所以他心生惭愧，并让陆贾著书总结秦为何会失去天下、刘氏又为何能得天下，以及古代成功和失败的国家史实。于是陆贾"乃粗述存亡之征，凡著十二篇。每奏一篇，高帝未尝不称善，左右呼万岁，号其书曰'新语'"②。可见，陆贾及其《新语》，让曾经鄙视儒生的高祖及汉初群臣真切地接触到儒学的实质，也让他们转变了对儒学的态度。这也是汉朝之君臣开始走出"马上得天下"的胜利喜悦，并对强秦二世而亡的结局进行理性反思的结果。

显然，秦朝的灭亡带给汉初统治者的震撼是巨大的。那么，如何避免像秦那样短命而亡，又如何稳定汉初萧条破败的社会、振兴经济呢？在实际的感受与体验下，在儒臣的引导下，更是在立国之后一系列现实的社会问题的逼迫下，汉高祖刘邦，这个曾经对儒生极尽侮辱的皇帝，逐渐转变态度，对儒学、孔子，开始肃然起敬。所以，在汉高祖十二年（前195）十一月，"（高祖）行自淮南还。过鲁，以大牢祠孔子"③，以高规格礼仪祭祀孔子，向孔子致以崇高的敬意。高祖的举动，无疑影响了人们对孔子与儒学的态度，自此以后，"诸侯卿相至，常先谒然后从政"④。由此确立了孔子在汉朝乃至后世受人敬重的地位。

汉高祖以后，出于稳定社会、发展经济的需要，汉初的几代帝王都崇

---

① （汉）司马迁：《史记》卷九十七《郦生陆贾列传》，第2699页。

② （汉）司马迁：《史记》卷九十七《郦生陆贾列传》，第2699页。

③ （汉）班固：《汉书》卷一《高帝纪下》，第76页。

④ （汉）司马迁：《史记》卷四十七《孔子世家》，第1946页。

奉黄老之术，主张清静无为，休养生息，但儒学也以积极向上的治世态度不断地发展着。到汉武帝时，汉初的社会问题已基本解决，而站稳脚跟的汉朝需要更加统一、更加强大的政权来推动统治更加稳固，以及国祚的绵延不绝。于是，雄才大略的汉武帝采纳董仲舒等大儒的意见，"罢黜百家，尊崇儒术"，将儒学上升为国家的意识形态。自此以后，儒学成为汉碑里所说"为汉制作""为汉定道"的国家大法。

二、"孔庙三碑"中的孔子形象

《乙瑛碑》①《礼器碑》②《史晨碑》③素来被誉为"孔庙三碑"，在汉代乃至中国碑刻历史上都有着重要价值。这三幢碑，不仅体现了我国早期文字的发展与演变，有着重要的书法价值，而且从碑文内容上看，更是儒学与汉代社会互动的重要体现。从这三幢碑的碑文中，可见汉代对孔子的认识，以及孔子、儒学在汉代的地位与价值。现将"孔庙三碑"中体现时人对孔子认识的碑文摘录于下：

> 臣愚以为，如瑛言，孔子大圣，则象乾巛，为汉制作，先世所尊。（《永兴元年乙瑛置守庙百石卒史碑》）④
>
> 鲁相河南京韩君，追惟大古，华胥生皇雄，颜母育孔宝，俱制元道，百王不改。孔子近圣，为汉定道。自天王以下，至于初学，莫不

---

①又《汉鲁相乙瑛请置百石卒史碑》《孔庙置百石孔龢碑》《孔庙置守庙百石卒史碑》等，简称《乙瑛碑》。碑刻立于东汉桓帝永兴元年（153）六月，旧存于曲阜孔庙，现存于曲阜汉魏碑刻陈列馆。

②又名《鲁相韩敕造孔庙礼器碑》《韩敕碑》《韩明府修孔子庙碑》等，简称《礼器碑》。碑刻立于东汉桓帝永寿二年（156）九月，原在曲阜孔庙，现存于曲阜汉魏碑刻陈列馆。

③碑阳为《鲁相史晨祀孔子奏铭》，简称《史晨前碑》；碑阴为《鲁相史晨飨孔子庙碑》，简称《史晨后碑》。碑刻立于东汉灵帝建宁二年（169），原在曲阜孔庙同文门下，现存于曲阜汉魏碑刻陈列馆。

④杨朝明主编：《曲阜儒家碑刻文献集成》（上），第14页。

鞮思，叹卬师镜。（《永寿二年韩敕礼器碑》）①

　　臣伏念孔子，乾《《所挺，西（狩）（获）麟，为汉制作，故《（孝）经援神契》曰：玄丘制命帝卯行。（《建宁二年史晨前后碑》）②

　　在这些碑文记载中，鲁相乙瑛、韩敕、史晨口中的孔子，无论是出生还是事迹、贡献，都具有浓厚的谶纬色彩。

　　谶纬，是谶与纬的合称。所谓"谶"，《说文解字·言部》云："谶，验也，有征验之书。河雒所出，书曰谶。"可见，谶主要指《河图》《洛书》（《雒书》）这一类图书，它用诡秘的隐语、预言作为神的启示，向人们昭示冥冥之中的吉凶祸福、治乱兴衰。所谓"纬"，《四库全书总目》说其为"经之支流，衍及旁义"。汉代刘熙《释名·释典艺》云："纬，围也，反覆围绕以成经也。"清代王先谦《释名疏证补》引苏舆语指出："纬之为书，比傅于经，辗转牵合，以成其谊，今所传《易纬》《诗纬》诸书，可得其大概。故云'反覆围绕以成经'。"由此即可看出，纬书实际上就是以神学理论附会儒家经典，以解经为比附，宣扬符箓、瑞应、占验之书。根据文献记载，"谶"在先秦时期就已出现，"纬"则较为晚出，一般认为出现于汉代儒学经学化之后。大致在西汉中后期，谶纬之学系统成型，并全面盛行于东汉时期，对当时的社会生活与思想学术都产生重要影响。③

　　显然，"孔庙三碑"是在东汉谶纬之学流行的背景下被刻立的。而且，这三幢碑，其内容均为身为儒生的鲁相呈递给皇帝的奏疏，为官方文书，代表了当时社会的主流认识。而在这一主流认识中，孔子的形象与地位与先秦时期有着很大的差别。

---

① 杨朝明主编：《曲阜儒家碑刻文献集成》（上），第 22 页。

② 杨朝明主编：《曲阜儒家碑刻文献集成》（上），第 35 页。

③ 参见黄朴民：《两汉谶纬简论》，《清华大学学报（哲学社会科学版）》2008 年第 3 期。

首先，神化孔子。虽然碑文中称孔子为"大圣""近圣"，然与司马迁所说的"圣人"有着很大差别。谶纬中的孔子俨然由圣而神，成为具有神话色彩的圣人。孔子的诞生及容貌特征等，都被赋予了神话色彩。《礼器碑》有"颜母育孔宝""颜育空桑"等记载，这都出自纬书中的孔子感生说。《春秋演孔图》云："孔子母徵在，游大泽之陂，睡梦黑帝使，请己已往，梦交，语曰：汝乳必于空桑之中。觉则若感，生丘于空桑。"[1]另有《论语撰考谶》曰："叔梁纥与徵在祷尼丘山，感黑龙之精，以生仲尼。"[2]可见，纬书中的孔子乃人神交合而生。为了配合这种神话色彩，在《孝经援神契》《孝经钩命决》《春秋演孔图》等纬书中，孔子还被神话为"反宇""海口""牛唇""骈齿""辅喉""龟脊"等异于常人的形象。

其次，"王化"孔子。《汉鲁相韩敕后碑》记载："孔圣素王，受象乾（坤）。"[3]"素王"，这是东汉时期纬书中对孔子的一贯称谓。"素王"之称起于西汉，但最初并不专指孔子。董仲舒在对武帝第二策中曰："孔子作《春秋》，先正王而系万事，见素王之文焉。"[4]将孔子与"素王"联系了起来。董子极力推演"孔子立新王之道"[5]，或曰"《春秋》当新王""《春秋》作新王之事"[6]，而至纬书出，则"素王"专称孔子。纬书曰：

> 麟出周亡，故立《春秋》，制素王授当兴也。（《春秋演孔图》《春

---

① [日]安居香山、中村璋八辑：《纬书集成》（中），河北人民出版社 1994 年版，第 576 页。

② [日]安居香山、中村璋八辑：《纬书集成》（中），第 1069 页。

③ 骆承烈汇编：《石头上的儒家文献——曲阜碑文录》（上），第 56 页。

④ （汉）班固：《汉书》卷五十六《董仲舒传》，第 2509 页。

⑤ 张世亮、钟肇鹏、周桂钿译注：《春秋繁露·玉杯第二》，中华书局 2012 年版，第 29 页。

⑥ 张世亮、钟肇鹏、周桂钿译注：《春秋繁露·三代改制质文第二十三》，第 240、242 页。

秋纬》）①

子曰："吾作《孝经》，以素王无爵禄之赏，斧钺之诛，与先王以托权，目至德要道，以题行。"（《孝经钩命决》）②

子夏共撰仲尼微言，以当素王。（《论语崇爵谶》）③

仲尼为素王，颜渊为司徒。子路为司空。（《论语摘辅象》）④

唐代著名学者孔颖达（574—648）对"素王"有一解说："素，空也。言无位而空王之也。"⑤意即其人虽无王位，但做的是王者的事业。

由以上可见，纬书中的孔子是人神相交而生的神圣，是无王者之位而行王者之事的"素王"。而纬书作者如此神化、"王化"孔子，主要是为其所肩负的特殊使命烘托气氛并赋予其特定身份。孔子所肩负的特殊使命就是"孔庙三碑"中所说的"为汉制作""为汉定道"。

《孝经钩命决》中说：

圣人不空生，必有所制，以显天心。丘为木铎，制天下法。⑥

在纬书作者那里，孔子的出生不是偶然的，而是上天安排的，孔子肩负特殊的使命，那就是"制天下法"。这个"天下法"，更具体地说是为汉代而制。对此，纬书记述得更为详细。《春秋演孔图》曰：

得麟之后，天下血书鲁端门曰："趋作法，孔圣没。周姬亡，彗东

① ［日］安居香山、中村璋八辑：《纬书集成》（中），第580、905页。
② ［日］安居香山、中村璋八辑：《纬书集成》（中），第1010页。
③ ［日］安居香山、中村璋八辑：《纬书集成》（中），第1079页。
④ ［日］安居香山、中村璋八辑：《纬书集成》（中），第1071页。
⑤ （清）阮元校刻：《十三经注疏》，中华书局2009年版，第3706页。
⑥ ［日］安居香山、中村璋八辑：《纬书集成》（中），第1016页。

出。秦政起，胡破术。书纪散，孔不绝。"子夏明日往视之，血书飞为赤鸟，化为白书，署曰《演孔图》，中有作图制法之状。①

这就是著名的"鲁端门血书"，又被称为"端门受命"。虽然荒诞不经，却被广泛接受。东汉著名的《公羊传》大师何休在其所著《春秋公羊传解诂》中，在注解"君子曷为为《春秋》"一句时，就引用《春秋演孔图》的这一段话，并总结说："孔子仰推天命，俯察时变，却观未来，豫解无穷。知汉当继大乱之后，故作拨乱之法以授之。"②显然，他认为孔子作《春秋》，就是为汉代制法。除了《春秋》之外，《尚书》《孝经》等儒家经典都被看作是孔子为汉所制之法。例如《尚书纬》："孔子求书，得黄帝玄孙帝魁之书，迄于秦穆公，凡三千二百四十篇。断远取近，定可以为世法者百二十篇，以百二篇为《尚书》，十八篇为《中候》。"③这就是说《尚书》也是孔子为汉作法的"法"。可见，在谶纬流行的背景下，儒家经典也被谶纬化。

总而言之，在纬书中，孔子被推尊为能预知未来的神圣，并作《尚书》《春秋》《孝经》等书为汉制法，经学的谶纬化成为东汉儒学的主流。而儒学在这一时期的发展特征，实际上是与两汉社会政治状况密不可分的。

据《汉书·王莽传》记载，王莽执政时，曾下令征召精通"天文、图谶、钟律、月令、兵法"等技能的"天下异能之士，至者前后千数"。这些人中有不少方术之士，他们搜集当时社会上零星存在的谶语等，并整理汇编成书。王莽之所以要这么做，显然是在为自己受命代汉制造舆论，从而营造"君命神授"的政治文化氛围。

而光武帝刘秀之所以能夺取政权，建立东汉政权，更与谶纬密不可分。据《后汉书·光武帝纪》记载，在王莽执政后期，天下大乱，当时李通等人

---

① [日] 安居香山、中村璋八辑：《纬书集成》（中），第578页。

② （清）阮元校刻：《十三经注疏》，第5115页。

③ [日] 安居香山、中村璋八辑：《纬书集成》（上），第390～391页。

就借助图谶来劝说刘秀起兵。当时的图谶有"刘氏复起，李氏为辅"的说法。这一预言无疑给本身就心怀角逐天下之野心的刘秀以精神鼓励。后来，刘秀从众多的军事集团中脱颖而出，势力大增，这时又有人"自关中奉《赤伏符》"建议刘秀称帝。谶记曰："刘秀发兵捕不道，卯金修德为天子。"在谶语的鼓励之下，刘秀奋发图强，最终荣登天子之位。正是由于谶纬在自己建立政权中的关键作用，所以刘秀在登基之后，尤其重视谶纬之学，"宣布图谶于天下"。

显然，图谶被统治者利用以制造"君命神授"的氛围，故而受到尊奉和推崇。在统治者的积极倡导下，儒生或为了奉承统治者，或为了抬高儒家经典的地位，开始积极用儒家经典的义理去诠释谶语，以加强谶语的神圣性。如此，在统治者和儒生的相互配合、相互利用之下，谶纬之学盛行于东汉社会。

谶纬之学虽然弥漫着浓厚的迷信气息，严重影响了正宗儒学在汉代的发展，造成儒学发展的困境，然而不可否认的是，受谶纬的影响，孔子的地位有了明显的提升，而且，儒家思想中的许多政治、社会理念也在社会上逐渐强化，并流行开来。

三、汉代尊孔崇儒举措

随着儒学在西汉时期国家正统思想地位的确立，以及东汉以来谶纬之风下孔子地位的提升，统治者对孔子、儒学越来越重视，并采取了一系列的举措来尊孔崇儒。曲阜作为孔子的故乡、儒学的发源地，具有独特的象征意义。因此，统治者除了在京师实施表彰六经、设置经学博士等措施之外，还将各种举措落实到阙里，以彰显朝廷"尊先师重教化"的意图。综观曲阜汉代碑刻，汉统治者尊孔崇儒措施主要体现在以下几个方面：

（一）"加宠子孙，敬恭朗祀"

在《乙瑛碑》《史晨碑》中，都记载有当时负责祭祀孔子的孔子后裔——"褒成侯"。如《乙瑛碑》说:"褒成侯四时来祠,事已即去。"①《史晨碑》记曰:"虽有(褒)成世(享)之封,四时来祭,毕即(归)国。"②虽然碑文记载"褒成侯"只是在祭祀的时候前来曲阜,事毕归国,但其显然是享有爵位、世代相传的专门奉祀者。实际上,汉代封孔子后裔为"褒成侯",正是出于重视孔子祭祀的考虑,这正如《乙瑛碑》中所言:"(今)(欲)(加)宠子孙,敬恭明祀,传于罔极。"碑文明言"加宠子孙"首先是为了"敬恭"孔子之祀。

对于孔子的祭祀活动,在孔子去世之后即已开始。《史记·孔子世家》记载:

> 孔子葬鲁城北泗上。……弟子及鲁人往从冢而家者百有余室,因命曰"孔里"。鲁世世相传以岁时奉祠孔子冢,而诸儒亦讲礼乡饮大射于孔子冢。孔子冢大一顷。故所居堂、弟子内,后世因庙,藏孔子衣冠琴车书,至于汉二百余年不绝。③

可见,最初的孔子祭祀仅是由孔子后裔及弟子主持和参与的私人行为。此后,虽然鉴于孔子生前的德望及战国以来儒学地位的提升,孔子祭祀有了鲁人与周围诸儒的观摩和参与,但直到汉代以前,孔子祭祀并未有国家政权的参与,孔子祭祀的范围也不出阙里。

汉代统治者在孔子祭祀与孔庙的发展中有着不可抹杀之功,但孔子祭祀进入国家祭祀体系的道路也是曲折与漫长的。

汉代祭祀孔子的重要事件是汉高祖刘邦过鲁祀孔。刘邦以当时隆重的太牢之礼祭祀孔子,并封孔子九代孙孔腾为"奉祀君"④。虽然刘邦此行祭

---

① 杨朝明主编:《曲阜儒家碑刻文献集成》(上),第14页。

② 杨朝明主编:《曲阜儒家碑刻文献集成》(上),第35页。

③ (汉)司马迁:《史记》卷四十七《孔子世家》,第1945页。

④ (明)陈镐纂修:《阙里志》卷三《世家·世表》,山东友谊书社1989年版,第142页。

孔，在很大程度上是出于一代帝王对先贤的尊重，还不是对孔子的特别礼遇，因为除了孔子之外，刘邦也多次祭祀信陵君。但是，刘邦祀孔，不仅产生了为政者在任职鲁国之前首先拜谒孔子的效仿效应，而且朝廷还封孔子后裔孔腾为"奉祀君"。孔腾受封，这是孔子后裔领有官方身份之始，标志着国家政权开始介入孔子祭祀。

可惜的是，孔腾之后，其后世子孙是否继续受封，文献并无明确记载。但是，国家曾经的认定，应该也让孔腾一系自觉地承担起奉祀孔子的职责。所以，到汉元帝即位时（前48），孔腾的四世孙，即孔子的第十三代孙孔霸，在他因教授元帝读经而被封为关内侯后，又上书请求奉祀孔子，元帝批准，赐号"褒成君"，并让其仍然享受关内侯的爵位与待遇。元帝欣然同意孔霸的请求，应该也是鉴于高祖当初的赐封与孔腾一系的奉祀。孔霸受封之后，让其长子回曲阜主持孔子祀事。然而，即使如此，孔子的祀事在此之后也未有太大的进展。孔霸被封关内侯，是因为他为帝师而封，不是因为奉祀孔子而封。而且，孔霸之后，其子孔福、孙子孔房，继承了关内侯的爵位，却没有沿袭"褒成君"的封号。这或许是因为"奉祀君""褒成君"多属于荣誉封号，不仅没有形成世袭的局面，而且待遇甚低，与一般平民无甚差异。①

西汉末年，汉成帝无子，求告无效，皇位继承问题面临危机。这时有个叫梅福的儒者，想到了孔子。他上书朝廷："成帝久亡继嗣，福以为宜建三统，封孔子之世以为殷后。"梅福认为，周朝之所以长久，是"武王克殷，未下车，存五帝之后"；秦朝短命而亡，就是因为他们不能显隐士、举佚民。成帝没有儿子，正是因为无人奉祀商汤，所以他说："今成汤不祀，殷人亡后，陛下继嗣久微，殆为此也。"②

那么如何才能使已绝的殷代祭祀得以恢复呢？梅福说，孔子就是殷人

---

① 参见王钧林：《汉代孔子世家特殊继承制》，《齐鲁学刊》2011年第6期。

② （汉）班固：《汉书》卷六十七《杨胡朱梅云传》，第2924～2925页。

之后。所以，他建议封孔子的后人，恢复殷人的祭祀。同时，他还认为，当时上天屡降灾异，就是因为国家没有祭祀孔子：

> 昔成王以诸侯礼葬周公，而皇天动威，雷风著灾。今仲尼之庙不出阙里，孔氏子孙不免编户，以圣人而歆匹夫之祀，非皇天之意也。今陛下诚能据仲尼之素功，以封其子孙，则国家必获其福。[①]

朝廷采纳了梅福的建议，汉成帝封孔子嫡孙孔吉为"殷绍嘉侯"。一个月后，孔吉又晋爵为公。可见，在梅福等儒者的推动下，孔子祭祀开始踏进国家公祀体系的门槛。虽然过程有些曲折，但自此以后，汉统治者也开始重视孔子祭祀。

孔子祭祀发生实质性变化是在汉平帝时期。平帝元始元年：

> 封周公后公孙相如为褒鲁侯，孔子后孔均为褒成侯，奉其祀。追谥孔子曰"褒成宣尼公"。[②]

可见在谶纬广泛流行的时期，孔子为汉制法的观念已经深入人心。因此，统治者着意推崇孔子。而且，这时对孔子的追封，不是根据此前所依据的"素功"，而是根据孔子自己的贡献。这次加封，标志着孔子祭祀被列入国家正式祀典，"褒成侯"则专奉孔子之祭。自此以后，孔子后裔世世受封，且爵位不断提升。

东汉时期，帝王祭孔逐渐形成惯例。东汉光武帝刘秀于建武五年（29）途经鲁地，派大司空祭孔子，开创了后世帝王遣官祀阙里的先例。[③]接着，东

---

① （汉）班固：《汉书》卷六十七《杨胡朱梅云传》，第2925页。
② （汉）班固：《汉书》卷十二《平帝纪》，第351页。
③ （南朝宋）范晔撰，（唐）李贤等注：《后汉书》卷一上《光武帝纪》，中华书局1965年版，第40页。

汉明帝东巡过鲁，盛祀孔子及七十二弟子，首开祀孔子弟子之例。[①] 后来，汉章帝、汉安帝东巡之时，均依例到阙里祭祀孔子及七十二弟子。[②] 此外，明帝还于永平二年（59），"始帅群臣躬养三老、五更于辟雍"，令郡、县、道行乡饮酒礼于学校，皆祀周公、孔子；还规定除了阙里之外，在国学及地方学校祭祀周公和孔子。这标志着孔子祭祀"开始自成一个独立的祭祀系统"[③]。

（二）"置百石卒史"

孔子后裔获封"褒成侯"，专门负责孔子祭祀，但当时的褒成侯，其封邑在瑕丘（今济宁市兖州区）而非鲁都曲阜，所以往往是"四时来祠，事已即去"，祭祀结束后便返回自己的封邑。在孔庙的管理上，褒成侯多委派孔氏族人看管，但应该只是负责日常打扫看护，看护者对于庙中礼器、相关礼仪则并无造诣；而地方官员，似有协助维护的义务，但应该没有明确的管理责任。在这种情况下，孔庙往往出现疏于管理的状况。因此，为孔庙设置一个专门的值守人员，就成为必需。而对孔庙守庙官一职得以设置的事件始末，《永兴元年乙瑛置守庙百石卒史碑》中有详细记载。

《永兴元年乙瑛置守庙百石卒史碑》又称《汉鲁相乙瑛请置百石卒史碑》《孔庙置百石孔龢碑》《孔庙置守庙百石卒史碑》等，简称《乙瑛碑》。石碑立于碑汉桓帝永兴元年（153）六月。从这些碑名上即可看出，此碑记载内容是孔庙设置"百石卒史"这一事件的经过。碑文记载，"乙君察举守宅，除吏孔子十九世（孙）（麟）廉，请置百石卒史一人"，时任鲁相的乙瑛在孔子后裔中选官，除推举孔子十九世孙孔麟为廉吏之外，还上奏朝廷请置百石卒史一人，他在上书中说：

孔子（作）《春秋》，制《孝经》，（删）（述）五经，演《易·（系）

---

① （南朝宋）范晔撰，（唐）李贤等注：《后汉书》卷二《显宗孝明帝纪》，第118页。

② （南朝宋）范晔撰，（唐）李贤等注：《后汉书》卷三《肃宗孝章帝纪》，第150页；卷五《孝安帝纪》，第238页。

③ 李申：《儒教简史》，广西师范大学出版社2013年版，第86页。

辞》，经纬天地，幽讚神明，故特立庙。褒成侯四时来祠，事已即去，庙有礼器，无常人掌领。请置百（石）（卒）（史）一人，典主守庙，春秋飨礼，财出王家钱，给犬酒直，须报。①

　　乙瑛鉴于孔子的地位及孔庙疏于管理的实际情况，请求设置"百石卒史"一人，其职责是"典主守庙"，负责孔庙的守护及管理。同时，也请求将孔庙春秋祭祀所需费用纳入国家财政。乙瑛的上书按程序上报给当时的司徒吴雄、司空赵戒，并经由二人奏于汉桓帝。对于鲁相的请求，汉桓帝予以准许，并要求："从事下当用者，（选）（其）（年）（卌）（以）（上），经通一艺，杂试通利，能奉弘先圣之礼，为（宗）所归者。"乙瑛的上书呈报上去不久，其任期便结束了，桓帝诏书下达后，继任者鲁相平负责主持遴选"百石卒史"。经过考察，"文书、守文学掾鲁孔龢，师（孔）（宪），（户）曹史（孔）（览）等杂试。龢修《春秋》严氏经，通高第，事亲至孝，能奉先圣之礼，为宗所归。（除）（龢）补名状如牒"。经严格遴选，孔龢成为孔庙历史上第一任"百石卒史"。

　　"百石卒史"，是汉代俸禄为百石的官职。根据文献记载，汉代官秩等级以石为单位，共十七等。最高为万石，最低为百石。可见，"百石卒史"在汉代官职中为最低俸禄等级的官职。然而，官职虽小，却是食朝廷俸禄者。"百石卒史"显然是朝廷基于西汉以来孔子与儒学地位的提高而设立的。前述孔子后裔受封、孔庙祭祀，都已纳入国家主导的范围之内。此一守庙官的设立，更标志着孔庙的管理由孔子后裔的个人行为转变为国家行为，初步奠定了孔子庙在国家政治生活中的地位。②

　　然而，在尊孔崇儒尚未兴盛的汉代社会，"百石卒史"的设立，可能

---

①　杨朝明主编：《曲阜儒家碑刻文献集成》（上），第14页。

②　参见《永兴元年乙瑛置守庙百石卒史碑》"论说"部分，杨朝明主编：《曲阜儒家碑刻文献集成》（上），第17页。

使孔庙的管理有所改观，但在祭祀礼仪、祭祀费用等方面并没有太大改变。《建宁二年史晨前后碑》记载了汉灵帝建宁二年（169）史晨任职鲁相之时孔庙的祭祀状况：

> 臣以建宁元年（到）（官），行秋飨，饮酒畔宫，（毕），复礼孔子宅，拜谒神坐，仰瞻槺桷，俯视几筵，灵所冯（依），肃肃犹存，而无公出酒脯之祠。臣即（自）以奉钱，修上案食醱具，以叙小节，不敢空谒。……虽有（褒）成世（享）之封，四时来祭，毕即（归）国。臣伏见临璧雍日，祠孔子以大牢，长吏备爵，所以（尊）（先）（师）、重教化也。……（而）本国旧居，复礼之日，阙而不祀，诚朝廷圣恩所宜特加。①

由以上记载可见，当时曲阜孔庙的祭祀之礼并不完备，而且祭祀所用供品也非"公出"。为此，史晨不得不"自以奉钱"置办祭品，并上奏朝廷，"依社稷出（王）（家）（谷），（春）（秋）（行）（礼），（以）共烟祀"，请求朝廷负担置办孔庙祭祀用品所需钱财，完备孔庙祭祀。对于此种状况，宋代洪适就曾指出："永兴元年孔龢碑载吴雄奏用辟雍礼，春秋飨孔庙，出王家钱，给大酒直。距此才十有七年，史晨复云：'到官，秋飨，无公出酒脯之祠，至于自用奉钱，乞依社稷，出王家谷，以共烟祀。'此盖有司崇奉不虔，旋踵废格也。"②清人王澍在《虚舟题跋》中也说："汉有天下至四百余年，尚且守庙乏人，祭无礼器，祠无常费，及鲁相请置，仅乃得之。且元嘉三年已可鲁相请出王家钱，给大酒值矣，曾未二十年，仍复废弛。建宁二年史晨又请，名为尊礼孔子，实则诚心不固，旋举旋废，则此数事直具文耳。"

这些情况显示，汉代朝廷对于孔子祭祀日渐重视，但是对于孔子故里

---

① 杨朝明主编：《曲阜儒家碑刻文献集成》（上），第34～35页。
② （宋）洪适：《隶释》卷一《鲁相史晨祠孔庙奏铭》，文渊阁四库全书本。

的祭孔之礼并没有给予很高的重视，守庙官的设置、供品之钱财的公出，都是经过地方政府官员的请求才得以实现。这一方面说明孔子在汉代社会"尊而不贵"的实际地位，同时也说明孔子庙在后世政治、文化中的突出地位尚未显现出来。

第三节　尊孔崇儒下的儒学与社会

随着孔子、儒学在汉代地位的提升，以及汉统治者对尊孔崇儒的重视，汉代社会尊孔之风也逐渐兴盛。从曲阜汉代碑刻来看，在鲁地，无论是以鲁相为代表的官僚阶层，还是以孔子后裔为代表的孔氏家族，甚至是鲁地的平民百姓，都自觉地给予孔子应有的尊重，并自觉继承孔子学术，发扬儒学，对孔子思想、儒家观念在社会中的传播与推广做出了重要贡献。本节即根据曲阜汉碑所涉及的社会各阶层，分析儒学对汉代的影响。

一、鲁国四相："阐弘德政，恢崇一变"

鲁国四相，是指在"孔庙三碑"中所提到的四位先后任职于孔子故里的鲁相：乙瑛、平、韩敕、史晨。这四位鲁相，只是汉代历任鲁相中的几位，由于官职较低，他们的具体事迹在文献中几无记载。然而，作为孔子故里的地方官员，他们却身体力行地为孔子之道的承继与弘扬尽心尽力，为发挥儒学在汉代社会中的作用尽职尽责，以期达到"阐弘德政，恢崇一变"①之儒家理想。他们的名字也随着矗立在孔庙中的石碑，历经千年，永不泯灭。

四位鲁相，其生平事迹，除"孔庙三碑"之外，几无其他文献记载。

乙瑛，字少卿，平原高唐（今山东禹城）人。其事迹，仅见于《乙瑛碑》。

---

① 杨朝明主编：《曲阜儒家碑刻文献集成》（上），第34页。

平，乙瑛的继任者。乙瑛在上报朝廷请置百石卒史之后不久即卸任，皇帝诏书下来时，已是平任职时期。鲁相平根据诏书要求，主持选拔出孔龢出任第一任百石卒史。其事迹，除了《乙瑛碑》之外，亦无他载。

韩敕，字叔节，时人尊称为韩明府。《永寿二年韩敕礼器碑》记载其为"河南京"人，至于其生平事迹，除该碑之外，亦别无其他文献记载。根据碑文，韩敕在任职期间，主要做了以下几件事：其一，"复颜氏亓官氏邑中繇发"，复，在这里是免除徭役的意思，此举也就是说免除了孔子舅家颜氏与妻家亓官氏两族的徭役；其二，"造立礼器"；其三，"修饰宅庙"；第四，"更作二舆，朝车威熹"，添造了舆车；第五，"宣抒玄污，以注水流"，疏通、整治孔庙内的水流通道。韩敕的行为"上合紫台，稽之中和；下合圣制，事得礼仪"，事情办理得非常合体、合礼，以至于"四方士仁，闻君风耀，敬咏其德，尊琦大人之意，逴弥之思。乃共立表石，纪传亿载"。[①]而且，在这幢碑的碑末、碑阴及碑侧，还记载了一份详细的捐资名单，也是此次鲁相韩敕发起的造置孔庙礼器活动的协助者。从这份名单来看，参与者包括了山东、河南、江浙等地近百人，这些人所捐之钱从一百到三千不等，因捐资者地位、身份不同，称呼亦各异。从这份捐资名单来看，在鲁相韩敕的引领带动下，一批官僚、士大夫竞相尊孔，支持在孔庙造置礼器。这其中既有韩敕个人的引领，更有当时社会尊孔崇儒之风的影响。

史晨，字伯时，河南人。《建宁二年史晨前后碑》记载他于建宁元年（168）四月十一日到官。碑文记载他在上报给朝廷的奏书中说："臣蒙厚恩，受任符守，得在奎娄，周孔旧寓，不能（阐）弘德政，恢（崇）一变，夙夜忧怖，累息屏营。"鲁国乃周公封国、孔子故里，作为古圣先贤之地的地方长官，史晨自觉担起重任，并生发出"阐弘德政，恢崇一变"之政治理想。于是，在他到任之后，即择令日拜谒孔子，并考察孔庙及孔子祭祀

---

① 杨朝明主编：《曲阜儒家碑刻文献集成》（上），第22页。

情况，从而发现一些问题：其一，"虽有（褒）成世（享）之封，四时来祭，毕即（归）国"，即孔庙管理制度不完备；其二，"臣伏见临璧雍日，祠孔子以大牢，长吏备爵，所以（尊）（先）（师）、重教化也。……（而）本国旧居，复礼之日，阙而不祀"，即孔子祭祀之礼不完备；其三，"无公出酒脯之祠"，即祭祀时无公费置办供品。鉴于以上情况，史晨上奏朝廷，请求在曲阜孔庙亦行春秋飨礼，并"辄依社稷出（王）（家）（谷），（春）（秋）（行）（礼），（以）共烟祀"，由国家担负春秋二祭中的费用。不仅如此，在礼器置办完备之后，史晨还在孔庙组织了一次大型的礼乐演习活动。这次活动，不仅有鲁国及周边州郡的重要官员、孔氏后裔中的杰出子弟参加，更有众多低等官吏、儒生等参加，正如碑文所载，"国县员（冗），吏无大小，空府竭寺，咸俾来观"，"并畔宫文学先生执事诸弟子，合九百七人，雅歌吹笙，考之（六）律，八音克谐，荡耶反正，奉爵称寿，相乐终日"。这在当时的鲁国，甚至周边地区，都是一件极为轰动的大事。另外，史晨祭祀孔子之后，"部史仇誧、县吏刘耽等"又对阙里墙垣进行整修，"补完里中道之周左庑垣坏决，作屋涂色，修通大沟，西流里外，南注城池"。在此过程中，还避免了劳民伤财，"恐县吏敛民，侵扰百姓，自以城池道壖麦给令，还所敛民钱材"。除此之外，史晨还在"昌平亭下立会市"，方便孔渎和颜母井两地百姓酤买酒肉祭祀孔子；"渎井，复民饬治，桐车马于渎上，东行道，表南北，各种一行梓"；"假夫子冢颜母开舍及鲁公冢守吏凡四人，月与佐除"。①看来，史晨在任职期间，围绕着孔子祭祀与孔子庙、百姓生活，做了不少事情，获得了官吏、民众的拥护与爱戴。

　　从以上四位鲁相的事迹来看，他们针对孔子祭祀及孔庙的一系列举措，一方面是基于自孔子殁后鲁地历来的尊孔崇圣的传统，他们作为地方官，自然有一份职责所在；更为重要的是基于汉代以来孔子与儒学地位的上升。汉代统治者对孔子祭祀逐渐重视，孔子祭祀的规格亟待提升。这前后四位

①　杨朝明主编：《曲阜儒家碑刻文献集成》（上），第34～36页。

鲁相，对当时的孔子祭祀与孔子庙管理都做出了各自的贡献。在他们的上传下达中，必然会引发统治者对阙里孔庙的思考；他们在孔庙进行的一系列活动，也必然会影响社会各个阶层对孔子与儒学的认识。作为为政一方的基层官吏，他们是所辖区域中民众的思想、行为的引领者，他们的行为会对孔子思想与儒学在汉代的宣扬及推广产生重要影响。

二、孔子后裔："祖述家业""绍圣作儒"

孔子"祖述尧舜，宪章文武"，删《诗》《书》，订《礼》《乐》，赞《易》，作《春秋》，在中国文化史上有着重要地位。正如柳诒徵先生所评价的那样："孔子者，中国文化之中心也。无孔子则无中国文化。自孔子以前数千年之文化，赖孔子而传；自孔子以后数千年之文化，赖孔子而开。"[1]自孔子殁后，孔氏家族子孙也谨遵先祖遗训，遵礼守德，诗书传家。

据《史记·孔子世家》记载，孔子七世单传。到西汉时期，孔子后裔已传至九代。汉初，高祖过鲁祀孔，封孔腾为"奉祀君"，孔腾即孔子九世孙。据《阙里志》记载，孔腾为孔鲋之弟[2]，他们的父亲，为《史记·孔子世家》所载"子高生子慎"中的"子慎"。后世关于子慎的名字有很多种说法，《孔氏祖庭广记》《阙里志》《孔子世家谱》等文献记为"谦"。在此我们遵照以上文献称之为孔谦。《史记·孔子世家》又载："子慎生鲋，年五十七，为陈王涉博士，死于陈下。鲋弟子襄，年五十七。尝为孝惠皇帝博士，迁为长沙太守。长九尺六寸。"[3]其中，"子襄"即为孔腾。另外，根据《孔丛子·叙书》记载，孔谦除了长子、中子以外，还有第三个儿子：

家之族胤，一世相承，以至九世相魏，居大梁，始有三子焉。长

---

① 柳诒徵：《中国文化史》，上海古籍出版社2001年版，第263页。

② （明）陈镐纂修：《阙里志》卷三《世家·世表》，第142～143页。

③ （汉）司马迁：《史记》卷四十七《孔子世家》，第1947页。

子之后承殷统，为宋公；中子之后奉夫子祀，为褒成侯；小子之后彦以将事高祖，有功封蓼侯。①

　　其中，这位官拜魏相、生有三个儿子的"九世"，据学者考证，必指孔谦无疑，只是这里的"九世"是以孔子父亲叔梁纥为第一代计算世系的。孔谦的三个儿子，分别是长子孔鲋（字子鱼）、次子孔腾（字子襄）、三子孔树（字子文）。②可见，至汉代，孔氏家族开枝散叶，家丁兴旺。据《孔氏祖庭广记》《阙里志》等文献记载，到东汉末，孔子后裔已传至二十代。不仅如此，孔子后裔深受汉代统治者重视，像孔谦子孙或被征为博士，或受封，或任官，他们大都遵礼守德，敦笃好学，恪守家训，弘扬家学。③

　　曲阜所存汉代碑刻，其中涉及孔子后裔的墓碑有五幢，分别为《永兴二年孔谦碑》《永寿元年孔君墓碑》《汉泰山都尉孔君之碑》《建宁四年博陵太守孔彪碑》《汉故豫州从事孔君之碑》，涉及孔子十九世孙孔宙、孔彪、孔君，二十世孙孔谦④、孔褒。其中，孔宙为孔彪之兄⑤，同时也是孔褒、孔谦的父亲。因此，四人同属孔氏家族的一支。此外，东汉著名文学家、位居"建安七子"之首、因"让梨"而妇孺皆知的孔融，也是孔宙的儿子，也属于这一支。曲阜曾有《孔融墓碑》，但现在碑已不存，只在文献中存有部分残留碑文。⑥这几位虽然不是孔子的嫡系后裔，但其

---

① 王钧林、周海生译注：《孔丛子》，中华书局2012年版，第292页。

② 王钧林：《汉代孔子世家特殊继承制》，《齐鲁学刊》2011年第6期。

③ 参见（金）孔元措编撰：《孔氏祖庭广记》卷第一《世次》，山东友谊社1989年版，第62～65页；（明）陈镐纂修：《阙里志》卷三，第142～143页。

④ 此孔谦非前述孔谦。

⑤ 关于孔宙与孔彪孰长孰幼，可参见孟凡港：《孔融父兄考：以碑刻为主要依据——兼对史志记载讹误的订正》，《福建论坛（人文社会科学版）》2011年第3期。该文认为，根据碑文记载二人的卒年及年龄，孔宙为兄，孔彪为弟。对于《建宁四年博陵太守孔彪碑》记载孔彪为"颍川君之元子也"，该文认为"元子不一定是长子，而是嫡长子"。

⑥ 骆承烈汇编《石头上的儒家文献——曲阜碑文录》（上）录有《孔融墓碑》残存碑文。

言行举止均不离孔子之教。根据碑文所记载，可以发现他们在一些方面存有共性：

第一，"帅礼"遵德，品行高尚。

孔宙，《汉泰山都尉孔君之碑》记载："君讳宙，字季将，孔子十九世之孙也。天资醇嘏，齐圣达道。……闺阃之行允恭，德音孔昭。"[1]孔彪，《建宁四年博陵太守孔彪碑》记载："君讳彪，字元上，孔子十九世之孙，颍川君之元子也。君少履天资自然之正，帅礼不爽，好恶不愆，考衷度衷，修身践言。龙德而学，不至于谷。"[2]孔褒，《汉故豫州从事孔君之碑》记载，"君讳褒，字文礼，孔子廿世之孙，泰山都尉之元子也。"碑文记载了孔褒、孔融兄弟二人争担罪责的事迹。由于碑文残毁严重，叙述已不详，但能辨识出"后会事觉""临难引□，各争授命"等字样。[3]对于此事的来龙去脉，《后汉书·郑孔荀列传》有记载：

> 山阳张俭为中常侍侯览所怨，览为刊章下州郡，以名捕俭。俭与融兄褒有旧，亡抵于褒，不遇。时融年十六，俭少之而不告。融见其有窘色，谓曰："兄虽在外，吾独不能为君主邪？"因留舍之。后事泄，国相以下，密就掩捕，俭得脱走，遂并收褒、融送狱。二人未知所坐。融曰："保纳舍藏者，融也，当坐之。"褒曰："彼来求我，非弟之过，请甘其罪。"吏问其母，母曰："家事任长，妾当其辜。"一门争死，郡县疑不能决，乃上谳之。诏书竟坐褒焉。融由是显名，与平原陶丘洪、陈留边让齐声称。州郡礼命，皆不就。[4]

可见，孔褒兄弟正如碑文所称赞的那样，"临险有勇"，实为仁义之人。

---

① 杨朝明主编：《曲阜儒家碑刻文献集成》（上），第28页。

② 杨朝明主编：《曲阜儒家碑刻文献集成》（上），第41页。

③ 杨朝明主编：《曲阜儒家碑刻文献集成》（上），第47页。

④ （南朝宋）范晔撰，（唐）李贤等注：《后汉书》卷七十《郑孔荀列传》，第2262页。

孔谦，《永兴二年孔谦碑》记载他"字德让者，宣尼公廿世孙，都尉君之子也，幼体兰石自然之姿，长膺清妙孝友之行。……年卅四，永兴二年七月遭疾不禄"①。孔谦年三十四即因病去世，但从有限的碑文中可以看出，孔谦有孝、友等品德。孔君，由于《永寿元年孔君墓碑》残毁严重，甚至于连墓碑主人的真实姓名也无从得知，其事迹所知不多。不过，根据仅存的碑文，可知其为孔子十九世孙，而"好学""履方约身""德施州里"等记载，也显示这位孔君是孔氏家族中品学出众之人。②

第二，出仕为官，为政以德。

碑文记载的这几位孔子后裔，均出仕为官，且秉承孔子思想，为政以德。孔宙由于品德高尚，名声显耀，"遂举孝廉，除郎中，都昌长"。在他任职期间，"祇传五教，尊贤养老，躬忠恕以及人，兼禹汤之罪己"，实行德政，并有着强烈的责任心。因此，在三年之后，便升迁为元城（今河北大名）令。这时，泰山地区爆发了公孙举等人领导的农民起义，孔宙因此被擢升，调任为泰山都尉，负责平定起义军。然而，孔宙并没有以武力强制镇压，而是"以文修之"，采取道德教化的方式。最终，"旬月之间，莫不解甲服罪"（《汉泰山都尉孔君之碑》），很快平定了起义军。③此次平定起义军，应该是孔宙为政生涯中最为闪亮之处。为此，明朝时期的都穆评价孔宙："其事实不见史传，然碑称其齐圣达道，德音孔昭，又称其治泰山旬月之间，民皆解甲服罪，可谓无愧圣人之后者。"④

据《建宁四年博陵太守孔彪碑》，孔彪也因品学出众被"前后聘召"，"举孝廉，除郎中、博昌长"，后"迁□京府丞""拜尚书侍郎"。他为人正直，"无偏无党，遵王之素，荐可黜否"。正因为如此表现，孔彪后又被擢升为治书御史、博陵太守。在任职博陵之初，当地经济发展比较落后，

---

① 杨朝明主编：《曲阜儒家碑刻文献集成》（上），第20页。

② 杨朝明主编：《曲阜儒家碑刻文献集成》（上），第21页。

③ 杨朝明主编：《曲阜儒家碑刻文献集成》（上），第28页。

④ （明）都穆：《金薤琳琅》卷三，文渊阁四库全书本。

百姓常有"饥馑"之苦，因此当地多有"草窃"。窃贼以刘宁、张丙等人为首，"白日攻剽，坐家不命"，给当地百姓造成极大威胁。孔彪"敷五教以博施，削四凶以胜残"，"扞马蠲害，丑类已殚"，采用恩威并用、文武兼施之策，逐渐平息了盗寇作乱，从而使得博陵一地"路不拾遗，斯民以安"。孔彪为政，"发号施宪，每合天心"，"人之所恶，不以强人；义之所欲，不以禁人"，故"百姓乐政，而归于德。望如父母，顺如流水"。孔彪又迁任下邳相、河东太守等职，后因病辞官。四十九岁时去世。①

除了孔宙、孔彪之外，据《汉故豫州从事孔君之碑》，孔褒也因道德高尚、"博学多识"等原因被察举为孝廉。②据《永兴二年孔谦碑》，孔谦则"弱冠而仕，历郡诸曹史"③，年纪轻轻即出仕做官，曾在郡中各个部门为官。从《永寿元年孔君墓碑》中"朝廷□□□□□五官掾守长史兼行相事"的记载，也可看出孔君曾出仕做官，而且在为政期间"德施州里"。④

第三，祖述家业，研治《春秋》。

《汉泰山都尉孔君之碑》记载孔宙"天姿醇碬，齐圣达道，少习家训，治严氏《春秋》"。《永兴二年孔谦碑》记孔谦"祖述家业，修《春秋》经，升堂讲诵，深究圣指"。《汉故豫州从事孔君之碑》也记孔褒"治家业《春秋（经）》"。此外，《永兴元年乙瑛置守庙百石卒史碑》记载第一任百石卒史孔龢，"修《春秋》严氏经，通高第"。可见，作为"文化巨人"孔子的后裔，他们尤其注重传承"好学"之家风，受汉代政治的影响，多研治《春秋》。这是儒学在汉代社会发展的一个显著特征。

根据文献记载，《春秋》特别是《公羊春秋》，在汉代是一部备受关注的经典著作。《春秋》经主要有《公羊》《穀梁》《左氏》《邹氏》《夹氏》等五种传本，经与传不仅互为表里，而且前者赖"传"而传。就《春秋公

---

① 杨朝明主编：《曲阜儒家碑刻文献集成》（上），第41～42页。

② 杨朝明主编：《曲阜儒家碑刻文献集成》（上），第47页。

③ 杨朝明主编：《曲阜儒家碑刻文献集成》（上），第20页。

④ 杨朝明主编：《曲阜儒家碑刻文献集成》（上），第21页。

羊传》而言，汉初传授者主要为齐之胡毋生和赵之董仲舒。汉武帝时期，汉初大封诸侯而带来的地方势力的坐大，严重威胁着西汉的中央集权。汉武帝一改汉初的"无为而治"，崇尚儒学，希望用儒家思想来解决西汉政治问题。而《春秋公羊传》中的"大一统"理论，正好符合了汉代加强中央集权、重建并稳固统治秩序的迫切需要，董仲舒据此所上"天人三策"，受到汉武帝的赞赏，书中的一些思想成为西汉的统治学说。因此，自西汉中叶到东汉之末，《春秋》，尤其是《公羊春秋》备受关注，也多为学者所研习。由于董仲舒在汉代的学识与地位，两汉《公羊》博士大都是董仲舒一系。据《汉书·儒林传》记载，董仲舒之后，其弟子名位成达者有数名："兰陵褚大，东平嬴公，广川段仲，温吕步舒。大至梁相，步舒丞相长史，唯嬴公守学不失师法，为昭帝谏大夫，授东海孟卿、鲁眭孟。"眭孟在鲁地教授，其弟子有百余人，但能"质问疑谊，各持所见"者，唯有严彭祖与颜安乐两人。"孟死，彭祖、安乐各颛门教授。由是《公羊春秋》有颜、严之学。"[1]上述碑文中说孔宙、孔龢都治严氏《春秋》，应指此时严彭祖所传授的《公羊春秋》。

可见，东汉时期，随着孔子与儒学地位的提升，孔子后裔一方面秉承祖训，帅礼遵德，修身践言，不废家业，为儒学的发展、孔子地位的进一步提升尽了自己的一份职责；另一方面，他们也深受那个时代政治与学术的影响，体现出显著的治学特色。

综观以上，两汉时期，由于封建国家政治大一统的需要，孔子所开创的儒学以其治国理政之学之特质，被推尊为国家的意识形态。为此，统治者对孔子、儒学的重视均有了很大提升。孔子祭祀也被纳入国家祭祀体系之内，渐成定制。同时，无论是地方官员，还是孔子后裔，他们作为民众思想、行为的引领者，身体力行地践行孔子之教，为儒学在社会中的普及与实践做出了自己的贡献。

---

① （汉）班固：《汉书》卷八十八《儒林传》，第3616页。

第二章　魏晋南北朝："扬仁风以作教"

东汉后期，社会危机日益加剧，在黄巾大起义的冲击与地方割据势力的打击下，东汉王朝最终解体。随之，军阀混战，朝代更易，中国进入长期动荡的魏晋南北朝时期。受社会局势的影响，在意识形态领域，玄学产生，佛教、道教流行，对魏晋至隋唐的社会与历史产生重要影响，动摇了西汉以来儒家学说在思想界的一统局面。然而，虽然玄学、佛教、道教盛极一时，深受一些政权崇尚，但在国家治理层面，统治者所依靠的仍是儒家思想。社会的动乱与儒学发展的低迷，反映到曲阜碑刻上，其突出表现就是这一时期的碑刻数量非常少。南北朝时，曲阜处于北朝统治区域，所以曲阜所存这一时期的碑刻为少数民族政权统治时期所立。不过，从这有限的几幢碑文中可以看出，多数政权仍然尊孔崇儒，"扬仁风以作教"（《黄初年间鲁孔子庙之碑》）①，发挥儒学的社会治理功能。

第一节　曲阜魏晋南北朝碑刻概述

据统计，曲阜魏晋南北朝时期的碑刻只有 5 幢。其中，曹魏 1 幢，为《黄初年间鲁孔子庙之碑》。北朝时期 4 幢，其中，北魏 2 幢，为《神龟二

---

① 杨朝明主编：《曲阜儒家碑刻文献集成》（上），第 61 页。

年魏兖州贾使君之碑》《正光三年魏鲁郡太守张府君清颂之碑》；东魏1幢，为《兴和三年李仲璇修孔子庙碑》；北齐1幢，为《乾明元年郑述祖夫子庙碑》。从这几幢石碑来看，曲阜所存南北朝时期的碑碣数量非常少。考其原因，可以概括为以下几方面：

第一，魏晋南北朝时期，近四百年间社会动荡不安，朝代更迭不已，战争频仍，可能有许多刻立于此一时期的碑碣未能保存下来。

第二，东汉后期，曹操鉴于当时私家墓葬刻石成风，以及出于"挟天子以令诸侯"等政治原因的考虑，"建安十年，魏武帝以天下雕弊，下令不得厚葬，又禁立碑"①。曹操的禁碑令，使得"魏晋南朝的380余年间，禁碑成为通行的制度。其间，大体曹魏、西晋、刘宋、萧齐四朝严厉，东晋松弛。梁、陈两朝依然不准擅自立碑……在北方，十六国以来虽无碑禁之说，但有财力、资望立碑者只有王公大臣。北魏迁都洛阳之后，也对私自立碑予以控制"②。直到隋朝，在统一南北之后，朝廷才对臣民立碑制定相关制度，标志着禁碑时代的结束。魏晋南朝时期的禁碑令，虽然不是绝对的，但对当时的立碑之风起到了有效的遏制作用，使得魏晋南北朝直至隋朝，碑碣石刻相对较少。

第三，此一时期，玄学产生，佛教、道教流行，一些政权对佛、道的崇尚胜于儒学，使得儒学自汉代以来在意识形态领域的统治地位有所动摇，加之社会动荡不安，路途遥远，人君对阙里的造访有所减少。

第四，随着释奠礼在这一时期的长足发展，国家的最高学府辟雍、太学建造了孔子的专祠，对孔子的祭祀活动多于此举行，加之东晋孝武帝于太元十一年（386）在南方京畿首立宣尼庙，自此，孔庙走出阙里，在外建制。其后的南朝梁及北魏，均效仿东晋于京师立庙。"京师孔庙广泛吸纳着皇室贵胄们的祭拜热情，大抢阙里旧居的风头，昭示着后来者居上的势

---

① （南朝梁）沈约：《宋书》卷十五《礼志二》，中华书局1965年版，第407页。

② 刘涛：《魏晋南朝的禁碑与立碑》，《故宫博物院院刊》2001年第3期。

头。其后各朝，京师立庙都优先于阙里孔庙之修茸，喧宾夺主的态势最终成为定局。”①京师孔庙的建立，满足了“皇室贵胄”祭孔的需求，而对阙里孔庙属意渐少。祭祀活动少，自然相关碑刻也不多。

这一时期的碑刻相对较少，是儒学发展在魏晋南北朝遭遇曲折的一个体现，而且，就社会宗教信仰而言，儒学的确难与道、释抗衡，然而从治国理政方面着眼，儒学所倡导的人伦道德、礼乐教化乃是治政之本，有国者不容忽视。因此，从曲阜所存这一时期的碑刻及诸方面来看，儒学在当时社会仍发挥着主导作用。

第二节　“崇化报功”：曹魏政权尊孔崇儒

一、《黄初年间鲁孔子庙之碑》

《黄初年间鲁孔子庙之碑》，亦称《修孔子庙碑》或《封议郎孔羡为宗圣侯碑》《孔羡碑》《封孔羡碑》。此碑碑文以魏文帝即位之初所下诏书为主体，主要记述了册封孔羡为宗圣侯、令鲁郡“修起旧庙”、置“百石吏卒”守庙、于庙外建造屋宇以居学者等一系列的尊孔崇儒措施。原存于曲阜孔庙，现存于曲阜汉魏碑刻陈列馆北屋。

关于此碑的刻立时间，历史上有过争议。根据《三国志》记载，魏文帝册封孔羡和修缮阙里孔庙的诏书颁布于黄初二年春正月②，但此碑碑首却记曰“维黄初元年，大魏受命……追存二代三恪之礼，兼绍宣尼褒（成）之后，以鲁县百户命孔子廿一世孙议郎（孔）羡（为）宗圣侯，以奉孔（子）

① 董喜宁：《孔庙祭祀研究》，中国社会科学出版社 2014 年版，第 40 页。

② （晋）陈寿：《三国志》卷二《魏书二·文帝纪第二》，中华书局 1959 年版，第 77 页。

（之）祀。制诏三公……"①，所以，根据碑文记载，有的学者将此碑刻立时间定为黄初元年，例如北魏时期的郦道元、宋代洪适、宋代赵明诚，包括今人骆承烈先生等。但也有学者认为形成这种认识是对碑文理解有误。例如，朱彝尊在《曝书亭集》中反驳洪适之说曰："洪氏以是碑文称黄初元年，而《魏志》作二年正月诏以议郎孔羡为宗圣侯奉孔子祀，谓误在史。考魏王受禅在汉延康元年十一月，既升坛即阼，事讫，改延康为黄初。而碑辞叙黄初元年大魏受命，应历数以改物，秩群祀于无文，既乃缉熙圣绪，昭显上世……制诏三公云云。原受禅之始，岁且将终，碑有'既乃'之文，则下诏在明年二月。史未必误。"②认为碑文之首的"维黄初元年"等只是在叙述曹魏受命与曹魏颁布的一些举措，考虑到当时已至岁末，诏书颁布时间应如《魏书》所言。近人施蛰存在《水经注碑录》中又在朱氏基础之上，进一步解释说："此说为得其实，诸家自未详文义耳。惟史称此事在黄初二年正月，非二月，则朱氏偶误也。故碑文称元年者，魏帝受命之年，非立碑之年也。"③我们认为，朱、施二人对立碑之年的分析是合理的。结合史籍及碑文记载，此碑所言"维黄初元年"指的是魏文帝曹丕受禅之年，而《三国志·魏书》所言"黄初二年春正月"说的是魏文帝下诏书的时间。

　　根据碑文内容，可以看出此碑应该是为孔子庙的修复及庙外学者所居室屋的落成而立的。同时，新生的曹魏政权也借机表达了对孔子的尊崇、对儒学的提倡，以彰显其政权的合法性。因此，此碑应该在孔子庙修复之后不久就被树立了。而根据《三国志·魏书》所记，在黄初二年春正月诏书颁布之后，旋即"令鲁郡修起旧庙，置百户吏卒以守卫之，又于其外广为室屋以居学者"，而《三国志·魏书·文帝纪》在记载此条之后，又记"春三月"另一事。因此，可以推测，至少在黄初二年三月之前，鲁郡就完成了

---

① 杨朝明主编：《曲阜儒家碑刻文献集成》（上），第61页。

② （清）朱彝尊：《曝书亭集》卷四十八《魏封孔羡宗圣侯碑跋》，文渊阁四库全书本。

③ 施蛰存：《水经注碑录》卷六《孔庙诸碑》，天津古籍出版社1987年版，第260～261页。

孔子庙的修复与扩建工程，此碑应该是在此之后不久被树立。所以，立碑时间在黄初二年（221）二月间。

此碑碑文为曹操三子、魏文帝之弟、著名才子陈思王曹植所撰，书写人则为当时著名的书法家梁鹄，文字、书法皆有很高的价值。不仅如此，魏晋碑刻历来就少，据施蛰存先生考证，"魏碑只有十几种，多数是残石。除了《尊号奏》和《受禅表》以外，完整的魏碑只存一块黄初二年刻的《孔子庙碑》，现在曲阜孔庙"[①]。而且，根据此碑所记内容，我们亦可从中窥得儒学在魏晋南北朝这一乱世的境遇。

二、"受命"与尊孔

《黄初年间鲁孔子庙之碑》开篇即说：

> 维黄初元年，大魏受命，胤轩辕之高纵，绍虞（氏）（之）遐统，应历数以改物，扬仁风以作教。于是揖五瑞，班宗彝，钧衡石，同度量。秩群祀于无文，顺天时以布化。（既）乃缉熙圣绪，昭显上（世），追存二代三恪之礼，兼绍宣尼褒（成）之后，以鲁县百户命孔子廿一世孙议郎（孔）羡（为）宗圣侯，以奉孔（子）（之）祀。[②]

在中国古代，每一个新建立的政权都要采取一系列的措施来论证、彰显、宣扬其政权合法性。作为窃取汉家天下的曹魏，更需如此。从此碑碑文中，即可见曹魏政权初立时的这一迫切要求。

东汉延康元年（220）十月二十八日，经过曹操的苦心经营，其子曹丕终于在"汉魏禅代"的闹剧中登基为帝，并改延康为黄初，国号"大魏"，由此确立了曹魏政权。然而曹丕的帝位坐得并不安心，其心中的忐忑首先

---

①　施蛰存：《金石丛话》，中华书局1991年版，第39页。

②　杨朝明主编：《曲阜儒家碑刻文献集成》（上），第61页。

来自人们对其政权合法性、正统性的质疑。按说，大魏受命乃是效法尧禅舜。曹丕从汉献帝手中接过了玺绶、诏册等，直接代汉而立，理应四海同庆，万众归心。然而，当时的时势与舆论并非如此。一方面，曹丕受禅之时，三国鼎立的局面业已形成，魏的势力虽然大于吴、蜀，但也并不具备绝对性优势。曹丕受禅自立，吴、蜀并不认同甚至起而声讨，其他一些割据势力亦不认同曹魏为天下正朔之所在。另外，汉献帝虽然失去帝位，汉朝不复存在，但汉朝前后存在四百余年，影响依然很大。当时天下很多人人心思汉，即使在曹魏政权内部，亦有部分人眷恋汉室，对曹魏政权的合法性心存狐疑。因此，面对内外势力、舆论的影响，初登帝位的曹丕不得不考虑如何去论证、标榜、宣扬汉魏禅代的合法性，以使曹魏"受命于天"、符合正统的认识深入人心，由此稳固其得之不易的政权。为此，曹魏政权采取措施，从多方面论证其政权的合法性，而其理论依据则不离儒家思想观念与礼仪制度。下面就碑文所载略做分析。

（一）"应历数以改物"

受禅仪式结束之后，曹丕就迫切地制诏三公曰："今朕承帝王之绪，其以延康元年为黄初元年，议改正朔，易服色，殊徽号，同律度量，承土行，大赦天下。"[1]认为汉魏禅让是"受天之命"，并将政权之统绪上接上古帝王黄帝、虞舜，进而，"应历数以改物"，而其所改之物，就包括诏书中所说的改正朔、易服色等内容。

改正朔是论证王者受天命、宣扬政权合法性的最重要的手段，也是深受儒家士大夫及普通民众接受的一种体现政权合法性的途径。董仲舒即说："王者受命，改正朔。"[2]司马迁也说："王者易姓受命，必慎始初，改正朔，易服色，推本天元，顺承厥意。"[3]可见，新朝肇建，改正朔、易服色已成

---

① （晋）陈寿：《三国志》卷二《魏书二·文帝纪》注引《献帝传》，第75页。

② 张世亮、钟肇鹏、周桂钿译注：《春秋繁露·二端第十五》，第174页。

③ （汉）司马迁：《史记》卷二十六《历书》，第1256页。

成例。改正朔，主要是改"正"，也就是何月作为一年的开端。孔颖达疏曰："改正朔者，正谓年始，朔谓月初，言王者得政，示从我始，改故用新，随寅、丑、子所损也。周子，殷丑，夏寅，是改正也。"①所谓"随寅、丑、子所损"，损，建也，就是分别以农历正月（十三月）、十二月、十一月为岁首，如此循环。所以夏建寅、殷建丑、周建子，史称"三正"。董仲舒《三代改制质文》把三正与三统说联系起来，以建寅为黑统，建丑为白统，建子为赤统。后又有变异，以建寅为人统、建丑为地统、建子为天统。《汉书》记载刘向曰："王者必通三统，明天命所授者博，非独一姓也。"颜师古注引张晏曰："一曰天统，为周十一月建子为正，天始施之端也。二曰地统，谓殷以十二月建丑为正，地始化之端也。三曰人统，谓夏以十三月建寅为正，人始成之端也。"②可见，在曹魏建立之前，改正朔的观念已经深入人心，而且有了比较固定的正朔系统。然而曹魏改正朔、易服色进行得并不顺利。

汉魏禅代，而汉是越过秦朝直接上承周朝，以建寅为正，曹魏则应以建丑为正，得白统（地统），故应牺牲用白。又根据汉末盛行的五德相生说，汉为火德。火生土，曹魏应为土德。土应黄色，故服色应尚黄。然而，曹丕在受禅之后召集群臣商议改正朔、易服色等事，廷议的结果则是采取了当时的大臣辛毗的建议，"毗以魏氏遵舜、禹之统，应天顺民；至于汤、武，以战伐定天下，乃改正朔。孔子曰'行夏之时'，《左氏传》曰'夏数为得天正'，何必期于相反"③。辛毗认为只有汤武革命，以征伐定天下才改正朔；尧舜禅让式的和平过渡，无需改之，且夏正得天时，与四时变迁和农业生产最为契合。所以，辛毗之意，魏既然继承了汉朝的天下，也应当奉汉正朔（即夏正）。曹丕部分地采纳了辛毗的建议，在用夏

---

① （清）阮元校刻：《十三经注疏》，第 3266 页。

② （汉）班固：《汉书》卷三十六《楚元王传》，第 1950～1951 页。

③ （晋）陈寿：《三国志》卷二十五《魏书二十五·辛毗传》，第 696 页。

正（即建寅为正）的同时，又对以建丑为正（白统）的初衷有所保留，而服色尚黄，在祭祀中，"牲用白"，体现的是白统。这种矛盾的做法也引起一些大臣的质疑，如尚书令桓阶等提出："据三正周复之义，国家承汉氏人正之后，当受之以地正，牺牲宜用白，今从汉十三月正，则牺牲不得独改。今新建皇统，宜稽古典先代，以从天命，而告朔牺牲，一皆不改，非所以明革命之义也。"①鉴于群臣所论，曹丕最终采取折中的办法，三正中取夏正，五德中取土德，形成了"用夏正，而服色尚黄"的方案。

这一方案显然并非最佳，因为退居宾位的汉献帝在其山阳国内依旧"行汉正朔"；割据巴蜀的刘备以中兴汉室自命，亦沿袭汉正朔。这样，当时之世就存在三方均以建寅为正的局面。这对于曹魏政权的合法性、正统性来说，仍然显得勉强。因此，曹丕之子曹叡即位之后，仍然不忘改正朔之志。经过一番努力，最终完成了改正朔的艰巨任务。青龙五年（237）春三月，曹叡下诏曰：

> 今推三统之次，魏得地统，当以建丑之月为正。考之群艺，厥义彰矣。改青龙五年春三月为景初元年孟夏四月。服色尚黄，牺牲用白，戎事乘黑首之白马，建大赤之旗，朝会建大白之旗。春夏秋冬孟仲季月，虽与正岁不同，至于郊祀迎气，祒、祫、烝、尝，巡守、蒐田，分至启闭，班宣时令，中气晚早，敬授民事，诸若此者，皆以正岁斗建为节。②

因原以建寅为正，即以正月为岁首，今以建丑为正，即以十二月为岁首，加之恰逢改元，故"青龙五年春三月"就变成了"景初元年孟夏四月"。又按照白统，规定了"牺牲用白，戎事乘黑首之白马""朝会建大

---

① （南朝梁）沈约：《宋书》卷十四《礼志一》，第328页。

② （南朝梁）沈约：《宋书》卷十四《礼志一》，第331页。

白之旗"。同时，"服色尚黄"是对土德的再次确认。至于"建大赤之旗"，裴松之解读："《周礼·巾车职》'建大赤以朝'，大白以即戎。"① 可见，曹叡虽用建丑为正，奉殷礼，但也糅合了周礼，所以才有了"建大赤之旗"。② 因此，至魏明帝景初元年（237）孟夏四月，曹魏最终完成了改正朔的艰巨任务。

除了改正朔、易服色之外，曹魏政权还迁都洛阳，将其作为京师。洛阳为东汉之都，历时二百余年，不仅是当时天下的政治、军事、经济、文化之中心，而且也是历史上欲取天下者的必争之地，故以洛阳为都也成了标榜王朝正统不可或缺的条件。于是，黄初元年（220）曹丕就下诏在洛阳建都，"十二月，初营洛阳宫，戊午幸洛阳"③。自邺城迁都于洛阳，并为了禅代更祚，以应土德，将原名"雒阳"改为"洛阳"。④ 这些都显示了曹魏为标榜政权的正统性而做的努力。

（二）"追存二代三恪之礼"

碑文中的"恪"，古同"恪"。"二代三恪"，又称"二王三恪"，亦称"二王""三恪"，是后起政权尊崇前代帝王或帝胄的名号。"二王三恪"说是随着中国古史系统中的"禅让"传说而出现的。相传尧年老之后，便将帝位禅让给了舜。舜继位之后，便尊尧的儿子丹朱为宾，称为虞宾，丹朱对舜可行不臣之礼。"自此之后，尧舜'禅让'的记载，便成为儒家复古主义学说'祖述尧舜，宪章文武'的特殊历史记忆。"⑤

---

① （晋）陈寿：《三国志》卷三《魏书三·明帝纪》注引"臣松之按"，第108页。

② 参见朱子彦、王光乾：《曹魏代汉后的正统化运作——兼论汉魏禅代对蜀汉立国和三分归晋的影响》，《中国史研究》2011年第1期。

③ （晋）陈寿：《三国志》卷二《魏书二·文帝纪》，第76页。

④ 参见朱子彦、王光乾：《曹魏代汉后的正统化运作——兼论汉魏禅代对蜀汉立国和三分归晋的影响》，《中国史研究》2011年第1期。

⑤ 吕博：《唐代德运之争与正统问题——以"二王三恪"为线索》，《中国史研究》2012年第4期。

　　"二王三恪"，经无正文。① "二王"最早出现于《礼记·郊特牲》："天子存二代之后，犹尊贤也。尊贤不过二代。"② 史家将后世所封"二代之后"视为"二王"。关于"三恪"，《左传》襄公二十五年记曰："昔虞阏父为周陶正，以服事我先王。我先王赖其利器用也，与其神明之后也，庸以元女大姬配胡公，而封诸陈，以备三恪。"又《礼记·乐记》记载："武王克殷，反商，未及下车，而封黄帝之后于蓟，封帝尧之后于祝，封帝舜之后于陈；下车而封夏后氏之后于杞，投殷之后于宋。"此处虽然记载了五氏之封，但并没有标出二王三恪之名。鉴于以上文献记载之不详，汉唐经学家对此多有释义，但也颇有争议。唐代杜佑对"二王三恪"的含义解释说："周得天下，封夏、殷二王后，又封舜后，谓之恪。恪，敬也，义取王之所敬，并二王后为三国，其转降示敬而已，故曰三恪。"而对于"二王三恪"设立的标准，历来没有定论。杜佑对此总结说：

　　　　三恪二王之义，有三说焉。一云"二王之前，更立三代之后为三恪"。此据《乐记》武王克商，未及下车，封黄帝、尧、舜之后；及下车，封夏、殷之后。通已用六代之乐。二云"二王之前，但立一代，通二王为三恪"。此据《左传》但云"封胡公以备三恪"，明王者所敬先王有二，更封一代以备三恪。存三恪者，所敬之道不过于三，以通三正。三云"二王之后为一恪，妻之父母为二恪，夷狄之君为三恪"。此据"王有不臣者三"而言之。③

　　在三者之中，杜佑认为当以"二王之前，但立一代"之模式为正，即

---

　　① （唐）杜佑：《通典》卷七四《礼三四·宾礼一·三恪二王后》，中华书局1988年版，第2030页。

　　② 杨天宇：《礼记译注》（上），上海古籍出版社2004年版，第310页。

　　③ （唐）杜佑：《通典》卷七四《礼三四·宾礼一·三恪二王后》，第2029页。

所谓"今据二代之后，即谓之二王；三代之后，即谓之三恪"①。但据学者研究，自曹魏以来，前两种模式均被后世帝王所践行，并没有固守其中的哪一种模式。而且，在具体的政治礼仪实践中，"二王三恪"多指前朝贵胄国宾，在某种程度上可以说是一种政治符号。因此，我们似乎没有必要太多纠缠于"二"或"三"的具体表现形式。②

曹魏假借禅让之名获得汉家天下，既然是禅让，自然就存在如何对待前代帝王或贵胄的问题。于是，曹魏采取"二王三恪"制度，对汉帝予以尊崇。《三国志·魏书·文帝纪》记载："黄初元年十一月癸酉，以河内之山阳邑万户奉汉帝为山阳公，行汉正朔，以天子之礼郊祭，上书不称臣，京都有事于太庙，致胙；封公之四子为列侯。"③将后汉末帝刘协尊封为山阳县公，邑万户，位在诸侯王上，奏事不称臣，受诏不拜，并准以天子车服郊祀天地，宗庙、祖、腊如汉制，都山阳浊鹿城。后刘协于青龙二年（234）去世，魏明帝以汉天子礼仪将其葬于禅陵，并谥曰孝献皇帝。

曹魏所采取的"禅让"模式，在政权更迭频繁的魏晋南北朝时期成为改朝换代的基本形式。曹魏之后，西晋、东晋，南朝的宋、齐、梁、陈，以及北朝的北齐、北周，都是采取这一模式而实现朝代更易，而各禅让政权无不假以"二王三恪"的名号来对待和处置前朝末帝，如西晋封曹魏末帝为陈留王，东晋继西晋之封；刘宋封东晋末帝为零陵王，萧齐封刘宋末帝为汝阴王，萧梁封萧齐末帝为巴陵王，陈封萧梁末帝为江阴王等。这些政权之所以如此推崇"二王三恪"，如此礼尊前代帝王，无不出于标榜政权合法性的考虑。正如有学者所指出的那样："历代禅让政权为尊崇前代帝王而立之以'二王三恪'，待之以国宾，在某种程度上只是一种历史的'表相'，其历史的'本相'乃在说明其是否承袭前朝历运，是否承认前朝政权

① （唐）杜佑：《通典》卷七四《礼三四·宾礼一·三恪二王后》，第 2030 页。

② 见吕博：《唐代德运之争与正统问题——以"二王三恪"为线索》，《中国史研究》2012 年第 4 期。

③ （晋）陈寿：《三国志》卷二《魏书二·文帝纪二》，第 76 页。

的合法性，进而认为本朝的天命国祚是否由前朝演进而来。这是新生禅让政权塑造正统来源与标明合法性的重要手段。"①

（三）命孔羡为"宗圣侯"，以奉孔子之祀

在"追存二代三恪之礼"后，《黄初年间鲁孔子庙之碑》接着说："兼绍宣尼褒（成）之后，以鲁县百户命孔子廿一世孙议郎（孔）羡（为）宗圣侯，以奉孔（子）（之）祀。"并引述了魏文帝即位之初制诏三公之诏书。在诏书中，魏文帝对孔子的"存道""述作"之功大加赞赏，并称颂孔子为"命世之大圣""亿载之师表者也"。②此外，还下令修缮与扩建了阙里孔庙。可以说，在其即位伊始，即对孔子祭祀予以重视。

前文提到，汉平帝于元始元年（1），诏封孔子后裔孔均为"褒成侯"，以奉孔子之祀，追谥孔子曰"褒成宣尼公"。这一次分封有着非同寻常的意义：不仅与之前汉元帝时期赐孔子十三世孙孔霸"关内侯"（前48）且封"褒成君"（前43），只是出于尊师重傅之意不同，亦与汉成帝绥和元年（前8）在梅福等人煞费苦心、迂回曲折的请求下，朝廷封孔子后裔孔吉为"殷绍嘉侯"不同，这次诏封孔均为"褒成侯"，更追谥孔子为"褒成宣尼公"，不仅奉祀孔子者身份、地位有了明显的提升，而且孔子开始拥有官方封号，标志着孔子祭祀上升为国家祀典，且作为一个独立的祭祀体系而存在。自此以后，封建帝王对儒学愈发尊信，对孔子祭祀愈发重视，东汉初期的几位帝王，都曾亲至阙里祭孔、讲经，祭孔逐渐成为帝王政治活动中的一大制度化惯例。而在这一惯例下，尊孔、祀孔在国家政权中拥有了更为深刻的象征意义，那就是政权"合法性"的体现。这正如有学者所说："现实政权对孔子及其后嗣的谥封（以及帝王的'祭孔'活动），作为一项特殊而重要且持久一贯的王朝祭祀制度，一直确保、密切着'尊孔'

---

① 吕博：《唐代德运之争与正统问题——以"二王三恪"为线索》，《中国史研究》2012年第4期。

② （晋）陈寿：《三国志》卷二《魏书二·文帝纪二》，第77页。

本身与现实政权的政治'合法性'的直接相关性。"①

曹魏作为继汉之后的政权，在其建立之初，即按照传统封孔子之后裔孔羡为宗圣侯，以奉孔子之祀，标榜其对孔子、儒学的尊崇。由此可见，不管政权如何更迭，尊孔崇儒、祭祀孔子已然成为帝制王朝的一项制度，是政权合法性的重要体现。

三、"缉熙圣绪""修起旧庙"

孔子与儒学在政治上的重要地位，使得曹魏政权也采取一系列措施，以体现自己的尊孔崇儒之意。如前所述，魏文帝曹丕即位之初，就制诏三公，称颂孔子：

> 诏曰："昔仲尼资大圣之才，怀帝王之器，当衰周之末，无受命之运，在鲁、卫之朝，教化乎洙、泗之上，凄凄焉，遑遑焉，欲屈己以存道，贬身以救世。于时王公终莫能用之，乃退考五代之礼，修素王之事，因鲁史而制《春秋》，就太师而正《雅》《颂》，俾千载之后，莫不宗其文以述作，仰其圣以成谋，咨！可谓命世之大圣，亿载之师表者也。"②

从"大圣""素王"等称呼中，可见曹魏政权仍延续汉代以来谶纬影响下对孔子的认识，而其尊孔崇儒的措施，也在很大程度上是对汉朝的延续。

首先，"兼绍宣尼褒（成）之后，以鲁县百户命孔子廿一世孙议郎（孔）羡（为）宗圣侯，以奉孔（子）（之）祀"。自汉平帝元始元年（1）

---

① 林存光：《历史上的孔子形象——政治与文化语境下的孔子和儒学》，齐鲁书社2004年版，第137页。

② （晋）陈寿：《三国志》卷二《魏书二·文帝纪》，第77页。另外，《黄初年间鲁孔子庙之碑》已引述诏书内容，个别文字有出入。

诏封孔均为"褒成侯"之后，孔子后裔一直受封，只是封号稍有不同：建武十四年（38），孔均的儿子孔志袭封褒成侯；汉明帝永平十五年（72），孔志的儿子孔损袭封褒成侯；汉和帝永元四年（92），改封曰褒亭侯，仍由孔损袭封；汉安帝延光三年（124），孔损的儿子孔曜袭封褒亭侯；汉灵帝建宁二年（169），孔曜的儿子孔完袭封褒亭侯。曹魏既然承汉而来，对孔子后裔的封爵也保持连贯性。所封孔子廿一世孙孔羡，为孔完弟弟孔赞的儿子，因为孔完没有儿子，故在其死后，由孔羡袭封，为表示政权的不同，改为"宗圣侯"。

其次，修缮、扩建阙里孔庙。汉末以来，天下混乱纷争，致使阙里孔庙遭受毁坏。这在《黄初年间鲁孔子庙之碑》有所记载："遭天下大乱，百祀堕坏，（旧）（居）（之）庙毁而不修，褒成之后绝而莫继，阙里不闻讲诵之声，四时不睹蒸尝之位，斯岂所谓崇（化）报功、盛德（百）（世）必祀者哉！嗟乎，朕甚闵焉！"可见，受时局动荡的影响，曲阜孔庙建筑遭受破坏，正常的孔子祭祀一度停滞。因此，又"令鲁郡修起旧庙，置百石吏卒（以）守卫之。又于其外广为屋宇，以居学者"。曹魏政权在旧有规制的基础上，对孔庙进行了修缮，并置百石吏卒（《乙瑛碑》中为"百石卒史"），守卫孔庙。此外，又在孔子庙外修建房舍屋室，以供学者居住。魏文帝的这一创举促成了孔庙发展史上的一个重要事件，那就是庙学制的出现。

庙学制即孔庙与学校结合的制度，也即祭祀空间与教学空间的结合，二者连为一体。据文献记载，自周以来，中国古代一直存有"学必祭师"的传统。祭师之礼被称为释奠或释菜。《礼记·文王世子》云："凡学，春官释奠于其先师，秋冬亦如之。凡始立学者必释奠于先圣、先师，及行事必以币。……始立学者，既兴器，用币，然后释菜，不舞不授器。"[①]《周礼·春官·大胥》云："春，入学，舍采合舞。"此处"舍采"即释菜。可见，

---

① 杨天宇：《礼记译注》（上），第250～252页。

从学校初建到开课授业，圣师之祭都贯穿始终。但当时的圣、师并无定指，而且只是在学校设立神位，并无专门立庙。汉代文献虽无"释奠"一词①，但学校祭祀先师活动一直存在。《后汉书》记载："明帝永平二年三月，上始帅群臣躬养三老、五更于辟雍。行大射之礼。郡、县、道行乡饮酒于学校，皆祀圣师周公、孔子，牲以犬。"②随着汉代以来孔子祭祀地位的提高，学校祭祀中的"先师"，已固定为孔子。除了学校祭祀孔子之外，东汉以来帝王祭孔并于孔庙讲学、讲经或者命儒者讲经也时有发生。例如，永平十五年（72），明帝"幸孔子宅，祠仲尼及七十二弟子。亲御讲堂，命皇太子、诸王说经③；元和二年（85）春，章帝"幸阙里，以太牢祠孔子及七十二弟子，作六代之乐，大会孔氏男子二十以上者六十三人，命儒者讲《论语》"④。可能正是这种学校与祭孔关系的日趋密切，以及祭孔与讲经、讲学活动的日趋频繁，促成了曹魏政权在对孔庙的修缮中另于庙外建造以供学者居住的屋舍，首开中国孔庙发展史上依庙立学之先河。从此以后，庙与学便相伴而生，相互依存。例如，东晋时期清河人李辽途经阙里，见孔庙萧条破败，便奏请朝廷："愚谓可重符兖州刺史，遂成旧庙，蠲复数户，以供扫洒。并赐给《六经》，讲立庠序，延请宿学，广集后进，使油然入道，发剖琢之功。"⑤南朝宋文帝也在诏书中说："阙里往经寇乱，黉校残毁，并下鲁郡修复学舍，采召生徒。"⑥

孔庙历经战乱而重建，以及学屋的设立，让"鲁之父老""诸生""游士""睹庙堂之始复，观俎豆之初设，嘉圣灵于仿佛，想贞祥之来集"，感

①　孔祥林：《释奠礼的发展》，《孔庙国子监论丛》，中国社会科学出版社2014年版。

②　（南朝宋）范晔撰，（唐）李贤等注：《后汉书》卷九四《礼仪志上》，第3108页。

③　（南朝宋）范晔撰，（唐）李贤等注：《后汉书》卷二《显宗孝明帝纪》，第118页。

④　（南朝宋）范晔撰，（唐）李贤等注：《后汉书》卷七十九上《儒林列传上·孔僖传》，第2562页。

⑤　（南朝梁）沈约：《宋书》卷十四《礼志一》，第366页。

⑥　（南朝梁）沈约：《宋书》卷五《文帝本纪》，第89页。

慨万千，精神为之一振。尤其是庙学相兼的用心设计，吸引了诸生、游士前来就学，呈现出一派"（莘）（莘）（学）（徒），爰居爰处"的和谐景象。不仅如此，孔庙的这一建筑模式为此后的政权所效仿，并由庙外立学发展为学中立庙。北齐时就开始在郡学内立孔庙、颜庙，至唐太宗，又诏令天下的州、县各级学校均立孔子庙。学中立庙，就是在学校范围内，在教学区域之外，另专门设立一祭孔场所，用以祭祀孔子。由此，庙外建学、学中立庙渐趋成风。在唐代官民的推广下，庙学制更是成为传统学制的基本形态而传承下来。

　　庙学合一的创举，在中国历史上意义深远。高明士先生曾对庙学制及其定义总结说："简单说，所谓'庙学'制，指学校以文庙为主轴而展开的儒教主义教育制度"，"其特色指教育园地主要是由祭祀空间与教学空间两者构成。"[1]学校是明人伦的地方，偏重知识教养，而庙是崇祀圣贤的地方，偏重人格熏陶，两者结合，无疑对人格养成、社会教化有着重要的影响。正如清代庞钟璐在《文庙祀典考》中说："夫欲敦教化、厚人伦、美风俗，必自学校始。学校崇祀孔子，附以先贤先儒，使天下之士观感奋兴，肃然生其敬畏之心，油然动其效法之念。其典至巨，其意甚深。"[2]由此，孔庙除了作为官方意识形态的宣教地之外，更发挥着无与伦比的教化功能。

第三节　"宣风敷化"：北朝各政权尊孔崇儒

　　曹魏之后，西晋曾短暂统一中国，然最终终结于内乱与外患之中。建兴五年（317），司马睿南迁建康，建立东晋。此后，北方的黄河流域

---

　　① 高明士：《天下秩序与文化圈的探索：以东亚古代的政治与教育为中心》，上海古籍出版社2008年版，第239页。

　　② （清）庞钟璐：《文庙祀典考》，清光绪四年（1878）刻本。

就沦为各少数民族的逐鹿之地。匈奴、鲜卑、羯、氐、羌等少数民族，纷纷自立，政权更迭不断。直到439年，鲜卑族拓跋氏扫荡群雄，方才统一北方。而在一百余年后，北魏又分裂为东魏、西魏。之后，东、西两魏又分别由北齐、北周取代。在很长的时间内，南朝与北朝依长江对峙而立，双方虽然政权更迭不断，但一直未能统一对方。直到589年，杨坚受禅代周称帝建立隋朝，打败南朝陈，复结束南北割据局面，统一中国。因此，在近三百年的时间内，黄河流域一直处于少数民族建立的政权的统治之下。曲阜所存此一时期的碑刻为少数民族政权统治时期所刻立。

与以勇力驰骋于大漠、草原不同，少数民族入主中原之后，不得不面临如何稳固在中原的统治地位，以及如何统治广阔土地上的民众等诸多难题。而作为中原意识形态主流的儒学，自然是少数民族统治者不能忽视的重点所在。曲阜孔庙所保存下来的北朝时期的碑刻文献，正能体现儒学在少数民族政权统治下的发展情况。然而，由于数量太少，只能窥得一斑，但以此为点，以点带面，我们仍可以从中看出儒学与少数民族政权的互动。

一、"凯悌君子，民之父母"：北魏贾思伯、张猛龙践行儒学

如前所述，曲阜保存的北魏时期的碑刻有2幢，分别是《神龟二年魏兖州贾使君之碑》与《正光三年魏鲁郡太守张府君清颂之碑》。在此将两碑情况与内容做一简述。

《神龟二年魏兖州贾使君之碑》，立于北魏孝明帝神龟二年（519）[①]，

---

① 对于《神龟二年魏兖州贾使君之碑》所立时间，前人有争议。赵明诚《金石录》、阮元等《山左金石志》认为是北魏孝明帝神龟二年（519）之物，而叶奕苞《金石录补》则据碑中所列官秩与"青龙"之年号等记载，认为此碑之"魏"为"三国之魏，而非拓跋氏之魏"。但学者根据字体、碑文内容等，多倾向认为其为北魏时期所立。以上可参见骆承烈汇编：《石头上的儒家文献——曲阜碑文录》（上），第71～72页。

记载兖州刺史贾思伯之事，故又称《贾思伯碑》。碑上记思伯字士然，武威姑臧人，晋太师贾他之后，祖上多出仕为官。贾思伯于"（魏）太和中起家"，从"奉朝请"这一闲散官职不断升迁，弱冠之后，相继出任"扬烈（将）（军）""河内太守""荥阳太守""征（虏）将（军）""（南）（青）（州）（刺）（史）""光禄少卿将军""（兖）州（刺）史"等职。由于碑文磨损严重，关于贾思伯的事迹无法完整呈现，但从"□财赈施，亲疏周给，门侄长幼，（靡）不赡恤"等碑文，可见其品德高尚；另外，从"礼义用兴，关（境）（怀）仁""治（隆）王赵，才超（张）陆""（宽）猛相资，惠和并布"等字样，可见贾思伯在政治治理上崇儒术、施仁政，是一位有能力、有策略的儒家官员。①

《正光三年魏鲁郡太守张府君清颂之碑》，立于北魏孝明帝正光三年（522），是鲁人为曾任鲁郡太守的张猛龙而立的颂德碑，简称《清颂碑》，又称《张猛龙碑》。和《贾思伯碑》不同，此碑保存较为完好，碑文内容基本可见。根据碑文记载，张猛龙字神冏，南阳白水人。其远祖可追溯至周宣王时的张仲，其近祖为汉初赵景王张耳。魏晋以来，祖上多人出任刺史、太守，为官四方。在这样的家庭中长大的张猛龙，"入孝出弟，邦间（有）名"，随着名声日隆，"以延（昌）中出身"，于北魏宣武帝年间出仕为官。"除奉朝请，优游文省，（朋）侪慕其雅尚。朝廷以君荫（望）如此，德□宣（畅），以熙平之（年），除鲁（郡）太（守）"。在任期间，"治民以礼，移风（以）乐"，"使学校克修，比屋清业"，"（入）（境）（观）朝，莫不礼让"，"遂令讲（习）之音再（声）于阙里，来（苏）之歌复咏于洙（中）"。②可见，张猛龙在出任鲁郡太守期间，注重礼乐教化，实行德治仁政，尤其在兴建学校方面有功。因此，在张猛龙离任之后，郡人为称颂其功绩而立此碑。碑文之末列有"义主"10人，碑阴又刻有鲁郡属吏、

---

① 杨朝明主编：《曲阜儒家碑刻文献集成》（上），第67～68页。

② 杨朝明主编：《曲阜儒家碑刻文献集成》（上），第73～74页。

鲁郡士望等 100 多人，涉及鲁郡下属的汶阳县、邹县、新阳县、阳平县等多地官吏，总计达 160 余人，由此可见张猛龙生前声名威望之高。

以上两碑均刻立于北魏孝明帝时期，前后仅相差三年，且又同为赞颂地方官员之碑。从碑文可知，不论是兖州刺史贾思伯，还是鲁郡太守张猛龙，都是品行兼优、为政以德之人，是典型的儒家官吏，采用的是儒家治理方略。两碑之末都刻有“义主”。“义主”，是指出钱刻碑的人。清人蒋超伯《麓溟荟录·义主》中曾说：“魏鲁郡太守《张猛龙碑》颂后列义主十人，皆其属吏。魏齐之世，凡醵金刊石出资者曰主，造象称象主，刊经称经主，劝缘称功德主。此则郡人颂太守之德，事近于义，故称义主。”① “事近于义，故称义主”，可见时人对儒家治理方式的赞赏与推崇。而刻立于北魏后期的两碑所展现的儒学状况，实际上是北魏政权尊崇儒学的体现。

北魏起源于漠北，是鲜卑族的一支，其政权之建立可以追溯到东晋孝武帝太元十一年（386），拓跋珪继其前人代公猗卢建立魏国，并于东晋隆安二年（398）迁都平城称帝，同年改国号曰魏，史称北魏，拓跋珪为北魏道武帝。北魏是北朝时期建立最早也是持续时间最长的少数民族政权，其对儒学的态度及尊孔崇儒之措施，都对北朝后继政权深有影响。

拓跋珪在位期间，加强政权建设，并依靠强劲的武力加入对中原的争夺之中。对于每一个逐鹿中原、意欲问鼎天下的少数民族势力来说，了解、亲近、学习、运用中原文化，尤其是自汉代以来上升为国家意识形态的儒学，是他们的现实需要。而实际上，十六国大都主动去学习儒家文化。正如陈寅恪先生所说：“汉化在胡族中是一种潮流。”② 钱穆先生也在其《国史大纲》中对这一潮流进行一一总结：

> 五胡杂居内地，已受相当汉化。……刘渊父子皆粗知学问，渊师

---

① （清）蒋超伯：《麓溟荟录·义主》，四库未收书辑刊本。

② 万绳楠整理：《陈寅恪魏晋南北朝史讲演录》，贵州人民出版社 2007 年版，第 206 页。

事上党崔游，习《毛诗》《京氏易》《司马尚书》，皆是东汉的旧传统。石勒徙士族三百户于襄国，置公族大夫领之。郡置博士祭酒二人，弟子百五十人，又定秀、孝试经之制。慕容廆益大兴文教，以刘赞为东庠祭酒，世子皝率国胄束脩受业。廆览政之暇，亲临讲肄。慕容氏于五胡中受汉化最深。苻秦文教尤盛，诸经皆置博士，惟阙《周礼》，乃就太常韦逞母宋氏传其音读，即其家立讲堂，置生员百二十人，隔绛纱幔受业。王猛死，特诏崇儒，禁老、庄、图谶之学。姚兴时，耆儒姜龛、淳于岐等教学长安，诸生自远而至。兴每与龛等讲论道艺。胡辩讲授洛阳，关中诸生赴者，兴敕关尉勿稽其出入。姚泓亲拜淳于岐于床下，自是公侯见师傅皆拜。是五胡虽云扰，而北方儒统未绝。①

由此可见，十六国的统治者对儒家经典、儒家学问大都甚为推崇，并积极去学习、推广。虽然由于诸多儒家名士已随东晋偏安江南，他们所接触者，"乃中国较旧之经学传统，而非代表当时朝士名流之清谈玄理"，但正是由于这些统治者的推崇及北方士大夫的不坠旧业，才使得北方儒统未绝。

问鼎中原的需要及汉化之风的影响，尤其是拓跋氏与同为鲜卑族且汉化程度很深的慕容氏交往颇为密切，这些因素都促使北魏主动去了解、亲近中原文化，尤其重视儒学。《魏书·儒林列传》记载，早在道武帝拓跋珪初定中原之时，"便以经术为先，立太学，置五经博士生员千有余人。天兴二年春，增国子太学生员至三千"②。太学以儒家经典教育为主，讲授对象为贵族官宦子弟，这有利于儒学的宣扬与推广。不仅如此，作为入主中原的少数民族政权统治者，道武帝也效仿其他政权，对孔子予以祭祀。《魏书·太祖纪》记载，天兴四年（401）二月，帝"命乐师入学习舞，释菜于

---

① 钱穆：《国史大纲》（上册），商务印书馆1996年版，第279～280页。

② （北齐）魏收：《魏书》卷八十四《儒林列传》，中华书局1974年版，第1841页。

先圣、先师"①，对孔子予以礼敬。此后，道武帝的后继者们在其基础之上，继续推动拓跋政权的汉化与儒学化。

从明元帝拓跋嗣至显祖拓跋弘时期，拓跋政权更加广泛地征聘中原士人。这些士人，除了参与国家治理之外，还对儒家经典进行整理和诠释，例如常爽撰《六经略注》、索敞编撰《丧服要记》、阚骃注《易传》等。这些经过注释后的儒家经典，不仅得到了更加广泛的传播，也极大方便了拓跋族人的学习。此外，这一时期，拓跋政权在各州郡广建学校，儒生数量空前增加。拓跋政权的上层贵族也注重学习儒家经典，像皇子虽然不入太学，但有专人传授儒学，且成定制，即使做了皇帝，仍请名儒讲学。自幼的儒学教育使得拓跋政权统治者的思想逐渐儒学化，进而其政策法令的儒家色彩也日益浓厚。随着儒学在政权内部地位的提升，拓跋氏对孔子的尊崇也日益提高。泰常七年（422）二月，拓跋嗣首次"祀孔子于国学，以颜渊配"②。皇兴二年（468），魏军平青徐二州，拓跋弘"遣中书令兼太常高允奉玉币祀于东岳，以太牢祀孔子"③。在崇孔的同时，儒家的"礼""孝"等社会伦理思想也逐步在社会上被推广开来。遵礼、重礼、尊老、敬老为社会所推崇，当时甚至出现了"不孝父母、不顺尊长"者则交由地方官惩办的社会制度。

孝文帝时期，拓跋魏汉化更加深入，亦全面推行儒家政治。孝文帝元宏自幼深受汉化影响，热衷儒学。魏收评价他"雅好读书，手不释卷。《五经》之义，览之便讲，学不师受，探其精奥。史传百家，无不该涉"④。同时，他又心怀统治中华之雄心，因此，为了实现抱负，他尤其推崇中原政权的儒学治国传统。为此，他实行了一系列的尊孔活动。例如，延兴二年（472），他诏令禁止妇女祭孔。次年（473），加封孔子

①（北齐）魏收：《魏书》卷二《太祖纪第二》，第38页。

②（北齐）魏收：《魏书》卷一百八之一《礼志一》，第2738页。

③（北齐）魏收：《魏书》卷一百八之一《礼志一》，第2739页。

④（北齐）魏收：《魏书》卷七下《高祖纪下》，第187页。

二十八世孙孔乘为崇圣大夫。太和十三年（489），又"立孔子庙于京师"。太和十六年（492），将孔子的谥号"宣尼"改为"文圣尼父"。太和十九年（495），孝文帝亲至鲁城曲阜，祀孔子于孔子庙；"诏拜孔氏四人、颜氏二人为官"，"又诏选诸孔宗子一人，封崇圣侯，邑一百户，以奉孔子之祀"；又诏令兖州为孔子起园柏，修饰坟垄。[1] 可见孝文帝对孔子及其后裔的尊崇。

此外，在前代帝王的基础上，孝文帝进一步推行以礼、孝等儒家伦理思想治国理政。唐杜佑曾说："后魏道武帝举其大体，事多阙遗；孝文帝率由旧章，择其令典，朝仪国范，焕乎复振。"[2] 诸礼之中，孝文帝尤其重视婚丧之礼。据文献记载，冯太后去世之后，他按照古丧礼，守"三年之丧"[3]。广川王元谐去世，他又打算恢复汉代以后废而不用的君王"三临"之礼。此外，他还亲自为群臣讲解"丧服"礼，可谓历史上皇帝讲礼第一人。为了在社会中推行孝并实施孝治，孝文帝提出了诸多奖励措施。比如，当时朝廷要求地方官将"力田孝悌""孝悌廉贞""孝友德义"之人都上报给朝廷，并赐给这些具有孝德之人谷帛，或者授予官职；制定相关规章制度以尊老、养老；而对于不孝者，则予以重惩。这些都显示出北魏将儒家的伦理思想与礼制用于社会治理。

以上北魏"以礼治国""以孝治国"的儒家治理思想，在北魏二碑中即有所体现。例如《正光三年魏鲁郡太守张府君清颂之碑》中，说到其先祖"周宣（时），□□（张）仲"，"诗人咏其孝友"，"入孝出弟，邦间（有）名"，在父亲去世服丧期间，"（寝）食过礼，泣血情深，假使曾、（柴）更世，宁异今德"，后来母亲去世之后，"丁母艰，勺饮不入，偷魂七朝，（罄）力尽（思），备之生死，脱时当（宣）（尼）无（愧）"。这些都是北魏在社

---

① （北齐）魏收：《魏书》卷七下《高祖纪下》，第 177 页。

② （唐）杜佑：《通典》卷四十一《礼一·沿革一》，第 1121 页。

③ （北齐）魏收：《魏书》卷一百八之四《礼志四》，第 2781 页。

会上倡导"孝"、宣扬"孝"及"以孝治国"理念的体现。此外，碑文记载张猛龙出任鲁郡太守期间，"治民以礼，移风（以）乐"，"（入）（境）（观）朝，莫不礼让。化（感）无心，草石知变"，将礼乐教化用于社会；再者，兴修学校，使"讲（习）之音再（声）于阙里，来（苏）之歌复咏于洙（中）"。这也是北魏倡导儒学、兴修学校的体现。

　　总而言之，北魏时期，虽然经学几无建树，但从文化发展的角度来看，孔子思想、儒家观念却行之社会，影响明显。然而，北魏儒学发展的高峰至孝文帝之后渐趋下降。孝文帝在北魏历史上乃至中国文化史上，都是一位贡献卓著的人物。他对推进鲜卑族的文明进程，以及保持中国文化于分裂时期的连贯性，做出了巨大贡献。孝文帝去世之后，北魏政权又历五帝，国祚延续三十余年，虽然也不断兴学崇儒，但由于佛教兴盛，诸帝皆笃信佛教，大规模地开凿石窟、营造佛刹寺塔，像洛阳龙门、大同云冈等石窟均建造于这一时期。据史籍所载，从景明元年（500）至正光四年（523）六月，凡"用功八十万二千三百六十六"，"其诸费用，不可胜计"。[①]再加之幸臣、外戚、后宫的干政，北魏政权日趋腐化，终于在永熙三年（534）分裂为东、西魏，北魏政权宣告灭亡。

二、李仲璇修孔子庙与东魏政权之尊孔

　　北魏分裂为东、西魏后，大抵以山西、陕西两省间的黄河为界，西魏占有黄河以西关陇之地，都长安（今西安）；东魏则占黄河以东及淮北以北之地，都邺（今河北临漳）。东魏仅历孝静帝一帝即亡，有国十七年。公元550年，高欢子高洋逼迫孝静帝禅位，改国号为齐（为与南朝萧齐区别，史家称高洋所建之齐为北齐），是为北齐文宣帝。可见东魏上承北魏，北齐又承东魏而来，所辖地区在黄河以东及淮北以北的中原之地；西魏则为北周所取代，他们所辖之地则在黄河以西的关陇之地。显然，作为阙里孔子

---

　　① （北齐）魏收：《魏书》卷一百一十四《释老志》，第3043页。

庙的所在地——鲁都曲阜，正好处于东魏和北齐的辖区范围之内。这也可以解释为何曲阜所存北朝时期碑刻只有北魏、东魏和北齐时期的，却没有西魏和北周时期的。

"东魏仅历孝静帝一帝即亡，有国十七年。故其政权与儒学的关系不甚明显。从总体上说因东魏所占之地多属中原地区，上承北魏孝文帝汉化的结果，其文明程度及儒学的影响应高出关陇地区。但由于国祚有限，再加之高欢父子的专权，鲜卑勋贵的贪淫，遂使东魏国事日非，儒学停滞。"① 如此状况之下，东魏尚有修孔子庙之事，可见虽政权更迭，国势渐弱，但北魏以来的儒学发展惯性仍在延续，故有《兴和三年李仲璇修孔子庙碑》。这对于仅历一帝、国祚仅十七年的东魏来说，也显得弥足珍贵了。

《兴和三年李仲璇修孔子庙碑》，又称《李仲璇碑》，立于东魏孝静帝兴和三年（541）十二月。此碑为兖州丞令士民颂李仲璇（琔）修孔庙事，而非李仲璇修庙自立之碑。李仲璇，《魏书》有传，碑文也有交代，"君姓李字仲璇，赵国柏仁人也"②。其曾做过定州平北府法曹参军、（兖）（郡）功（曹）咨议（参）军事、定相雍三州长史、雍兖二州（刺）史等职。《魏书》本传记仲璇"以孔子庙墙宇颇有颓毁，遂修改焉"③，此碑则详细记述了此次修庙的经过。

从碑文可知，李仲璇于"大魏徙邺之五载"，即兴和元年（539）到任兖州，出任"使持节都督兖州诸军事、车骑大将军、当州大都督、兖州刺史"，统领兖州诸事宜，而朝廷希望他能"宣风敷化""弦歌邹（鲁），克（振）（斯）（文）"。为此，李仲璇上任不久，即恭敬地表达要拜谒孔子庙的想法，并随即"轺车曲阜"。到曲阜后，仲璇"饮马沂流，周游眺览，尚

① 李中华：《中国儒学史·魏晋南北朝卷》，北京大学出版社2011年版，第267页。

② 杨朝明主编：《曲阜儒家碑刻文献集成》（上），第81页。

③ （北齐）魏收：《魏书》卷三十六《李顺传》，第845页。

（想）（伊）人，□□（慨）然有（报）功□□之意"，遂着手修缮孔子庙。此次修庙，不仅修缮了孔子庙建筑，更特意树立了颜回、子贡、子路等"十哲"的塑像。为何雕塑孔子弟子容像？碑文交代说："孔子曰：从我于陈蔡者，皆不得（及）门也。因历叙其才，以为四科之目。生既见从，（没）□□（侍），故（颜）（氏）□□□□于易辞。起予者商，纷纶于文诰。是则圣人之道，滇辅佐而成。故曰：吾有由也，恶言不闻于耳。所以雕（素）十（子），（侍）（于）其侧。今于（设）（圣）（容）（仍）奉进儒冠，于诸徒亦青衿青领。"[1]可见，李仲璇等时人认为"十哲"对孔子有辅佐之功，所以给他们塑像，让他们像生前一样侍奉于孔子之前。除此之外，还有另外一层原因，"夫道系于人，人亡则道隐。斯大义以之而乖，微言以之而绝。今圣容（肃）穆，二五成行，丹素陆离，（光）□□□□□□微笑（而）□言左右，若承颜而受业。是以睹之者，莫不忻忻焉，有入室登堂之想，斯亦化□□一隅也"[2]。可见，孔子和孔子弟子塑像的设立，给人以圣人师徒仍在世传道授业之感觉。这样，"道"由此而显，"微言"由此而存，让见之人心生思慕、效仿、学习之意，从而达到传承儒家思想之效果。可见，"十哲"之像，也是李仲璇等人有感于魏晋以来圣学不振、"道系于人，人亡则道隐"的儒学发展状况而树立的。在北朝政权不断更迭与社会纷乱中，他们能以如此细腻、感性的情怀来思考儒学的传承，不能不说弥足珍贵。也正因为如此，立碑者将此事记之石碑，并说"丹青所以图盛（迹），（金）石所以刊不（朽）"，以期"后来君子，知功业之若斯焉"。

三、寻父足迹，述"祖"之志：郑述祖与北齐《夫子庙碑》

北齐政权存在时间亦不长，前后共历六主，凡二十八年。作为东魏的后继者，北齐在开国伊始，即表现出对儒学的崇尚。文宣帝即位之初即下

---

① 杨朝明主编：《曲阜儒家碑刻文献集成》（上），第82页。

② 杨朝明主编：《曲阜儒家碑刻文献集成》（上），第82页。

诏修立学校：

> 诏郡国修立黉序，广延髦俊，敦述儒风。其国子学生亦仰依旧铨
> 补，服膺师说，研习《礼经》。往者文襄皇帝所运蔡邕石经五十二枚，
> 即宜移置学馆，依次修立。①

其中所言蔡邕石经之事，说的是东魏时期，高欢曾命移洛阳汉魏石经
于邺，但在搬运途中，至河阳岸崩，石经多没于水，最终完整运到邺地的，
仅剩五十二枚，此后又移置于学馆，以鼓励学子敦述儒风。后北齐政权为
了整顿风俗，又从儒学着手。文宣帝天保七年（556），下诏有司校定群书，
以供朝廷览读，樊逊等十一人共同刊定，"凡得别本三千余卷，《五经》诸史，
殆无遗阙"②。孝昭帝皇建元年（560），又下诏于国子寺备置生员，讲习经
典，岁时考课，并命"外州大学亦仰典司勤加督课"。此后，齐主又命儒臣
魏收、阳休之、颜之推等二十余人选录诸书，集论经传，撰成《修文殿御
览》，专供皇帝阅读。

然而，和这一敦崇儒风之举相比，北齐社会更为崇尚、更为流行的是
佛学。据《续高僧传》载，时"昭玄一曹，纯掌僧录。令史员置，五十许
人，所部僧尼，二百余万"③。又据《佛祖统纪》载，"所部僧尼四百余万，
四万余寺，咸禀风教。帝筑坛具礼，尊为国师。布发于地，令上统践之升
座，后妃、重臣皆受菩萨戒"。由此可见，当时崇佛之风兴盛无比，皇帝、
后妃、重臣皆沉迷其中。然而，在这样的情况下，仍有儒臣倾慕孔子，并
寻其庙宇，拜谒于前。或许正是因为这样的社会背景之下的谒孔之举，才
使得鲁人觉得弥足珍贵，谨以纪之。

---

① （唐）李百药：《北齐书》卷四《文宣帝纪》，中华书局1972年版，第53页。

② （唐）李百药：《北齐书》卷四十五《文苑列传·樊逊传》，第614页。

③ （唐）道宣撰，郭绍林点校：《续高僧传》（上）卷八《仪解篇四·齐大统合水寺释法
上传六》，中华书局2014年版，第261页。

《乾明元年郑述祖夫子庙碑》，立于北齐废帝乾明元年（560）。"乾明"为北齐废帝（高殷）年号，这年八月，北齐孝昭帝（高演）废废帝，改元皇建。可知此碑应立于这一年的八月之前。此碑因石质剥落，碑文多不可辨识。碑中有"公道昭之第□子也"。结合碑文及史籍记载，"道昭"，即郑道昭，《魏书》有传。[①]道昭，荥阳开封人，此碑文中亦有"开封人"三字；历官平东将军、光州刺史，转青州刺史，复入为秘书监，卒赠镇北将军，此碑中亦有"镇北将军"四字。根据《魏书·郑道昭传》，道昭有五子：严祖、敬祖、述祖、遵祖、顺然。其五子中，三子述祖善隶书。此碑笔法与郑述祖书天柱山铭相同，故定为郑述祖书。[②]然而，碑文中"公道昭之第□子"这样的记事口吻，不符合讳父名的传统习惯，可推知此碑文应为他人所作，而述祖照抄而成。从仅可辨认的一百余字可推断碑文大意为：郑述祖的父亲郑道昭为光州刺史时，曾前来曲阜谒孔庙、拜孔子。后述祖继任光州刺史，便寻访其父当年在光州一带活动的遗迹，于是也到曲阜谒孔，并立碑纪念。

文献记载道昭钟情于道事，常率属僚悠游于山林之间，然从碑中所记他曾造访曲阜拜谒孔子来看，道昭亦敬重儒家。不仅如此，在社会治理中，他"政务宽厚，不任威刑"，以教化和培养人才为己任，这种儒家式的治理方式很得百姓之心，"为吏民所爱"[③]。郑道昭对儒学的态度，必然影响了其子述祖，因此在述祖到任光州刺史后，也追寻其父足迹，到曲阜拜谒孔子，可以想见，他在政治治理中也必然效仿其父，采取儒家治理方式。由此可以看出，北齐，包括北朝时期的其他政权，在信仰上都倾向于佛道，但是具体到社会治理，儒学仍是为他们所用的不变之法。

---

① （北齐）魏收：《魏书》卷五十六《郑义传》，第 1240 页。

② 骆承烈汇编：《石头上的儒家文献——曲阜碑文录》（上），第 88 页。

③ （北齐）魏收：《魏书》卷五十六《郑义传》，第 1242 页。

四、尊孔崇儒之风下的西魏与北周

北魏永熙三年（534），孝武帝因高欢叛乱，逃至长安投靠北魏将领宇文泰。次年（535），宇文泰杀孝武帝，立元宝炬为帝，建立西魏。虽然和东魏相比，西魏在军力、经济、文化等方面都明显逊色，但在宇文泰的辅助治理之下，势力渐盛。西魏恭帝三年（556），在宇文觉的逼迫之下，恭帝禅位，改国号为周（史称北周或后周）。在经历了文、废、恭三帝之后，西魏灭亡，享国22年。北周武帝建德六年（577），武帝率兵攻占邺城，灭北齐，重新统一了北方。但四年之后，即北周静帝大定元年（581），北周大将杨坚逼迫周静帝退位，代周而立，是为隋文帝，改号大隋，北周亡。西魏、北周相继而立，且西魏的实权实际上一直掌握在宇文泰手中，所以西魏、北周虽国号不同，但在政治、经济、文化上实为一体，政治、文化颇具连贯性。而在北魏、东魏的尊孔崇儒之风中，西魏、北周亦有浸染。

宇文泰秉政西魏期间，崇儒好古，在政治上多倚重儒学。他认为西魏所在的关中之地乃周文化的发源地，而周文化又是中国文化之正统，所以关中为中国文化正统之所在。因此，从地理位置上来看，西魏较之他国更具有正统性。不仅如此，宇文泰等人认为当时周文化在关中尚有影响，为此，在政治上亦多崇尚儒学。

大统七年（541）九月，大儒苏绰将中原政权的治国经验总结为六条：第一曰先治心，第二敦教化，第三尽地利，第四擢贤良，第五恤狱讼，第六均赋役。宇文泰对此非常重视，特将其定为"六条诏书"，置于座右，并令百官习诵。规定各地郡守令长不通晓"六条诏书"者不许当官；还开设学校，选拔中下级官吏学习其内容。"六条诏书"完全是以儒家《大学》"修齐治平"的原则为指导制定出来的，其中的思想、措施都体现着儒家色彩。后来，宇文泰又任用苏绰及大儒卢辩依《周礼》建立官制，于朝廷置六卿之官，以革汉魏官繁。"六条诏书"等成为西魏及以后北周治国的基本方略。对此，宇文泰诏定百官，“非通六条及计帐者，不得居官”①。显然，这些方略成为西魏各级官员施政的纲领和准则，当时西魏的政治、经济、文化等各方面的措施都是据此而制定的。这些制度的实施，对西魏政治的整饬及国力的发展都起到很大作用。直到后来的隋唐时期，这些制度尚有沿用。

北周承继西魏而来，各个时期的国策基本上继承自西魏。北周武帝宇文邕谨遵其祖所创立的一系列基本国策，在思想文化上更是尊崇儒学。其中，最重要的表现，就是武帝时期发生了灭佛事件。

北周明帝执政时期（557—560），佛教发展过于兴盛，这不仅导致寺院与世俗政权的经济利益冲突，而且也破坏了三教并立并重的格局，从而引发三教之间的新冲突。北周武帝尊崇儒学，在意识形态上也格外重视儒家礼教，希望以儒家思想统一三教。为此，自北周天和四年（569）二月起，武帝召集百僚、道士、沙门等进行了多次关于三教关系的辩论。在争论未果的情况下，于建德元年（572）十二月的辩论中，武帝以行政手段强行确立了三教的位置，即“以儒教为先，道教为次，佛教为后”②。对于这样的结果，佛教徒颇为不满。于是建德三年（574）五月丙子，武帝下诏再集诸僧、道，并敕道士张宾出面与僧人知玄辩论，知玄据理力争，武帝大怒而退，并下令“初断佛、道二教，经像悉毁，罢沙门、道士，并令还民。并禁诸淫祀，礼典所不载者，尽除之”③。于是，国内僧尼“反服者二百余万”。及北周灭北齐，攻占邺城，又尽毁齐地佛教，夺寺庙四万，僧徒三百万人悉令还俗。由此完成北周武帝毁佛的全过程。

北周武帝灭佛，虽然给予佛教重创，但佛教势力的兴盛已不能靠世俗权力限制。因此，在武帝去世不久，继其而立的宣帝不得不屈从，允许佛

① （唐）令狐德棻：《周书》卷二十三《苏绰传》，中华书局1971年版，第391页。

② （唐）令狐德棻：《周书》卷五《武帝纪上》，第83页。

③ （唐）令狐德棻：《周书》卷五《武帝纪上》，第85页。

教恢复，佛教再次取得合法地位。由此可见当时儒学发展之艰难。

综上可知，受社会动乱与政权频繁更迭的影响，尤其是受玄学、佛教、道教兴盛的冲击，儒学在魏晋南北朝时期发展低迷。但是从曲阜所存此一时期的碑刻可以看出，祭祀孔子、修建孔庙等尊孔崇儒举措已经逐渐成为各个新生政权标榜其政权合法性的重要体现。因此，即使在社会混乱之际，各统治者亦不忘尊孔崇儒。在这些表象之下，实则是儒学对于政治治理的切实可行的功用，使得统治者们，尤其是入主中原的少数民族政权统治者，都竞相学习中原文化，尊崇孔子与儒学。在此风气的影响下，地方官员亦在政治治理中践行儒家治理理念，将儒学推向社会。这无疑推动了儒学发挥其深入社会以教化民众之功用。

第三章　隋唐："君长万叶，毕归心于素王"

北周静帝大定元年（581）二月，手握重权的隋王杨坚逼迫年幼的孝静帝禅让帝位，北周遂亡。隋朝正式建立，改元开皇，杨坚即为隋文帝。开皇九年（589）春正月，隋军南下灭陈。二月，隋军占领建康，生擒陈后主，陈亡。由此，中国在经历了长达三百余年的南北分裂之后，再度走上政治统一的发展道路。大业十四年（618），隋朝政权为太原留守李渊夺取，建立了为世界所瞩目的盛世唐朝。隋唐时期，随着政权的统一，社会逐渐稳定。在统治者的支持下，南北朝时期低迷不振的儒学也开始呈现复兴之势。虽然此一时期在佛、道二教的冲击下，儒学一度受到影响，但是在政治治理中，儒家的治世之功为统治者所清醒认识，故而有"君长万叶，毕归心于素王"（《开元七年鲁孔夫子庙碑》）[①]的儒家文化认同。

第一节　曲阜隋唐碑刻概述

曲阜所存隋唐时期的碑刻，目前有 15 幢。其中隋代 1 幢，为《大业七年修孔子庙之碑》。唐代 14 幢，其中涉及尊孔崇儒的有 7 幢：《大唐赠泰师鲁先圣孔宣尼碑》《开元七年鲁孔夫子庙碑》《开元十一年御制老孔颜赞

① 杨朝明主编：《曲阜儒家碑刻文献集成》（上），第 106 页。

残石》《天宝元年兖公之颂碑》《大历八年文宣王庙门记》《咸通十年文宣王庙记》《唐吴道子绘孔子行教像》；墓志铭5幢：《唐邵府君墓志铭》、《唐羊荆璧墓志铭》、《唐卫府君墓志铭》、《唐任城县令独孤景墓志铭》（上石）、《唐任城县令独孤景墓志铭》（下石）；佛教碑2幢：《唐大丞寺五台山碑》《唐佛顶尊券陀罗尼经幢》。

　　隋朝短命而亡，历史上留存下来的碑刻不多，曲阜所存1幢已经显得弥足珍贵。唐代碑刻虽有14幢，但这一数量似乎与唐代碑刻发展的史实不相符。从中国碑刻的发展史来看，唐代无疑是碑刻发展的黄金时代。不少学者都对此有过论述，例如施蛰存先生曾说："唐代是我国文学艺术最繁荣的时代，碑版石刻，也同样是最繁荣的时代。今天我们所拥有的古代石刻文字，仍以唐代的资料为最多。"[1]金其桢先生也说："在这一历史时期，随着经济的蓬勃发展、书法艺术的空前繁荣，加之帝王的竭力倡导，作为中国传统文化重要组成部分的碑文化也发展到了我国历史上最辉煌的鼎盛期。"[2]不过，从曲阜所存唐代碑刻来看，其数量目前仅有14幢，虽与魏晋南北朝及隋代相比数量算不少，但相较于之前的汉代，特别是其后的宋、元、明、清，这个数量与碑刻在唐代发展的盛况并不相符。这是不是从侧面反映了儒学在唐代的发展状况呢？

　　实际上，曲阜所存某个朝代碑刻的数量，在一定程度上反映了那个时代的儒学发展状况。考之学者研究，唐代碑刻的发展始于唐太宗李世民。李世民出身书香世家，文韬武略，尤其嗜好书法，一生亲书了不少碑文。其后，唐高宗继承其父喜好，也先后亲书了多幢御碑。在这唐初二帝的推动下，其后的武则天、中宗、睿宗、玄宗等，不仅钟情书法，而且对书丹立碑也极为爱好和重视，由此催生了唐代繁盛的碑刻艺术。[3]但考之《寰宇

---

[1] 施蛰存：《金石丛话》，第55页。

[2] 金其桢：《唐代碑文化研究》，《南方文物》2004年第3期。

[3] 参考金其桢：《唐代碑文化研究》，《南方文物》2004年第3期。

访碑录》《山左金石志》等文献，唐代碑刻总体上是以唐中后期大量的佛道内容的碑刻为主，即使在儒家圣地曲阜，也出现了重视道教之碑《开元十一年御制老孔颜赞残石》及重视佛教之碑《唐大丞寺五台山碑》。由此可以看出唐代中后期佛、道二教发展的兴盛，以及儒学发展的式微。

不可否认的是，虽然数量有限，但从所存唐碑的形制来看，唐代对儒学的尊崇还是达到了前所未有的高度。如《大唐赠泰师鲁先圣孔宣尼碑》，此碑虽不是曲阜所存最大的碑，但在孔庙的大碑中，是树立最早的一幢。此碑碑头高 0.34 米，碑身高 3.28 米，宽 1.26 米，厚 0.33 米。《金石萃编》记该碑"连额高一丈四尺三寸，广五尺"。碑头周围则雕刻有精美的花鸟图案。另外，此碑原有龟趺，只是在金明昌二年（1191）因树折压倒石碑，龟趺一分为二，于是改易方座。再如《开元七年鲁孔夫子庙碑》，此碑碑头高 0.35 米，碑身高 3.66 米，宽 1.46 米，厚 0.61 米。《金石萃编》记该碑"连额高一丈五尺九寸，广五尺八寸"。还有《天宝元年兖公之颂碑》，高 2 米，宽 0.84 米，厚 0.16 米；《大历八年文宣王庙门记》，碑头高 0.46 米，碑身高 1.23 米，宽 0.73 米，厚 0.14 米。[①] 可见，和前几代的碑刻相比，唐代这些碑的形制可谓雄伟。文献记载，唐代对立碑有明确的制度规定。如《大唐开元礼》卷三记载："凡立碑，五品已上螭首龟趺，高不得过九尺；七品已上立碣，圭首方趺，上高四尺。"[②]《唐六典》卷四亦记载："碑碣之制，五品已上立碑（螭首龟趺，趺上高不过九尺），七品已上立碑（圭首方趺，趺上不过四尺）。若隐沦道素，孝义著闻，虽不仕亦立碣……（凡德政碑及生祠，皆取政绩可称，州为申省，省司勘覆定，奏闻，乃立焉。）"[③] 如果依照这些规定来看，唐统治者对孔子也是极为尊崇的。

---

① 以上碑刻尺寸，依据杨朝明主编《曲阜儒家碑刻文献集成》（上）中相关碑文简述部分。

② （唐）萧嵩等：《大唐开元礼》卷三《序例·杂制》，文渊阁四库全书本。

③ （唐）李林甫等：《唐六典》卷四《尚书礼部》，文渊阁四库全书本。

第二节　"新开绍圣，重光阙里"：隋朝尊孔崇儒

隋朝是一个国祚短暂的王朝，仅 37 年即亡。然而，隋朝结束了魏晋南北朝长期的分裂，统一了中国，意义重大。"它的意义不仅在于结束了几百年来南北分治的局面，而且开始将南北文化融为一体，优势互补，从而为唐朝的文化繁荣以及宋明时期中国文化的再生创造了条件。即使仅从儒学的发展情况看，享国短暂的隋朝虽然并没有最终完成南北儒学的统一、儒释道三教的融汇与合一，但是，如果没有隋朝的短暂过渡及隋朝儒家学者的努力，恐怕唐初的儒学统一不可能那样快、那样彻底。"① 从这个意义上说，隋朝虽然存在时间不长，但隋朝儒学在儒学史上具有承前启后的重要作用。在短暂的统治时期内，隋朝政权亦尊孔崇儒，故碑文有"新开绍圣，重光阙里"（《大业七年修孔子庙之碑》）② 之赞誉。

一、陈叔毅与《大业七年修孔子庙之碑》

《大业七年修孔子庙之碑》，亦称《陈明府修孔子庙碑》《仲孝俊撰修孔子庙碑》，立于隋炀帝大业七年（611）九月。碑文内容为记载曲阜县令陈叔毅修孔子庙之事。此碑为曲阜所存碑刻中唯一的隋朝碑刻。隋朝国祚短暂，隋碑历来传世很少，此碑又记与孔子相关之事，可见其史料价值之珍贵。

陈叔毅，字子严，南朝陈宣帝（庙号高宗）之子。《陈书》记高宗有四十二子，其皇子叔叡、叔弘、叔毅、叔训、叔武、叔处、叔封等，未曾加封。此碑所记陈明府叔毅即其中之一。因为无传传世，其具体事迹不可考。不过，据《陈书》记载，大业二年（606），隋炀帝纳陈后主第六女女

---

① 庞朴主编：《中国儒学》（第一卷），东方出版中心 1997 年版，第 203~204 页。

② 杨朝明主编：《曲阜儒家碑刻文献集成》（上），第 91 页。

婢为贵人，“绝爱幸，因召陈氏子弟尽还京师，随才叙用，由是并为守宰，遍于天下”①。据此可知，陈叔毅可能是在此年由南迁至京师，成为碑文中所说的“咸阳之布衣”。另据碑文可知，虽然由“南国之王子”沦为布衣，但他“游情庭（宇），削迹市朝，砥砺身心，揣摩道艺。策府兰台之秘籍，雕虫刻鹤之文章，莫不成诵在心，借书于手。金作玉条之刑法，桐囚木吏之奸情，一见仍知，片言能折”②。此语虽有过誉之嫌，但也说明陈叔毅具有较高的才情，尤其对于法令十分熟稔。也正因为如此，“爰降诏书，乃除曲阜县令”，被隋炀帝诏至曲阜任县令。

根据碑文可知，陈叔毅上任曲阜之后，采取了一系列的治理措施，并且收到了良好的效果：

> 风威远至，礼教大行；政术始临，奸豪屏息；抑强扶弱，分富（恤）贫；部内清和，民无疾苦。重以德之所感，霜雹无灾；化之所行，马牛不系。鲴鱼夜放，早彰溉釜之篇；乳雉朝驯，自入鸣琴之曲。远嗤庞统，不任百里之才；俯笑陶潜，忽轻五斗之俸。于是官曹无事，图圄常空；接士迎宾，登临游赏。睹泮水而思歌，寻灵光而想赋。加以（祇）虔圣道，敬致明神，粉壁椒涂，丹楹刻桷，可谓神之所至，无所不为。振百代之嘉声，作干（城）之称首。③

从中可见，陈叔毅重“礼教”，并采取了具体的“政术”，“导之以德，行之以政”。陈叔毅的治理方式与治理措施，教化了社会人心，人人自觉自律，甚至使得“官曹无事，图圄常空”。碑文或许有所溢美，但在一定程度上也反映了陈叔毅的治理效果。陈叔毅为皇室贵胄，却国破家亡，又未有

---

① （唐）姚思廉：《陈书》卷二十八《世祖九王》，中华书局1972年版，第361页。

② 杨朝明主编：《曲阜儒家碑刻文献集成》（上），第91页。

③ 杨朝明主编：《曲阜儒家碑刻文献集成》（上），第91页。

加封，史无立传，如无此碑，他亦如历史上众多的皇室贵族一样，淹没在历史的尘埃中。正如有学者所评价的那样："但此碑一立，却千古不朽。此应为其人所始料之不及的。"①

二、"唯一"的记忆与隋朝尊孔崇儒

隋朝碑刻虽然只有一幢，这"唯一"之碑却镌刻了永久的记忆。碑文中称"天生大圣，是曰宣尼，虽有制作之才，而无帝王之位。膺期命世，塞厄补空，述万代之典谟，为百王之师表"。这一碑文虽然出自"济州秀才、前汝南郡主簿仲孝俊"，但其中对孔子的称颂应该是代表了隋代统治者对孔子的认识。因此，碑文记载，"我大隋炎灵启运，翼下降生，继大庭之高踪，绍唐帝之遐统。宪章古昔，礼乐惟新，偃伯修文，尊儒重学"。其中，"礼乐惟新""偃伯修文""尊儒重学"，可以说是对隋朝建立以来实行的一系列文教措施的概括，也是尊孔崇儒之表现。考之碑文与传世文献记载，具体叙述如下：

（一）礼乐惟新

隋朝的文化继承自北周，其礼乐制度亦不例外。例如在声乐方面，据《隋书·音乐志》记载，北魏永熙三年（534），宇文泰迎接孝武帝入关时，"乐声皆阙"，后"太祖辅魏之时，高昌款附，乃得其伎，教习以备飨宴之礼"②。再后来，北周武帝宇文邕"娉皇后于北狄，得其所获康国、龟兹等乐，更杂以高昌之旧，并于大司乐习焉。采用其声，被于钟石，取《周官》制以陈之"③。鉴于这种情况，隋文帝于开皇之初，便有重新制定礼乐的打算。《隋书·礼仪志》记载："高祖受命，欲新制度。乃命国子祭酒辛彦之议定祀典。"然而当时考虑到隋是受北周禅而来，"恐黎元未惬，多说符瑞

---

① 骆承烈汇编：《石头上的儒家文献——曲阜碑文录》（上），第93页。
② （唐）魏徵等：《隋书》卷十四《音乐志中》，中华书局1973年版，第342页。
③ （唐）魏徵等：《隋书》卷十四《音乐志中》，第342页。

以耀之"①。后又敕令礼部尚书和太常卿修撰五《礼》、改定雅乐。牛弘召集诸儒参议，撰成《开皇礼》，行于当世。牛弘又请依古制修立明堂，"上以时事草创，未遑制作，竟寝不行"②。后隋炀帝即位，于大业元年（605）下诏修礼乐之事，"帝又以礼乐之事，总付秘书监柳顾言、少府副监何稠、著作郎诸葛颖、秘书郎袁庆隆等，增多开皇乐器，大益乐员，郊庙乐悬，并令新制"③。如此，较之北周时期，隋朝礼乐有了很大革新。

（二）偃伯修文

随着政局的逐渐稳定，隋朝建立初年统治者就把注意力由武功转向文治，即碑文所说的"偃伯修文"。伯，霸也。"偃伯修文"的意思是，停止武事，振兴文教。

第一，设立各级学校。隋初在总结前朝学制的基础上，设立了太学、国子学、四门学，并创立书学、算学、律学三门专科学校。为了更好地管理学校教育，规定太学、国子、四门及书、算两学隶属国子监，设祭酒、主簿、录事各一人，此为历史上专设行政部门及教育长官之始。律学则由大理寺直接领导。各学设有博士、助教及生员，各有定额。博士和助教于"国子、太学、四门各五人，书、算各二人"；学生于"国子一百四十人，太学、四门各三百六十人，书四十人，算八十人"。④可见，当时的学校规模已经相当可观。

第二，劝学行礼。开皇三年（583），隋文帝接受潞州刺史柳昂"劝学行礼"的意见，专门下《劝学行礼诏》，其中说：

建国重道，莫先于学，尊主庇民，莫先于礼。自魏氏不竞，周、齐抗衡，分四海之民，斗二邦之力，递为强弱，多历年所。务权诈而

---

① （唐）魏徵等：《隋书》卷六《礼仪志一》，第116～117页。

② （唐）魏徵等：《隋书》卷四十九《牛弘传》，第1305页。

③ （唐）魏徵等：《隋书》卷十五《音乐志下》，第373页。

④ （唐）魏徵等：《隋书》卷二十八《百官志下》，第777页。

薄儒雅，重干戈而轻俎豆，民不见德，唯争是闻。朝野以机巧为师，文吏用深刻为法，风浇俗弊，化之然也。虽复建立庠序，兼启黉塾，业非时贵，道亦不行。其间服膺儒术，盖有之矣，彼众我寡，未能移俗。然其维持名教，奖饰彝伦，微相弘益，赖斯而已。……古人之学，且耕且养。今者民丁非役之日，农亩时候之余，若敦以学业，劝以经礼，自可家慕大道，人希至德。岂止知礼节，识廉耻，父慈子孝，兄恭弟顺者乎？始自京师，爰及州郡，宜祗朕意，劝学行礼。①

从诏书中可以看出，刚刚建立的隋朝，无论是朝廷官吏还是社会民众，在思想上都存在很多弊病。要解决这些问题，唯赖兴学行礼，推行儒家教化。在隋文帝诏令的影响下，自京师至州县，皆设置学校，并置博士讲学。此外，在开皇九年（589）隋灭陈之后，社会更为太平，隋文帝又下诏曰：

今率土大同，含生遂性，太平之法，方可流行。凡我臣僚，澡身浴德，开通耳目，宜从兹始。……内外职位，退迩黎人，家家自修，人人克念……代路既夷，群方无事，武力之子，俱可学文，人间甲仗，悉皆除毁。有功之臣，降情文艺，家门子侄，各守一经，令海内翕然，高山仰止。②

可见，征战一结束，隋文帝便把注意力由武功转向文治，儒家经典文献及伦理道德是学习的主要内容。

第三，创立科举制度。隋朝初年，国家始立，百废待兴，隋文帝急需大批治国理政之人才。为此，隋文帝废除了自汉魏以来的"察举取士"，以及为世家大族所垄断的九品中正制，改以制举考试的办法选举人才。这一

---

① （唐）魏徵等：《隋书》卷四十七《柳昂传》，第1278页。
② （唐）魏徵等：《隋书》卷二《高祖纪下》，第32～33页。

措施意义重大，彻底改变了"上品无寒门，下品无世族"的选官局面。开皇七年（587），诏"诸州岁贡三人"，但规定"工商不得入仕"。开皇十八年（598），隋文帝又下诏，"京官五品已上，总管、刺史，以志行修谨、清平干济二科举人"。其"清平干济"科，应该是当时推行的"州举秀才"。隋炀帝即位之后，也注重选拔人才。在隋文帝的基础上，大业三年（607），隋炀帝正式颁布科举之诏，其中提出"文武有职事者，五品已上，宜依令十科举人。有一于此，不必求备"①，并明确规定十科举人的科目为：孝悌有闻、德行敦厚、节义可称、操履清洁、强毅正直、执宪不挠、学业优敏、文才美秀、才堪将略、膂力骁壮。在其后的诏书中，隋炀帝又提出"世属隆平，经术然后升仕"②的条目。由此，科举制度被确立。此后，历朝历代均依此制度选拔人才，在中国乃至东亚历史上，都产生重要影响。

第四，整理收集儒家经典。开皇初，秘书监牛弘上书隋文帝，请求征集天下图书。他在奏章中说："昔陆贾奏汉祖云'天下不可马上治之'，故知经邦立政，在于典谟矣。为国之本，莫此攸先。"③认为儒家经典对于治国意义重大。自秦汉以迄南北朝，儒家经典数遭厄运，毁坏严重，虽然民间尚有收藏者，亦需"仰协圣情"，诚心征求，才能让收藏者愿意献书。文帝采纳了牛弘的建议，虽然当时国家初定，百废待兴，财政困难，但还是下诏曰："献书一卷，赍缣一匹。"④按照当时均田制下，农民每户向国家交纳的调绢为一匹的标准来看，这在当时也算是高价收购了。而且，所献之书，秘书省校写完毕后，再将书籍归还原主。这一政策，吸引了民间收藏者将所藏珍本异书纷纷呈献出来。如此一来，国家掌握的图书数量大增。其中的儒家经典，据记载：《易》类六十九部，五百五十一卷；《尚书》类三十二部，二百四十七卷；《诗》类三十九部，四百四十二卷；《礼》类

---

① （唐）魏徵等：《隋书》卷三《炀帝纪上》，第68页。
② （唐）魏徵等：《隋书》卷四《炀帝纪下》，第83页。
③ （唐）魏徵等：《隋书》卷四十九《牛弘传》，第1300页。
④ （唐）魏徵等：《隋书》卷四十九《牛弘传》，第1300页。

一百三十六部，一千六百二十二卷；《乐》类四十二部，一百四十二卷；《春秋》类九十七部，九百八十三卷；《孝经》类十八部，六十三卷；《论语》类七十三部，七百八十一卷。如此大量的经典，有利于时人的学习，促进了学术的兴盛。

（三）尊儒重学

对于儒学的创始人孔子及其后裔、时代大儒，隋朝也给予一定的尊崇与重视。

第一，追尊孔子。对于孔子的谥号，汉平帝时期所封"褒成宣尼公"是孔子获得的第一个确定无疑的谥号。[①]魏晋南北朝以来，由于政权更迭，各政权对此重视不够，只是在北魏孝文帝太和十六年（492），定孔子谥号为"文圣尼父"；后在北周大象二年（580），静帝宇文阐追封孔子为"邹国公"。隋朝建立之初，于开皇元年（581），统治者便追尊孔子为"先师尼父"，沿用历史上的"尼父"一称，并首用"先师"的称呼，这也为后来朝代的封谥提供了借鉴。除了孔子之外，隋炀帝大业四年（608），统治者又封孔子三十二世孙孔嗣悊为"绍圣侯"，赐食邑 100 户，以奉孔子之祀，此即碑文所记"以孔子三十二世孙、前太子舍人、吴郡主簿嗣悊封绍圣侯"。由此可见，随着政权的统一与稳定，对孔子的封谥亦逐渐稳定。

第二，规范孔子祭祀制度。《隋书·礼仪志》记载："国子寺，每岁以四仲月上丁，释奠于先圣先师。年别一行乡饮酒礼。州郡学则以春秋仲月释奠。州郡县亦每年于学一行乡饮酒礼。"[②]不仅如此，还具体明确了释奠礼时皇帝和皇太子的舆服样式、释奠乐章及讲经仪式。[③]文献还记载开皇五年（585），隋文帝亲临释奠，国子祭酒元善讲《孝经》，马光讲《礼》，王

---

① 孔子死后，鲁哀公曾在诔辞中尊称他为"尼父"，但无论是后世的学者，还是孔子的后代，均不承认"尼父"为孔子之谥。参见董喜宁、陈戍国：《孔子谥号演变考》，《湖南大学学报（社会科学版）》2010 年第 3 期。

② （唐）魏徵等：《隋书》卷九《礼仪志四》，第 181～182 页。

③ （唐）魏徵等：《隋书》卷十二《礼仪志七》，第 253～254 页。

颎、宇文弼诸儒生"以次论难者十余人"。①

第三，重用名儒硕学。为了巩固隋朝统治，杨坚、杨广父子非常重视任用贤才。文帝曾令州县搜罗贤哲，而贤哲的标准则为"明知古今，通识安危，究政教之本，达礼乐之源"；他还曾"引致天下名儒硕学之士"，亲召山东六儒马光、张仲让、孔笼、窦士荣、张黑奴和刘祖仁至京，皆"授太学博士"。开皇九年（589），隋灭陈后，"江南士人，悉播迁入京师"。这些人大多充实到中央、部、寺或学术机构，没有到京城的学者也多任职于地方，像陈叔毅，也是因为其才学而诏任曲阜县令。隋炀帝也非常重视儒生，曾"征天下儒术之士，悉集内史省，相次讲论"②。这些名儒硕学，成为隋代礼乐制度、政策法令的制定者。

综观以上，隋朝建立之后，采取了种种政策与措施，大兴文教，尊儒重学，由此使得当时社会一度出现文化学术空前繁荣的局面。《隋书》就记载曰："自正朔不一，将三百年，师说纷纶，无所取正。高祖膺期纂历，平一寰宇，顿天网以掩之，贲旌帛以礼之，设好爵以縻之，于是四海九州强学待问之士靡不毕集焉。天子乃整万乘，率百僚，遵问道之仪，观释奠之礼。博士馨悬河之辩，侍中竭重席之奥，考正亡逸，研核异同，积滞群疑，涣然冰释。于是超擢奇隽，厚赏诸儒，京邑达乎四方，皆启黉校。齐、鲁、赵、魏，学者尤多，负笈追师，不远千里，讲诵之声，道路不绝。中州儒雅之盛，自汉、魏以来，一时而已。"③

三、隋朝儒学的衰落

从上述隋朝前期统治者对儒学的态度及实施的政策与措施来看，如果照此发展，儒学必然会走出魏晋以来的低迷衰微而走向兴盛，然而，隋朝

---

① （唐）魏徵等：《隋书》卷七十六《王颎传》，第1732页。

② （唐）李延寿：《北史》卷八十二《褚晖传》，中华书局1974年版，第2767页。

③ （唐）魏徵等：《隋书》卷七十五《儒林列传序》，第1706页。

统治者未能保持这一发展势头，因文帝、炀帝笃好佛道，以及炀帝后期政局混乱、征战频繁，儒学的发展势头戛然而止，旋兴而又旋衰。

隋文帝杨坚虽然认识到儒学对于社会治理有着无可替代的作用，但对佛教有着浓厚的兴趣，尤其在晚年，更是沉耽于其中。至于文帝对佛教感兴趣的原因，有学者说他出生在冯翊般若寺受智仙尼抚养的特殊经历，以及少年时代那些僧尼近于神奇的预言之深刻影响，从而使其对佛教产生发自内心的好感。① 也有学者说文帝一生，身为功臣、帝翁而篡夺女婿的帝位，并因此疑忌功臣而动辄屠戮，继而又追悔莫及，这些都让他产生负罪感。这一切又为儒家名教所不容，难以树立其圣王明君的形象。"大概为了掩饰自己沉重的罪孽，缓解心灵的压力，晚年的文帝不得不乞灵于宗教，一心崇敬佛、道，广录佛经，大建寺院。"② 然而，不管是哪一种原因，都脱离不了魏晋南北朝以来佛道兴盛的大环境。在这样的大环境之下，加之个人的经历与心路历程及佛教教义的影响，使其难免沉溺其中。而其崇佛之举，根据文献记载，在其即位之初即已显现。他夺取政权之后，便立即改变了北周武帝毁灭佛法的政策。根据《隋书·经籍志》记载，开皇元年（581），隋文帝诏令全国恢复佛道二教，"普诏天下，任听出家，仍令计口出钱，营造经像。而京师及并州、相州、洛州等诸大都邑之处，并官写一切经，置于寺内；而又别写，藏于秘阁。天下之人，从风而靡，竞相景慕，民间佛经，多于六经数十百倍"③。文帝的诏令，无疑推动了佛教的复兴，而儒学自然受到影响。到了暮年，文帝对佛教的尊崇更是到了无以复加的地步。据《隋书·儒林列传序》记载："及高祖暮年，精华稍竭，不悦儒术，专尚刑名，执政之徒，咸非笃好。暨仁寿间，遂废天下之学，唯存国子一所，弟子七十二人。"④ 开皇初期兴盛的儒教事业大受影响，衰落迹象显而

---

① 庞朴：《中国儒学》（第一卷），第204页。

② 陈启智：《中国儒学史·隋唐卷》，北京大学出版社2011年版，第44页。

③ （唐）魏徵等：《隋书》卷三十五《经籍志四》，第1099页。

④ （唐）魏徵等：《隋书》卷七十五《儒林列传序》，第1706～1707页。

易见。

隋炀帝和其父一样，也是一个笃好佛教的帝王，但他在崇佛的同时，也有意纠正其父过分行为，对儒学复兴有所支持。如《隋书·儒林列传序》记载："炀帝即位，复开庠序，国子郡县之学，盛于开皇之初。征辟儒生，远近毕至，使相与讲论得失于东都之下，纳言定其差次，一以闻奏焉。"[1]再如前面提到的修建孔子庙等举措，都是隋炀帝在儒学复兴方面所做的努力。但是，炀帝的努力并未坚持多久，社会的混乱再次让复兴的苗头熄灭。《隋书·儒林列传序》曾对当时的儒学状况有所描述："既而外事四夷，戎马不息，师徒怠散，盗贼群起，礼义不足以防君子，刑罚不足以威小人，空有建学之名，而无弘道之实。其风渐坠，以至灭亡，方领矩步之徒，亦多转死沟壑。凡有经籍，自此皆湮没于煨尘矣。遂使后进之士不复闻《诗》《书》之言，皆怀攘夺之心，相与陷于不义。"[2]可见，即使炀帝有心兴儒弘道，在当时的社会形势之下，也对儒学复兴没有什么作用了。

四、"三教合一"中的儒学

自梁武帝以封建皇帝的身份，进行了三教合一的尝试之后，南北朝以后的许多帝王也各有侧重地在利用儒家思想治国的同时，利用佛道思想。受此影响，隋文帝亦主张三教合一，认为"法无内外，万善同归；教有浅深，殊途共致"[3]。但从儒学在隋朝的旋兴旋衰中可以看出，佛、道对儒学产生排挤、阻碍的作用，使得儒学在三者之中的地位如时人比喻的那样，"佛，日也；道，月也；儒，五星也"[4]，在三者之中居于最次。然而，如果从社会治理上看，儒学有一套适应中央集权君主专制的政治理论，在满足统治

---

① （唐）魏徵等：《隋书》卷七十五《儒林列传序》，第1707页。

② （唐）魏徵等：《隋书》卷七十五《儒林列传序》，第1707页。

③ （隋）隋文帝：《五岳各置僧寺诏》，（清）严可均编《全上古三代秦汉三国六朝文》，中华书局1958年版，第4016页。

④ （唐）魏徵等：《隋书》卷七十七《隐逸列传·李士谦传》，第1754页。

者封建统治方面无疑更优于佛、道两家。这从文帝和炀帝父子二人虽然笃好佛教，却仍对儒学支持有加，从未真正遗弃儒学即可看出。而且，隋朝的礼乐、典章制度仍出自儒家，由此可以看出，虽然儒学在"三教合一"中地位并不高，但它仍是统治者治国理政的立足点。

不仅如此，在基层社会中仍不乏陈叔毅这样的地方官员，他们大都是自幼诵读圣贤书、在儒家思想的教育之下成长起来的。因此，他们虽然会在一定程度上受统治者喜好的影响，但内心自然怀有的儒家情结仍然体现在他们的社会治理中。就像陈叔毅，虽然时局动乱，但他偏居一隅，在小城曲阜"敬先师、劝孔宗、修灵庙"，且谨遵圣道，"导之以德，行之以政"，在他所管辖的方寸之内，仍践行着儒家的治理方式。这些治理思想与措施，自然会对社会民众产生重要影响。

虽然儒学仍在社会治理中发挥着实际功用，但儒、释、道"三教"三分天下的局面已经形成。不过，相比魏晋南北朝时期"三教"的冲突与斗争，隋朝时期的"三教"则呈融合发展之势。这是由于隋朝结束了南、北分裂，在政治上实现了统一，相应地，经历了长期分裂的南学北学也趋向统一。而这一"统一"，并不是学统比较纯正的北学统一南学，而是严重掺杂释道二教思想因素的南学统一了北学。① 所以，南方诸国虽在政治上亡国，但其学术文化成就仍在延续和发展。对此，皮锡瑞在《经学历史》中分析道："学术随世运为转移，亦不尽随世运为转移。隋平陈而天下统一，南北之学亦归统一，此随世运为转移者也；天下统一，南并于北，而经学统一，北学反并于南，此不随世运为转移者也。"② 所以，"由南学统一北学是隋朝儒学发展的一个客观事实，然而必然连带的一个问题是，南方儒学经过几百年与释道二教的冲突与斗争，久已完成三教合流的融汇过程，因此，当隋朝实现政治统一后，以南方儒学为基本架构的隋朝儒学当然并不会再

---

① 庞朴：《中国儒学》（第一卷），第207页。

② （清）皮锡瑞著，周予同注释：《经学历史》，中华书局1959年版，第193页。

与释道二教发生更为激烈的冲突，而容易趋于调和与融汇"①。这尤其体现在一些儒家学者在坚持儒家立场的前提下，开始能够坦然地承认释道二教有其独立存在的价值，并在思想、实践中不自觉或者有意地吸收其他二教的思想观念。例如隋朝名儒王通，他在《中说》之《周公篇》中说："《诗》《书》盛而秦世灭，非仲尼之罪也；虚玄长而晋室乱，非老、庄之罪也；斋戒修而梁国亡，非释迦之罪也。《易》不云乎：'苟非其人，道不虚行。'"②以王通之见，儒释道三教只是一种学说，它们可以对政治产生相当的影响，但并不决定政治的进程和结果。再如颜之推，他所写的对后世影响深远的《颜氏家训》，以箴言、家训的形式对中国传统的道德观念和道德戒律进行全面总结与系统整合，其核心显然是儒家的正统思想，但颜氏早年就熟读《老》《庄》，晚年对玄释两教则更加属意，所以，尽管他撰写《颜氏家训》的目的是要归复早期儒家传统，但也显示出他对玄释观念的吸收，表现出三教汇一的思想倾向。而且，他亦强调，就思想本质而言，儒释道三教并无根本冲突，无论是在国家的根本利益上，还是在个人修养方面，释道二教的观念都应该是重建儒学道德体系时可以凭借的智慧资源。

总之，从儒学在隋朝的境遇来看，尽管其仍如魏晋南北朝时期一样，不但未复受尊崇的地位，而且深受佛、道重创，但随着南北之学的统一，儒、佛、道三教在斗争与冲突中也逐渐融合，且从政治治理方面来看，儒家思想仍是隋朝统治者治国理政的根基。不仅如此，隋朝初期的文教政策，以及基于儒家思想制定的典章制度，都为儒学在唐代的进一步发展奠定了基础。

---

① 庞朴：《中国儒学》（第一卷），第207～208页。

② （隋）王通撰，张沛校注：《中说校注》，中华书局2013年版，第113页。

第三节　"宪章前王，规矩先圣"：唐代尊孔崇儒

隋朝末年，隋炀帝奢侈腐化，大兴土木，对内实行暴政，对外不断发动战争，使得民不聊生，士庶离心，最终引发全国范围大规模的农民起义。时任太原留守的李渊趁机起兵反隋，大业十三年（617）末攻入长安，立代王杨侑为帝，改元义宁。次年（618）杨侑逊位，李渊即皇帝位，国号为唐，建元武德。进而，李渊父子集合兵力，消灭了各地割据势力，建立起统一政权。武德九年（626）宣武门之变后，李渊禅位给太子李世民。李世民即带领唐朝走向强盛的唐太宗。由此，在唐初二帝的奠基之下，唐朝成为中国历史上比汉王朝还要强盛的帝国。其强盛的理由固然是多方面的，但唐朝诸帝"宪章前王，规矩先圣"（《大唐赠泰师鲁先圣孔宣尼碑》）[1]的文化选择，应是重要因素之一。

一、《大唐赠泰师鲁先圣孔宣尼碑》与唐初儒学

（一）《大唐赠泰师鲁先圣孔宣尼碑》

此碑立于唐高宗仪凤二年（677）七月。其形制前已述及，可谓宏伟巨大。而正是在这样一幢巨碑上，涵盖了丰富的内容。此碑正反两面均刻有文字。正文为"秘书少监通事舍人内供奉臣崔行功奉敕撰文"，碑阴分上下两截，刻二诏、一表、一祭文，从上而下分别是：太宗诏一篇、高宗诏一篇、皇太子弘表一篇、乾封元年祭文一篇，另附有记金明昌二年暴风雨致使树倒压毁碑趺之事的题记一则。《曲阜县志》之《通编》按其时间先后排列次序为：武德九年（626）太宗诏是第一篇，乾封元年（666）正月高宗诏是第二篇，乾封元年二月祭告文为第三篇，皇太子表为第四篇。[2]下面就对

---

① 杨朝明主编：《曲阜儒家碑刻文献集成》（上），第100页。

② 参见骆承烈汇编：《石头上的儒家文献——曲阜碑文录》（上），第102页。

碑文正文，以及碑阴各篇内容进行简单介绍：

崔行功所撰碑文，对孔子的先世、孔子的事迹进行了较为详细的叙述，又历数前代至唐的典礼沿革。从"钦若皇唐，肇膺明命，祖武宗文之业，天成地平之勋，图书因乐推重，干戈由宁乱集""建武永平，业非尽善。而乃作乐崇德，殷荐之礼毕陈；有孚载颙，观下之训齐设。肆类群望，孝享之义益隆"等记载中，可见唐政权建立以来对儒家文教、礼乐制度的重视。而至乾封元年，"言敷典训，广命杅材。赠以泰师，式旌幽壤。改制神宇，是光令德"，对孔子予以加封，以彰显其德。

上述太宗诏记载的是大唐武德九年（626）十二月太宗下诏封隋故绍圣侯孔嗣悊子孔德伦为"褒圣侯"一事。碑文记诏文曰："宣尼以大圣之德，天纵多能。王道籍以裁成，人伦资其教义。故孟轲称生人以来，一人而已。自汉氏驭历，魏室分区，爰及晋朝，暨于随（隋）代，咸相崇尚，用存享祀。朕钦若前王，宪章故实，亲师宗圣，是所庶几，存亡继绝，仰惟通典。可立孔子后为褒圣侯，以随（隋）故绍圣侯孔嗣悊嫡子德伦为嗣。主者施行。"文献记载，大唐武德九年（626）六月初四庚申日（7月2日），李世民发动"宣武门之变"，而后李渊出让军政大权；三天后（六月初七癸亥日，7月5日）李世民被封为皇太子；八月初九甲子日（9月4日），李渊退位，称太上皇，并禅位于李世民，李世民是为唐太宗；次年（627）改元贞观。由此可见，此诏为太宗即位不久尚未改元之前即已下达。

在颁布于乾封元年（666）正月廿四日的唐高宗诏中，则记载了高宗即位之后对孔子的一系列尊崇措施："朕嗣膺宝历，祗奉睿图，宪章前王，规矩先圣，崇至公于海内，行大道于天下。遂得八表乂安，两仪交泰，功成化洽，礼盛乐和。"尤其是在乾封元年正月，高宗"展采东巡"，祀昊天上帝于泰山之后，在"回舆西土"时途经曲阜，拜瞻了孔子庙宇及孔子墓，心生感慨。诏中记曰："驻跸荒区，愿为师友，瞻望幽墓，思承格言。虽宴寝荒芜，余基尚在，灵庙虚寂，徽烈犹存。孟轲曰'自生人以来，未有若孔子者也'。"对孔子之道予以大力褒崇。于是，高宗实施了一系列尊孔崇儒的举措：追赠孔子为"太师"；"其庙宇制度卑陋，宜更加修造"；"令三品一人以少牢致祭"；"褒圣侯德伦，既承胤绪，有异常流，其子孙并宜免赋役"。

皇太子弘表，则是记载了皇太子李弘上表高宗在新修建好的孔庙中树立石碑一事。表中历数高宗追封孔子、重修孔庙、免除褒圣侯子孙赋役等事，又说明自己曾随高宗封禅泰山、瞻览阙里，以及"昔岁承恩"，褒赠颜、曾之事。① 时值宣尼之庙"重阐规摹"，认为"崇班峻礼，式贲幽埏，而翠琰莫题，言猷靡畅。询诸故实，有所未周"，而且"将圣自天，惟几应物，拯人伦于已坠，甄礼乐于既倾。祖述勋华，三千励其钻仰；宪章文武，亿兆遵其藏用。岂可使汾川遗碣，独擅于无惭；岷岫余文，孤标于堕泪"，于是上表，请求于孔庙之中树立一碑。

祭文则为乾封元年二月二日，皇帝遣司稼正卿扶余隆以少牢之奠祭祀孔子文。此应为兑现乾封元年唐高宗诏书中所说"令三品一人以少牢致祭"一事。其中，高宗再次对孔子"折衷六艺，宣创九流"的创立儒学之功，以及正礼乐、倡导人伦教化等功绩予以褒扬，称其为"至圣""素王"。

从《大唐赠泰师鲁先圣孔宣尼碑》丰富的内容可以看出，唐初诸帝尊崇孔子及其后裔，主要体现为：唐太宗李世民即位之初即褒封孔子后裔、隋绍圣侯孔嗣悊之子孔德伦为"褒圣侯"；唐高宗李治于乾封元年（666）封禅泰山之后，亲至阙里拜瞻孔子庙与孔子墓，追赠孔子为"太师"，并遣官以少牢祭祀孔子，诏令重修孔庙、免除褒圣侯子孙后裔赋役；皇太子李弘于总章元年（668）褒赠颜回为太子少师、曾参为太子少保，请立碑于阙里孔庙，以示尊崇。从这一系列的措施，以及碑文中对孔子的赞赏可以看出，唐朝在其建立初年，即表现出对孔子、儒学的尊崇。实际上，结合其

---

① 《旧唐书·礼仪志四》记载总章元年（668）二月，皇太子弘幸国学释奠，赠颜回为"太子少师"、曾子为"太子少保"。

他传世文献记载，新建立的唐政权的确有复兴儒学之举。

(二) 唐初儒学的复兴

唐朝建立之初，经历了隋末征战的社会发展停滞，人心疲敝，如何治理、发展这一统一的国家，是摆在唐初统治者面前的首要问题。经历了隋朝治乱的李渊父子，尤其注意吸取隋朝短命而亡的教训，寻求稳定唐朝政权的良方。

鉴于隋朝因暴政而引起士民反抗，李渊称帝后，首重安抚民心，推行仁政。武德二年（619），即颁定租、庸、调法，推行与民休养生息方略，轻徭薄赋，课劝农桑，发展经济；奉行节俭，废除行宫，放还宫女，厉禁臣僚进贡异兽奇珍；为隋室蒙冤屈死之功臣良将平反昭雪，追复官爵；令州县官收葬因战乱、饥馑毙于道路荒野的尸骨。在用人上，则招贤纳士，用人不疑，不吝奖赏。在处理政务中，能广开言路，勇于纳谏，集思广益，择善而从……除了这些之外，高祖还注重法制文教，于思想文化领域特别注重倡导儒学。《新唐书·选举志》记载：

> 自高祖初入长安，开大丞相府，下令置生员，自京师至于州县皆有数。既即位，又诏秘书外省别立小学，以教宗室子孙及功臣子弟。其后又诏诸州明经、秀才、俊士、进士明于理体为乡里称者，县考试，州长重覆，岁随方物入贡；吏民子弟学艺者，皆送于京学，为设考课之法。州、县、乡皆置学焉。[①]

武德二年（619），高祖又下诏在国子学建立周公、孔子庙各一所，以用于"四时致祭"：

---

① （宋）欧阳修、（宋）宋祁：《新唐书》卷四十四《选举志上》，中华书局1975年版，第1163页。

> 盛德必祀，义存方策，达人命世，流庆后昆。建国君人，弘风阐
> 教，崇贤彰善，莫尚于兹。自八卦初陈，九畴攸叙，徽章互垂，节文
> 不备。爰始姬旦，匡翊周邦，创设礼经，尤明典宪。启生人之耳目，
> 穷法度之本源，化起《二南》，业隆八百，丰功茂德，冠于终古。暨
> 乎王道既衰，颂声不作，诸侯力争，礼乐陵迟。粤若宣父，天资睿哲，
> 经纶齐、鲁之内，揖让洙、泗之间，综理遗文，弘宣旧制。四科之教，
> 历代不刊；三千之文，风流无歇。惟兹二圣，道著群生，守祀不修，
> 明褒尚阙。朕君临区宇，兴化崇儒，永言先达，情深绍嗣。宜令有司
> 于国子学立周公、孔子庙各一所，四时致祭。仍博求其后，具以名闻，
> 详考所宜，当加爵土。是以学者慕向，儒教聿兴。①

在诏书中，高祖明确表达了自己对周公、孔子的敬仰，并宣示了唐朝
政权"兴化崇儒"之政策取向。相关的政策、措施在唐朝初建即被提出，
其用意，正如有学者总结的那样，"即是要在百废待举之前，首先确定立国
的大政方针，以及制定各项政策的指导思想与原则"②。这表明高祖李渊对
儒学之社会功用的清醒认识。此后，高祖也多次在诏书中表达："六经茂典，
百王仰则；四学崇教，千载垂范。""夫安上治民，莫善于礼；出忠入孝，
自家刑国。揖让俯仰，登降折旋，皆有节文，咸资端肃。"③其重视儒家经
典及儒家思想的态度由此可见。

高祖对儒学的态度直接影响了太宗李世民。前述李世民于武德九年
即位不久，就下诏封孔德伦为"褒圣侯"。实际上，在褒封的同时，他
还下令对阙里孔庙进行了全面维修。文献记载这次修缮令孔庙外观焕然

---

① (后晋) 刘昫等：《旧唐书》卷一百八十九《儒学列传上》，中华书局1975年版，第
4940页。

② 陈启智：《中国儒学史·隋唐卷》，第228页。

③ (唐) 李渊：《唐高祖文集辑校编年》卷四《令诸州举送明经诏》，三秦出版社2002
年版，第251页。

一新，"万雉斯建，百堵皆兴。揆日占星，式规大壮。风甍骞其特起，龙桷俨以临空。霞入绮寮，日晖丹槛。宵宵崇邃，悠悠虚白。摹真写状，妙绝人功"①。太宗此举，实际上表达了他对孔子、儒学的态度。贞观二年（628），他曾对大臣明确表示："朕今所好者，惟在尧、舜之道，周、孔之教，以为如鸟有翼，如鱼依水，失之必死，不可暂无耳。"② 在这一认识下，唐太宗更是采取了一系列措施来尊孔崇儒，提高孔子、儒学的地位。

贞观二年（628），太宗"诏停周公为先圣，始立孔子庙堂于国学，稽式旧典，以仲尼为先圣，颜子为先师，而笾豆干戚之容，始备于兹矣"，并且，"是岁大收天下儒士，赐帛给传，令诣京师，擢以不次，布在廊庙者甚众"。③ 贞观四年（630），唐太宗又下令全国州县学皆立孔子庙。④ 太宗此举，是对魏晋以来"依庙立学""庙学相依"的"庙学制"的发展，使得"庙学制"从阙里孔庙"依庙立学"之先例发展为国家制度。这对于孔庙意义重大。元人马端临对此分析说："古者入学则释奠于先圣、先师，明圣贤当祠之于学也。自唐以来，州县莫不有学，则凡学莫不有先圣之庙矣。"⑤ 当代孔庙研究专家黄进兴先生也说："孔庙遂是兼有正统文化宣导者与国家教育执行者的双重功能。"⑥ 贞观十一年（637）太宗又下诏，尊孔子为宣父，并修阙里孔庙，"给户二十，充享祀焉"⑦。此外，太宗还通过褒崇历代先儒以示尊孔崇儒。贞观十四年（640），褒崇梁皇侃、褚仲都，北周熊安生、沈重，南陈沈文阿、周弘正、张讥，隋何妥、刘炫等前代名儒。贞

① （清）宋际、宋庆长：《阙里广志》卷一四，《儒藏》影印本。

② 骈宇骞译注：《贞观政要·慎所好第二十一》，中华书局2011年版，第423页。

③ 骈宇骞译注：《贞观政要·崇儒学第二十七》，第471页。

④ （宋）欧阳修、（宋）宋祁：《新唐书》卷一五《礼乐志五》，第373页。

⑤ （元）马端临：《文献通考》卷四十三《学校考四》，中华书局2011年版，第1270页。

⑥ 黄进兴：《优入圣域：权力、信仰与正当性》，第172页。

⑦ （宋）王溥：《唐会要》卷三十五《褒崇先圣》，中华书局1960年版，第636页。

观二十一年（647），又诏令以左丘明、卜子夏、公羊高、谷梁赤、伏胜、高堂生、戴圣、毛苌、孔安国、刘向、郑众、杜子春、马融、卢植、郑玄、服虔、何休、王肃、王弼、杜预、范甯、贾逵等二十二位先儒配享孔子庙，春秋二仲行释奠之礼。①

唐太宗还置弘文馆，精选天下文儒，"令以本官兼署学士，给以五品珍膳，更日宿直，以听朝之隙，引入内殿，讨论坟典，商略政事，或至夜分乃罢。又诏勋贤三品已上子孙，为弘文学生"②。又大力兴办学校，教授儒家经典，培养人才。除此以外，太宗推动儒学发展的一项更为重要的措施，就是考定《五经》，统一经学。贞观四年（630），太宗在唐初以来大力搜集图书的基础之上，"诏前中书侍郎颜师古考定《五经》"③。颜师古经过两年多的悉心校刊，方才使得魏晋以来混乱的《五经》版本得以统一。随后，唐太宗鉴于"儒学多门，章句繁杂"的实际状况，又"诏国子祭酒孔颖达与诸儒撰定《五经》义疏"。④后编订成功，命名为《五经正义》。《五经正义》的编撰在中国经学史上有着重要意义，它标志着南北经学由此归于统一，对后世儒学有着重要影响。

从以上太宗的这些措施来看，他对孔子的尊崇、对儒学的推动可谓不遗余力。正是在儒家思想的指导下，他在政治治理中体现出明显的"民本""仁政"等儒家理念。因此可以说，在唐朝初年，从唐高祖到太宗，甚至到高宗前期，都体现出尊孔崇儒、以儒治国的态势。魏晋南北朝以来低迷不振的儒学，到此可谓呈现复兴之势。曲阜所存《大唐赠泰师鲁先圣孔宣尼碑》所记载的太宗、高宗的诏书，以及皇太子上表等内容，实际上正是唐初儒学兴盛的一个体现。唐初统治者对待儒学的这一态度，也奠定了儒学在整个唐朝的基本地位，那就是即使在道、释的排挤之下，儒学一

---

① （后晋）刘昫等：《旧唐书》卷二十四《礼仪志四》，第917页。

② 骈宇骞译注：《贞观政要·崇儒学第二十七》，第470～471页。

③ （后晋）刘昫等：《旧唐书》卷一百八十九《儒学列传上》，第4941页。

④ （后晋）刘昫等：《旧唐书》卷一百八十九《儒学列传上》，第4941页。

度再次陷入不振，但其在国家治理中的功用仍为统治者所重视。

二、唐中后期碑刻中的孔子与儒学

前面已说，和唐朝灿烂的碑刻文化相比，曲阜所存碑刻是比较少的。同时，和儒学在唐代取得的复兴和发展之盛况相比，曲阜所存碑刻数量也显得与实际状况不相匹配，但只要是现存的碑刻，往往就是那个时代最为深刻的印记。曲阜所存唐代碑刻，除了体现唐初诸帝尊崇儒学的《大唐赠泰师鲁先圣孔宣尼碑》，另外比较有价值的，还有唐玄宗时期的三幢：《开元七年鲁孔夫子庙碑》《开元十一年御制老孔颜赞残石》《天宝元年兖公之颂碑》；此外，还有唐代宗时期的一幢：《大历八年文宣王庙门记》；唐懿宗时期的一幢：《咸通十年文宣王庙记》。这几幢碑，可以说是孔子、儒学在唐代中后期境遇的一个体现。

（一）唐玄宗尊孔崇儒

儒学经历了唐初诸帝的倡导与扶持，逐渐复兴。至武则天时期，虽然也对孔子予以尊崇，如追封孔子为"隆道公"，在政治治理中也倚重儒学，但由于其对佛教尤加属意，使得佛教一时兴盛。武则天晚年，政局动荡不安，宫廷政变屡有发生，唐代政权飘摇不定。在这样的政治背景之下，唐玄宗击败政敌，登上皇位。有着雄心抱负的玄宗登基之后，渴望重整朝纲，恢复唐朝盛世。在姚崇、宋璟、卢怀慎、韩休、张九龄等贤相的辅佐之下，玄宗虚心纳谏，克己尽责，终于创造了举世闻名的"开元盛世"，带领唐朝进入又一兴盛时期。其中，玄宗对儒学尤加尊崇与扶持，使得儒学接续唐初，再次呈复兴之势。

唐玄宗清楚地认识到孔子、儒学对于帝王政治的功用，他曾说："弘我王化，在乎儒术。孰能发挥此道，启迪含灵，则生人已来，未有如夫子者也。所谓自天攸纵，将圣多能，德配乾坤，身揭日月。故能立天下之大本，成天下之大经，美政教，移风俗，君君臣臣，父父子子，人到于今受其赐。"①在这一认识指导之下，玄宗对孔子多加尊崇。开元十三年（725）十一月，唐玄宗到泰山祭天，行封禅大典。回归途中取道曲阜，亲至孔庙拜谒孔子，并让使者以少牢祭祀孔子。在孔子墓前，玄宗思及孔子一生，有感而发，作诗一首，题为《经邹鲁祭孔子而叹之》，诗曰："夫子何为者，栖栖一代中。地犹鄹氏邑，宅即鲁王宫。叹凤嗟身否，伤麟怨道穷。今看两楹奠，当与梦时同。"嗟叹之间，洋溢着玄宗对孔子的敬仰与钦服。开元二十七年，唐玄宗又对孔子及其后裔、弟子给予加封："夫子既称先圣，可追谥为文宣王。宜令三公持节册命，应缘册及祭，所司速择日，并撰仪注进。其文宣陵并旧宅立庙，量加人洒扫，用展诚敬。其后嗣可封文宣公。"②在玄宗封孔子为"文宣王"之前，孔子爵位止于公、侯二爵。玄宗此举是孔子"王"爵之始，褒崇之重，由此可见。除了孔子，亦对"十哲"及曾子予以褒封："且门人三千，见称十哲，包夫众美，实越等夷。畅玄圣之风规，发人伦之耳目，并宜褒赠，以宠贤明。颜子渊既云亚圣，须优其秩，可赠兖公。闵子骞可赠费侯，冉伯牛可赠郓侯，冉仲弓可赠薛侯，冉子有可赠徐侯，仲子路可赠卫侯，宰子我可赠齐侯，端木子贡可赠黎侯，言子游可赠吴侯，卜子夏可赠魏侯。又夫子格言，参也称鲁，虽居七十之数，不载四科之目。顷虽异于十哲，终或殊于等伦，允稽先旨，俾循旧位。庶乎礼得其序，人焉式瞻，宗洙泗之丕烈，重胶庠之雅范。又赠曾参、颛孙师等六十七人皆为伯。"③可见，玄宗基于孔子及其弟子在人伦教化方面的贡献，给予其褒崇。

《开元七年鲁孔夫子庙碑》即在唐初以来，尤其是玄宗尊孔崇儒之风的影响下而树立。其中记曰："我国家儒教浃宇，文思庡天，伸吏曹以追尊，逮礼官以崇祀，侯褒圣于人爵，尸奠享于国庠，是用大起学流，锡类孝行，

———————————

① （后晋）刘昫等：《旧唐书》卷二十四《礼仪志四》，第920页。

② （后晋）刘昫等：《旧唐书》卷二十四《礼仪志四》，第920页。

③ （后晋）刘昫等：《旧唐书》卷二十四《礼仪志四》，第921页。

敦悦施于方国，光覆弥于胤宗。"于是孔子三十五代孙褒圣侯璲之（字藏晖），乃与李邕等"相与合而谋"，与"兖州牧京兆韦君元珪""长史河南源晋宾""司马天水狄光昭"等"宦序通德""儒林秀主"祭孔子于阙里夫子庙，并"刊丰石以为表"。他们在赞颂、褒扬之间，尤其看重孔子的人伦教化之功。石碑记曰：

> 粤若殷礼缺、周德微，宋公用鄑、楚子问鼎，则夫子卓立，粲然成章，辟邦家之正门，播今昔之彝宪。此天所以不言而成化，圣所以有开而必先，其若是也。故夫子之道消息乎两仪，夫子之德经营乎三代。岂徒小说，盖有异闻。夫亭之者莫如天，藉之者莫如地，教之者莫如夫子。且沐其亭而不识其道，则不如勿（生），荷其藉而不由其德，则不如勿运，固曰消息乎两仪者也。夫博之者莫如文，约之者莫如礼，行之者莫如夫子……至若论慈广孝、辅仁宠义，职此之由，于是君臣之位序，父子之道明，友朋之事兴，夫妇之伦得。[1]

其中将夫子的人伦之教与"天""地"并列为三，对其重视程度由此可见。从碑文中"锡类孝行""至若论慈广孝"等记载也可以看出，唐代特别是玄宗时期，在诸人伦教化之中，尤为推崇"孝行""孝道"。文献记载玄宗甚至亲自为《孝经》作注。

"孝"是儒家重要的伦理道德之一。《论语》记载孔子的弟子有子说："其为人也孝弟，而好犯上者，鲜矣；不好犯上，而好作乱者，未之有也。君子务本，本立而道生。孝弟也者，其为仁之本与！"[2]而儒家又有专门阐扬孝道的经典——《孝经》。《孝经》相传是孔子为曾子说孝道而著，以明天子、庶人五等之孝及事亲之法。其中心思想是倡导人们在家行孝，对国

---

① 杨朝明主编：《曲阜儒家碑刻文献集成》（上），第 106 页。

② 杨伯峻译注：《论语译注·学而第一》，中华书局 2006 年版，第 2 页。

尽忠。因此，自汉代以来，统治者就非常重视儒家孝道，主张"以孝治天下"。唐代统治者借鉴汉代成功经验，也非常重视孝的教化作用。唐高祖曾于武德二年（619）颁布《旌表孝友诏》，其中就说："民禀五常，仁义斯重；士有百行，孝敬为先。自古哲王，经邦致治，设教垂范，莫尚于兹。"① 武则天曾根据儒家伦理规范作《臣轨》，在其序言中也说："然则君亲既立，忠孝形焉。奉国奉家，率由之道宁二；事君事父，资敬之途斯一。"② 唐玄宗即位之后，也恪守祖训，倡导孝道。他曾在《令郡县采奏孝弟诰》中说："至和育物，大孝安亲，古之哲王，必由斯道。……信可以光宅寰宇，永绥黎元者哉。其天下有至孝友弟，行著乡闾堪旌表者，郡县长官采听闻奏，庶孝子顺孙，沐于元化也。"③ 在以身作则、践行孝道的同时，玄宗还两度亲为《孝经》作注。

《孝经》历来有今古文之争，今文称郑玄注，古文称孔安国注，两种说法难分伯仲。于是，唐开元七年（719）三月，玄宗诏令群臣考证核定，刘知幾辨郑注有十谬七惑，主张古文孝经；司马贞斥孔注多鄙俚不经，主张今文孝经，其余诸家注解皆荣华其言，妄生穿凿。玄宗为解决争论，遂于先儒注中采撷精华，去其烦乱，亲自对《孝经》作注并制序。开元十年（722），御注《孝经》完成，并颁之于天下及国子学。初注完成以后，玄宗又发现一些不甚满意之处，于是在二十余年后的天宝二年（743），又重注《孝经》，再颁天下。天宝三载，诏曰："自今已后，宜令天下家藏《孝经》一本，精勤教习。学校之中，倍加传授。州县官长，明申劝课焉。"④ 天宝四载（745），又诏令将《孝经》与重注全文刻石立于太学，供天下读书人

---

① （宋）王钦若等编纂：《册府元龟》卷一三八《帝王部·旌表二》，凤凰出版社2016年版，第1538页。

② （清）董浩等编：《全唐文》卷九十七《高宗武皇后·臣轨序》，中华书局1983年版，第1004页。

③ （清）董浩等编：《全唐文》卷三十八《元宗皇帝·令郡县采奏孝弟诰》，第410页。

④ （宋）王溥：《唐会要》卷三十五《经籍》，第645页。

摹写、抄刻，此石即为《石台孝经碑》，现立于西安碑林博物馆。由此可见玄宗对儒家孝道的重视。

（二）颜回地位的提高

在曲阜所存唐代碑刻中，还出现了专门赞颂颜回的碑碣，如在《开元十一年御制老孔颜赞残石》中，专有一篇《颜子赞》，列于老子、孔子赞文之后；而《天宝元年兖公之颂碑》，则是一幢专门赞颂颜子的石碑。这两幢碑当时都被树立于曲阜孔子庙中，由此可见颜回的地位在唐代的提高。

颜回作为孔子生前最为得意的弟子之一，在后世的尊孔崇儒中亦随着孔子地位的提高而一再受到褒封。自汉代起，颜回即被列为七十二贤之首，在统治阶层的祭孔活动中，往往独享配祀之尊。到了唐代，颜回的地位更加提升。唐太宗贞观二年（628），太宗接受房玄龄等人的建议，在释奠礼中罢祀"先圣"周公，而诏升孔子为"先圣"，颜子则进而递升为"先师"。随后，由前述《大唐赠泰师鲁先圣孔宣尼碑》可知，时任皇太子的李弘在总章元年（668）的国学释奠中褒赠颜回为"太子少师"。太极元年（712），时任皇太子的李隆基释奠于国学，并追赠颜回为"太子太师"，曾参为"太子太保"，颜回的地位一再提升。唐玄宗登基之后，又进一步提升孔子、颜子的地位。

根据《旧唐书·礼仪志》记载，唐玄宗开元八年（720），国子司业李元瓘奏称："先圣孔宣父庙，先师颜子配座，今其像立侍，配享合坐。十哲弟子，虽复列像庙堂，不预享祀。谨检祠令：何休、范甯等二十二贤，犹沾从祀，望请春秋释奠，列享在二十二贤之上。七十子，请准旧都监堂图形于壁，兼为立赞，庶敦劝儒风，光崇圣烈。曾参等道业可崇，独受经于夫子，望准二十二贤预飨。"对于此一奏请，唐玄宗予以批准，"敕改颜生等十哲为坐像，悉预从祀。曾参大孝，德冠同列，特为塑像，坐于十哲之次。图画七十子及二十二贤于庙壁上。以颜子亚圣，上亲为之赞，以书于石。闵损已下，令当朝文士分为之赞"①。从这一记载可知，《开元十一年御制老孔颜赞残石》中的《颜子赞》应该作于开元八年（720）。另外，《旧唐书·礼仪志》又记，开元二十七年（739）八月，唐玄宗在追谥孔子为"文宣王"的同时，又赠颜子为"兖公"，其他"十哲"则封为侯。至此，颜子的地位被提升到前所未有的高度。

实际上，除了"兖公"的称呼之外，此一时期颜子地位的提升，还体现在"亚圣"这一称呼上。"亚圣"一词，最早出现于东汉时期。赵岐（约108—201）在《孟子题辞》中称孟子为"命世亚圣之大才者也"。而同为东汉末年的祢衡（173—198），在他为曲阜颜庙撰写的《颜子庙碑》中则赞颜回"亚圣德，蹈高踪"②。颜子、孟子二人都被称为"亚圣"。可见，"亚圣"起初即不专指某一人，更不是如现在人们所认知的专指孟子。而到了唐代，随着释奠礼中孔子"先圣"地位的确立，配享者"颜子"自然被称为"亚圣"。在《开元十一年御制老孔颜赞残石》中，玄宗所作的《颜子赞》即称赞颜回："杏坛槐（市），儒术三千。回也亚圣，丘也称贤。四科之首，百行之先。秀而不实，得无恸焉。"③其中径称颜回为"亚圣"。在《天宝元年兖公之颂碑》中，则记唐玄宗亲至曲阜并拜谒颜庙，他对随行的曲阜县令张之宏说："宣王既以铭焉，兖公岂宜阙尔。"认为也应在颜庙立碑刻铭。对于唐玄宗的提议，张之宏在碑中记曰："恭惟嘉命，勒兹徽猷。俾夫亚圣，同之前美。"遂遵圣意，亦于颜庙立碑。这里所提到的"亚圣"，也是指颜回。考之史籍，除了东汉时期有对颜回称"亚圣"的记载外，唐代以前，文献中很少有"亚圣"这一称呼，唐以后，则开始增多。这体现了唐代尊孔崇儒中推尊孔子与颜子的特点。而到宋元时期，随着孟子升格运动的进行，孟子渐居"亚圣"

① （后晋）刘昫等：《旧唐书》卷二十四《礼仪志四》，第919～920页。

② 碑文原载《陋巷志》卷六《碑记》。参见骆承烈汇编：《石头上的儒家文献——曲阜碑文录》附录一《曲阜外与孔子有关的碑、碣》著录原文，第1101页。

③ 杨朝明主编：《曲阜儒家碑刻文献集成》（上），第112页。

之位。元至顺元年（1330），元文宗加封孟子为"邹国亚圣公"，颜回的封号则改为"兖国复圣公"，由此确立了孟子的"亚圣"地位。明朝嘉靖九年（1530），明世宗更定孔子祀典，改孔子封号"大成至圣文宣王"为"至圣先师"，同时，也将作为从祀者之一的孟子的尊号由"邹国亚圣公"改为"亚圣"。至此，孟子最终获封"亚圣"。从颜子到孟子，在"亚圣"这个称号所有者的转变中，实际上体现的是儒家"道统"观念的逐渐流行。对此，将在后文详述。

三、唐碑中的儒学与道、释二教

在曲阜所存唐代碑刻中，除了与孔子、儒家有关的碑碣之外，还有涉及道教、佛教的碑刻。其中，《开元十一年御制老孔颜赞残石》中孔子、颜子赞文之前，首列道教始祖老子赞文；另有二幢佛教碑刻，其一幢为《唐大丞寺五台山碑》，另一幢为《唐佛顶尊券陀罗尼经幢》。从这几幢碑刻中，可以看出唐代佛、道二教之兴盛。在这三幢碑中，前二碑尤为特殊。说它们特殊，是因为前者将老子与孔子、颜回二儒家人物并列，且大加赞赏；后者则在佛教碑刻上又有道教、儒家的符号特征。因此，体现佛道二教的碑刻出现在儒学圣地曲阜，以及碑刻的内容，实际上在一定程度上体现了唐代儒、释、道三教并存并以儒学为主干的政策。现对二碑做一简单介绍，并对唐代"三教"政策进行简述。

（一）《开元十一年御制老孔颜赞残石》中的儒与道

《开元十一年御制老孔颜赞残石》，目前仅存孔、颜两则赞文，老子赞文及碑文下半部分文字残缺。在此碑左侧，有孔子七十一代孙孔昭薰题记。其中说到此碑在"金乡学"另有所存，只是"作隶书"，不过，"亦开元十一年勒石"。有研究者根据《北京图书馆藏中国历代石刻拓本汇编》所收金乡《老子孔子颜子赞》刻石拓本，两相对照，"知曲阜碑今只存左上部，除字体外，布局、内容当与金乡碑大略一致"[1]。通过金乡刻石拓本，我们可以知道，《老子赞》《孔子赞》皆为唐睿宗所作，《颜子赞》为唐玄宗所作。碑下有关于此碑所立经过的题记：

> 右修书副史太子右赞善大夫丽正殿学士张悌奏称：先奉恩敕，令臣捡挍搭御书睿宗大圣真皇帝集，臣伏见集中具载前（件）讚文，又见孔子庙堂，犹未刊勒。臣窃以为尊儒重道、褒贤纪功，本于王庭以及天下，一则崇先师之德，一则纪先圣之文。其兖州孔子旧宅、益州文翁讲堂，经今千有余载，皆未题颂。臣特望搭御书讚文，及陛下所制《颜回讚》，并百官撰《七十二弟子及廿（二）贤讚》，令东都及天下诸州孔子庙堂，精加缮写，御制望令刻石，百官作望令题壁。陛下孝理天下，义冠古今，使海内苍生，欣逢圣造，冀敦劝风俗，光阐帝猷。[2]

由此可知，张悌在整理睿宗御书时，发现了睿宗所撰的《老子赞》及《孔子赞》，见孔庙并未刊刻，为了"崇先师之德"及"纪先圣之文"，故上奏唐玄宗，请求与玄宗所作《颜子赞》一并刻立于阙里孔庙及天下诸州孔子庙。玄宗当即批准，"敕旨依奏"。为了更好地了解此碑，现根据金乡刻石碑帖补足此碑残缺《老子赞》部分，并将三则赞文兹录于下：

老子赞

睿宗大圣真皇帝制

爰有上德，生而长年。白发遗象，紫气浮天。函关之右，经留

---

① 参见王汉岫辑录《开元十一年御制老孔颜赞残石》之"论说"，杨朝明主编：《曲阜儒家碑刻文献集成》（上），第114页。

② 转引自王汉岫辑录《开元十一年御制老孔颜赞残石》之"论说"，杨朝明主编：《曲阜儒家碑刻文献集成》（上），第114～115页。

五千。道非常道，玄之又玄。

孔子赞

同前制

猗欤夫子，实有圣德。其道可尊，其仪不忒。刊诗定礼，百王取则。吾岂匏瓜，东西南北。

颜回赞

御制

杏坛槐（市），儒术三千。回也亚圣，丘也称贤。四科之首，百行之先。秀而不实，得无恸焉。①

从三则赞文的排列顺序来看，老子居前，孔子其次，颜子排最后，如此排列比较有意思。首先，老子是道教的代表，而在祭祀孔子的庙堂之上，居首位之尊。从这一碑得以树立来看，在当时无论是请求刻立的大臣张洮，还是批准实施的唐玄宗，都对这一排位毫无异议。因此，此碑的出现，以及三则赞文的排序，都在一定程度上反映出道教在唐朝时期的崇高地位。其次，从题记中可以看出，此碑所立之初衷，乃在于朝廷"尊儒重道、褒贤纪功"，是从尊孔崇儒的角度出发的；而且欲颁布于天下孔子庙的赞文，主要是以《孔子赞》《颜子赞》及《七十二弟子及廿（二）贤赞》这些儒家圣贤赞文为主。《老子赞》出现在这里，似乎更多是由于睿宗除作《孔子赞》之外，尚有《老子赞》，这正如题记中张洮所言"一则纪先圣之文"，此"先圣"当指睿宗。由此来看，虽然《老子赞》排位在前，出现于儒家庙堂，地位虽尊，却有"来者是客"的感觉。所以，此碑刻立之初衷，仍以尊孔

---

① 以上三赞参见王汉峋辑录《开元十一年御制老孔颜赞残石》碑文及"论说"，杨朝明主编：《曲阜儒家碑刻文献集成》（上），第 112～115 页。

崇儒为主。不仅如此，从老、孔二人的赞文内容看，孔子"其道可尊，其仪不忒"，"刊诗定礼，百王取则"，相比于老子的"道非常道，玄之又玄"，儒学在政治治理中更为实用，这是为统治者所清楚意识到的。

　　同时，从此碑也可以看出，颜回的地位在唐代有了实质性的上升。唐玄宗时期甚至专门立一碑赞颂颜回，即《天宝元年兖公之颂碑》，这实际上也是孔子地位在唐代提升的一个反映。对此，后面将专门论述，在此不再赘述。

（二）《唐大丞寺五台山碑》中的"三教合一"

　　此碑树立的具体时间不详，且许多字迹已模糊不可辨，但碑上横书"奉为圣文神武皇帝"①。据文献记载，"圣文神武皇帝"为唐玄宗的尊号。尊号是指古代尊崇皇帝、皇后的称号，表示崇敬褒美之意。据学者考证，给在位的皇帝上尊号的制度，形成于唐代玄宗时期。唐代韩愈说："尊号之称，始自开元，至是遂以为故事云。"②宋代范祖禹也说："尊号之兴，盖本于开元之际。主骄臣谀，遂著以为故事。"③元人胡三省在注释《资治通鉴》时也认为"上尊号，事始于开元元年"④。可见，给在位的皇帝上尊号，在唐玄宗时期已成为制度。而唐玄宗生前的尊号，就多达七个，其中，先天二年（713）十一月，加尊号"开元神武皇帝"；开元二十七年（739）二月，加尊号"开元圣文神武皇帝"；天宝元年（742）二月，加尊号"开元天宝圣文神武皇帝"；天宝七载（748），加尊号"开元天宝圣文神武应道皇帝"。可见，"圣文神武皇帝"是唐玄宗开元二十七年到天宝七载（739—748）使用的尊号。因此，此碑应该立于这一时间段内。

---

①此碑参见骆承烈汇编：《石头上的儒家文献——曲阜碑文录》（上），第122页。

②（唐）韩愈撰，马其昶校注，马茂元整理：《韩昌黎文集校注》卷八《贺册尊号表》，上海古籍出版社1986年版，第620页。

③（宋）范祖禹：《唐鉴》卷九《玄宗中》，文渊阁四库全书本。

④（宋）司马光编著：《资治通鉴》卷二二九《建中四年》，中华书局1956年版，第7389页。

碑文又记"大丞五台山碑文，陇西李士强撰"。五台山为中国佛教寺庙建筑最早兴起的地方之一，位居中国四大佛教名山之首。唐代时期，五台山的寺庙多达300余座。又从此碑残存碑文来看，其中有"金轮""七宝""伽兰（蓝）"等明显的佛教用语，可见此碑应为佛教之碑，由"陇西李士强"撰写。佛教之碑立于儒学圣地曲阜，可见当时佛教之盛。但从碑头图案来看，此碑又非常特殊，上面所刻既有佛教的菩萨、飞天，又有道教的方士、神仙，也有儒家的学宫等，可谓集三教特征于一碑之上，是唐代儒、释、道三教合一的具体体现。

（三）唐代的"三教"政策

以上两碑，实际上可以反映出儒学与道、释二教在唐代的关系状况，那就是儒、释、道三教在唐代共生并存。虽然道教地位尊贵、佛教发展兴盛，但儒学的治世之功一直受到统治者的重视。因此，唐代统治者基本上采取的是允许三教并存而主推儒学的政策。

前已述及唐初统治者对儒学社会治理功能的认识，并采取一系列措施对儒学予以尊崇。从唐睿宗所作"其道可尊，其仪不忒。刊诗定礼，百王取则"的孔子赞文中，可以看到唐代统治者对孔子之道的"取则"。然而，佛、道二教经过魏晋南北朝以来的发展，到唐代，其力量之壮大，其影响之深远，已为统治者不容忽视。所以，唐初乃至中后期的唐代统治者，基本上采取的是儒、释、道三教并存的政策。然而，三教并存，孰先孰后？孰轻孰重？统治者的重视程度自然关乎各教在唐朝意识形态领域的地位，因此，三教自唐初就为了各自的地位而互相斗争，互相排挤，力争统治政策向自己倾斜。其中，佛、道二教的争论与冲突尤为激烈。

终唐一代，可以说对道教尤为尊崇。这是由于唐朝创立者高祖李渊、太宗李世民均认道教始祖老子为李姓祖先，以提高皇族李姓的地位。所以在唐朝建立之初，乃至整个唐代，统治者对于道教都予以尊崇。但统治者对道教的偏护，以及由于道士出身的太史令傅奕于武德四年（621）和武德七年（624）两次上表抨击佛教，加上一些道士亦趁机抨击佛家，引起佛教徒的强烈不满，从而引发唐初佛道二教之争。双方展开辩论，互为攻击。为了稳定二教，维护统治，唐高祖在武德七年下《先老后释诏》，其文曰："老教、孔教，此土先宗。释教后兴，宜崇客礼。令老先次孔，末后释。"①从这一诏令中可以看出，高祖实际上是承认三教合法并存的，但体现为崇老抑佛。高祖的后继者太宗继承其父这一政策，在贞观十一年颁布《老子宜在佛先敕》："老子是朕祖宗，名位称号宜在佛先。"但同时，考虑到佛教的强大力量，他又安抚佛教徒。贞观十五年五月，太宗在躬幸弘福寺为母亲太穆皇后祈愿时又重新颁布了佛道政策。太宗说："以老君是朕先宗，尊祖重亲，有生之本。故令在前。""彼道士者，止是师习先宗，故位在前。今李家据国，李老在前。若释家治化，则释门居上。"②尊崇道教，是出于"尊祖重亲"，倡导孝道；而佛教在净化心灵、整肃民风方面，又有优于道教之处。由此来看，太宗清楚地认识到佛、道二教在不同领域发挥着不同的社会功能，因此采取两教并存发展的政策。

但是，鉴于佛、道二教在社会中的负面影响及对经济的干扰，唐初统治者一度抑黜佛道。据《旧唐书》与《广弘明集》记载，早在武德四年（621），太史令傅奕即上书请求除去释教。高祖召集群官对此详加议论，并提出自己对佛教的疑问："弃父母之须发，去君臣之章服，利在何间之中？益在何情之外？"③此一疑问，明显表达出对佛教的不满。武德七年（624），高祖又下《赐学官胄子诏》，其中既重申"敦本息末，崇尚儒宗，开后生之耳目，行先王之典训"这一尊崇儒学之思想倾向，同时又对当时王公大臣偏崇佛、道，于儒却废的现象甚为不满。他说："三教虽异，善归一揆。沙门事佛，灵宇相望；朝贤宗儒，辟雍顿废。王公以下，宁得不惭？"并下令推行礼教，发展庠序，并希冀此事尽快成行，"冀日就月将，并得成业，

---

① （唐）李渊：《唐高祖文集辑校编年》卷四《先老后释诏》，第254页。

② （唐）道宣：《集古今佛道论衡校注》卷丙，中华书局2018年版，第229页。

③ （唐）李渊：《唐高祖文集辑校编年》卷三《问佛教何利益诏》，第209页。

礼让既行，风教渐改，使期门介士，比屋可封，横经庠序，皆遵雅俗。诸王公子弟，并皆率先，自相劝励"①。至武德九年（626）三月，高祖曾有"今欲散除形象，废毁僧尼"之议，但因为"辄尔为之，恐骇凡听"，未付诸实施。但一个月后，即诏令"废浮屠、老子法"，其中认为僧侣和道士的行为违反释迦"清静为先""断除贪欲"和老氏"本贵冲虚，养志无为"的宗旨。为了要使"玉石区分，薰莸有辨，长存妙道，永固福田"，诏令删刈佛寺和道观，"京城留寺三所，观二所。其余天下诸州，各留一所。余悉罢去"。②

　　太宗对于佛、道的态度，基本坚持其父之立场。贞观二年（628），太宗曾谓侍臣曰："神仙事本是虚妄，空有其名。秦始皇非分爱好，为方士所诈，乃遣童男童女数千人，随其入海求神仙。方士避秦苛虐，因留不归，始皇犹海侧踟蹰以待之，还至沙丘而死。汉武帝为求神仙，乃将女嫁道术之人，事既无验，便行诛戮。据此二事，神仙不烦妄求也。"③可见，太宗对道家所说的"神仙事"乃"虚妄"有清醒的认识。所以，他诏令群臣"禁奏祥瑞"，认为"安危在乎人事，吉凶系于政术，若时主肆虐，嘉贶未能成其美，如治道休明，咎征不能致其恶"。④可见，其注重人事而反对道教虚妄不实的征祥符瑞之说。

　　对于佛教，太宗虽未像高祖那样采取抑佛措施，但也严加限制，不予扶持。贞观初年，其曾敕遣御史杜正伦"检校佛法，清肃非滥"，又敕"有私度者，处以极刑"，以及"天下大括义宁私度，不出者斩"。贞观二十年（646），他在《贬萧瑀手诏》中表明自己对佛教的态度，他说：

　　① （唐）李渊：《唐高祖文集辑校编年》卷四《赐学官胄子诏》，第257页。
　　② （唐）李渊：《唐高祖文集辑校编年》卷五《沙汰佛道诏》，第290页。
　　③ 骈宇骞译注：《贞观政要·慎所好第二十一》，第426页。
　　④ 吴云、冀宇校注：《唐太宗全集校注·禁奏祥瑞诏》，天津古籍出版社2004年版，第246～247页。

至于佛教，非意所遵，虽有国之常经，固弊俗之虚术。何则？求其道者，未验福于将来；修其教者，翻受辜于既往。至若梁武穷心于释氏，简文锐意于沙门，倾帑藏以给僧祇，殚人力以供塔庙。及乎三淮沸浪，五岭腾烟，假余息于熊蹯，引残魂于雀鷇，子孙覆亡而不暇，社稷俄顷而为墟。报施之征，何其缪也！而太子太保、宋国公瑀，践覆车之余轨，袭亡国之遗风。弃公就私，未明隐显之际；身俗口道，莫辨邪正之心。修累叶之殃源，祈一躬之福本，上以违忤君主，下则扇习浮华。往前朕谓张亮云："卿既事佛，何不出家？"瑀乃端然自应，请先入道。朕即许之，寻复不用。一回一惑，在于瞬息之间；自可自否，变于帷扆之所。乖栋梁之大体，岂具瞻之量乎？朕犹隐忍至今，瑀尚全无悛改。宜即去兹朝阙，出牧小藩。

其中，太宗明确表明自己对于佛教，"非意所遵"。因为他从历史上梁武帝崇佛亡国的教训中已然明白佛教无益于国家治理。而萧瑀之流"弃公就私"的崇佛之举，更是"修累叶之殃源，祈一躬之福本，上以违忤君主，下则扇习浮华"，于国不利。因此，这篇措辞尖锐的诏书，可以说是对佞佛风气发出的讨伐檄文。

唐高宗时期，也基本上延续了唐初二帝尊儒抑佛的政治倾向，在采取了一系列崇儒措施的同时，也对佛教有所抑制。他曾于显庆二年（657）下诏曰：

释典冲虚，有无兼谢。正觉凝寂，彼我俱忘。岂自遵崇，然后为法，圣人之心，主于慈孝。父子君臣之际，长幼仁义之序，与夫周孔之教，异辙同归。弃礼悖德，朕所不取。僧尼之徒，自云离俗，先自尊高。父母之亲，人伦以极，整容端坐，受其礼拜。自余尊属，莫不皆然。有伤教名，实致彝典。自今已后，僧尼不得受父母及尊者礼拜。

所司明为法制，即宜禁断。①

高宗对佛教的态度也清晰可见，只是高宗后期，武后当权之后，为了以周代唐，多抑制李唐崇尚的道教而倚重佛教。所以在武则天称帝后，对佛教大加扶持、推崇，佛教得以昌盛发展。后玄宗登基，尽复太宗之法度遗规，使"贞观之风，一朝复振"，弘扬儒学，裁抑佛教，亲自为《道德经》和《孝经》作注，强调以孝治天下的道德伦理宗旨，敕令僧尼、道士、女冠必须礼拜父母，恢复以儒教为主、三教并举的基本国策，从而迎来大唐的盛世。嗣后，唐代历任皇帝，也曾为"僧道立位"。《唐会要·僧道立位》有云："（太宗）贞观十一年正月十五日，诏道士、女冠，宜在僧尼之前；至（高宗）上元元年八月二十四日辛丑，诏公私斋会，及参集之处，道士、女冠在东，僧尼在西，不须更为先后；至（武后）天授二年四月二日，敕释教宜在道教之上，僧尼处道士之前；至（睿宗）景云二年四月八日，诏自今已后，僧尼、道士、女冠，并宜齐行并集。"②次第之争，仅限于佛道二教而言，再也没有涉及儒学。可见儒学的正统与主导地位已经确立无疑。

曲阜所存隋唐时期碑刻较少，不能较为全面地反映儒学在隋唐时期的发展，但是唐代碑刻前所未有的形制，亦在一定程度上反映出唐代儒学曾有过一时之盛。而且，石碑中所记载的唐代帝王对孔子及其后裔、弟子，以及儒学大师的追封，都体现出那个时代对孔子、儒学的需要。因此，除了唐初诸帝对儒学的扶持之外，其他帝王都清晰地意识到儒学对于政权稳固的重要性，以及在社会中的人伦教化之功，并通过立碑于孔庙等渠道去宣扬孔子教化。所以，即使道、佛在唐朝曾盛极一时，儒学也不失其主流地位。然而佛教在唐代的兴盛，毕竟对儒学的正统地位产生巨大的冲击。

---

① （宋）王溥：《唐会要》卷四十七《议释教上》，第836页。

② （宋）王溥：《唐会要》卷四十九《僧道立位》，第859页。

因此，为了恢复儒学的传统地位，一批儒家学者或采取"辟佛"的反佛教斗争，或援佛入儒，吸取佛教思想体系中的合理成分，以发展儒学。前者如韩愈，他提出以儒家的"道统"来对抗佛教的"法统"，从而开启后来"道学"之先河，成为理学学说的一部分；后者如柳宗元，他倡导将佛教中有用的东西"统合"到儒学中，"悉取向之所以异者，通而同之，搜择融液，与道大适，咸伸其所长，而黜其奇邪，要之与孔子同道，皆有以会其趣"①。柳宗元的"统合儒释"，目的是取佛教之长，补儒家之短，用以改造、丰富、振兴儒学。这对于此后儒学在心性哲学方面的发展有着重要的作用。

---

① （清）董诰等编：《全唐文》卷五百七十九《柳宗元·送元十八山人南游序》，第5850页。

第四章　宋代："光阐儒风，属在昌运"

公元 907 年，在唐末的混战割据中，朱温篡唐建立后梁，至此，唐朝灭亡，中国又进入"五代十国"的南北分裂时期。直到后周显德七年（960），后周诸将于陈桥发动兵变，拥立赵匡胤称帝，建立宋朝，方才统一北方。赵匡胤即宋太祖，后与其弟宋太宗相继扫荡群雄，最后于太平兴国四年（979）攻灭北汉，基本统一全国。宋朝从建隆元年（960）建立到靖康二年（1127）靖康之耻后北宋亡、南宋建立，再到少帝祥兴二年（1279）南宋灭亡，共享国 319 年。宋朝是中国历史上商品经济、文化教育、科学技术不断发展的时代，同时也是儒学复兴并获得发展的时期，宋明理学于此时出现，儒学逐渐由汉唐训诂向心性儒学转型。稳定的社会环境与经济、文化的繁荣，促使儒学呈现出一幅"光阐儒风"（《太平兴国八年重修兖州文宣王庙碑铭》）[1]的景象。

第一节　曲阜宋代碑刻概述

从曲阜所存石碑来看，从宋朝开始，石碑渐多。骆承烈先生《石头上的儒家文献——曲阜碑文录》著录宋代碑刻 52 幢，当然，这只是一个不完

---

[1] 杨朝明主编：《曲阜儒家碑刻文献集成》（上），第 143 页。

全统计的数字。碑碣数量的增加，一方面说明碑刻艺术本身有了发展，同时，也在一定程度上体现了统治者对孔子、儒学予以尊崇，儒学呈复兴、发展之势。

具体来看，宋代碑刻主要是北宋时期的，从北宋初年到北宋末年一直有碑刻被树立，较早且重要的有宋太宗时期的《太平兴国八年重修兖州文宣王庙碑铭》等。此外，宋真宗、宋仁宗、宋徽宗时期碑刻也比较多。其中，尤以宋真宗时期的碑刻最多，这些碑刻记载了宋朝历史上尊孔崇儒的重要事件，那就是宋真宗亲至阙里祭孔。宋真宗在曲阜虔诚祭孔，赏赐、优礼孔子后裔，《大中祥符元年宋真宗文宣王赞碑》《大中祥符元年群臣赞孔庙从祀先贤先儒碑》《大中祥符元年文宪王赞碑》《宋真宗驻跸亭碑》《大中祥符二年御赐孔庙书物敕牒碑》等都与宋真宗躬诣阙里有关。而《景祐五年孔道辅五贤堂记碑》则可见宋初孔子后裔对于"道统"的传承，以及在孟子升格运动中所做的努力。另外，从宋代开始，大臣儒吏的谒孔碑开始明显增多，像《淳化二年文宣王记碑》《庆历四年梁适奠林冢题名碣》《皇祐六年李舜元谒林题名碣》《至和元年吴祕奠先圣坟林诗碣》《熙宁六年钱勰谒孔林题名碣》《宣和四年高士瞳谒孔庙题名碣》等。

总而言之，此一时期的碑刻增多，是儒学在宋代不断发展的一个缩影。但这些碑刻均为北宋时期刻立，南宋因政权在南方，未有碑刻流入曲阜孔庙。

第二节　乱世中的孔子后裔与儒学

一、《鲁国郡孔府君墓志铭》与"孔末之乱"

2008 年夏初，曲阜市文物局在修葺、清理孔氏中兴祖——孔子第四十三代嫡孙孔仁玉的墓冢时，在墓室发现宋太祖乾德二年（964）所刻的孔仁玉墓志铭，即《鲁国郡孔府君墓志铭》。由于铭文内容与传世文献记载有较大出入，遂引起一些学者的探讨。[①]

"中兴祖"孔仁玉，在孔氏家族史上历来被认为是一位重要而传奇的人物。在曲阜所存元明清碑刻及孔氏家族文献中，多记载他经历了五代时期"孔末乱孔"之劫难，保存延续了圣脉，使得孔氏家族得以"中兴"。例如，元文宗天历二年（1329）孔思晦所作《孔氏宗支图记》记载：

> 宋文帝元嘉十九年，诏以阙里往经寇乱，坟茔荒芜弗剪，鲁郡土民孔景等五户居近孔子墓侧，蠲诸役，以给洒扫，种松柏。厥后孔景等遗胤浸致强横，有孔末者，承五季之扰，杀圣人子孙几尽，惟泗水县令孔光嗣之子仁玉，生才九月，隐于外家得免，实四十三世孙也。末遂冒为袭封□曲阜县令，葬其父祖于孔林之东。时鲁人以末之诈讼于上，蒙后周太祖罢末，以仁玉任曲阜县令，袭封文宣公。……自宣圣为始祖，仁玉为中兴祖，第第相传，以及无穷。[②]

另有明宣宗宣德五年（1430）"孔颜孟三氏学教授"张敏撰写的《孔氏报本酬恩之记碑》[③]，对此事记载更为详细，兹将碑文所载此事部分节录如下：

---

① 相关成果有赵文坦：《文宣公孔仁玉中兴本事考》，《孔子研究》2015 年第 3 期；彭庆涛、贾国俊：《〈鲁国郡孔府君墓志铭〉与真实的孔氏"中兴祖"》，《孔子学刊》第六辑，第 325～329 页；孔伟、孔玥：《由孔仁玉墓志铭论"孔末之乱"》，《孔子学刊》第六辑，第 330～334 页。

② 《孔氏宗支图记碑》现存曲阜孔庙崇圣祠院内，一些碑文已模糊不可辨认。现转引自赵文坦：《文宣公孔仁玉中兴本事考》，《孔子研究》2015 年第 3 期。

③ 位于曲阜孔庙后部东路崇圣祠前东侧，北起第 1 石。《阙里文献考》《石头上的儒家文献——曲阜碑文录》皆有收录。

　　吾先世祖宗，昭穆族属甚众。传至四十二代，有祖讳光嗣者，其室张氏，世为曲阜张阳里人。时值五代，四方弗靖，有祖伪孔氏孔末者，因世乱，心生奸计，意欲以伪继真，将吾孔氏子孙戕灭几尽。时光嗣祖任泗水令，生四十三代祖仁玉，在襁褓中。难兴之日，光嗣被害，祖母张氏抱仁玉逃依母氏，得免其难。孔氏不绝如一发千钧，红炉片雪，几何而不为伪孔有也。吾祖仁玉母子虽脱巨害，向非外祖母张温保养安全，其何以有今日乎。兹传五十九代子孙，族属之盛，绳绳蛰蛰，皆吾外祖张氏之所赐也。何敢一日而忘邪。张氏子孙家在张阳者，至今犹称为张温焉。①

　　此后，元明清碑刻、文集或史志多依据以上两碑记载内容而有所增添，从而形成了孔氏家族史上著名的"孔末乱孔"案及孔仁玉"中兴祖"这一称呼。

　　综合以上记载，史案大致情况是唐末五代时期，洒扫户孔景的后裔孔末（本姓刘，按照当时孔家规矩，入孔家为奴仆者，一律改姓孔，故刘末被称为孔末）见天下大乱，时局动荡，遂生谋逆夺位之心。此后，孔末组织力量将生活在曲阜的孔氏族人杀害，又赶赴泗水戕害了时任泗水令的孔子四十二代孙孔光嗣。经此一场叛乱，孔氏一族几近灭亡，孔末遂冒充孔子嫡裔，取代孔光嗣地位。但在这场血光之灾中，孔光嗣当时只有九个月大的儿子，被家人抱着逃至曲阜张阳村的外祖母家，遂保而全之。后仁玉长大成人，有鲁人仗义执言，将此事上报朝廷，孔末被罢（亦说被诛）。仁玉遂得回归本族，袭封文宣公，授曲阜县主簿，改曲阜令。从此，一度断了宗脉的孔子世家得以中兴，绵延不绝，故而后世族人把孔仁玉尊为"中兴祖"。

　　然而，新发现的《鲁国郡孔府君墓志铭》却对这段流传极广的"孔末

---

　　① 骆承烈汇编：《石头上的儒家文献——曲阜碑文录》（上），第 385～386 页。

乱孔"历史只字未提。现将碑文主要部分抄录于下：

> 公讳仁玉，字无违，即文宣王四十三代嫡孙也。生萃嘉祥，长隆
> 劲节。年九岁，值泗水君即世，乃传家为陵庙主，终制授曲阜主簿，
> 二年而就，转县令兼袭封文宣公。公私大治，政平而通，民畏而爱，
> 且古今神童俦之者，谁是？知建木千寻，梁栋备百工之法；阿胶五寸，
> 源流澄九曲之光。袂满言归，逍遥自得，常为乡里所进，孜孜论议，
> 每一西上，复厥旧官，人以为我父母君。又经慕容作叛，公罹其灾，
> 貔貅大馗，孤城若粉，揖让而出，何忧何惧！公身长七尺，见者奇之。
> 周高祖幸陵庙，侍对数刻，即赐绯兼赐银器、杂采、茶等。方俟他拜，
> 天王晏驾，相次守当州都督府长史，未解其任。悲歌哲人！夏五月
> 二十九日薨，享年四十五。哀哉！
>
> 公自少居众之上，不以富贵而戆其敬，不以贫贱而泄其虐，在我
> 而已。昂昂丈夫，最伤者，算不及于知命，其心则过焉。夫人裴氏，
> 同穴而来。长子宜，亦先圣奉祀之孙也；次子宪，习进士业；御哥、
> 庆哥，比比成器。有女两人，或适或处。扠泪相勉，合兹大事，自殡
> 及葬，鲜不中礼。[①]

铭文记载此墓志铭作于孔仁玉门人，其中虽然不乏溢美之词，但对
孔仁玉生平经历的叙述应该属实。由铭文可知，孔仁玉的经历并非如前
述文献记载那样跌宕起伏，"年九岁，值泗水君即世，乃传家为陵庙主，
终制授曲阜主簿，二年而就，转县令兼袭封文宣公"，孔光嗣并非死于非
命，而孔仁玉则在其父死后自然继承了"陵庙主"一职。后"终制授曲
阜主簿，二年而就，转县令兼袭封文宣公"，亦是按照当时的职官授受程

---

① 转引自彭庆涛、贾国俊：《〈鲁国郡孔府君墓志铭〉与真实的孔氏"中兴祖"》附碑铭
原文，《孔子学刊》（第六辑），第328～329页。部分标点符号有改动。

序而来。而其一生所罹之灾，则是"慕容作叛"。此后，"周高祖幸陵庙，侍对数刻，即赐绯兼赐银器、杂彩、茶等。方俟他拜，天王晏驾，相次守当州都督府长史，未解其任"。可见，直到他四十五岁去世，一生也算平稳。

此墓志铭和元明清以来的碑刻、文集相比，前者记载应该更为真实可靠。除了此墓志铭之外，宋金编修的史书及编撰的类书、会要等文献中对孔仁玉的记载，只是述及授官、加封等事宜，却并未有"孔末之乱"一事。对此，赵文坦先生有详细分析，并在此基础上认为："元明清这一时段的典籍、碑刻所谓五代时孔末杀害孔光嗣、夺爵、自为曲阜令及后来罢末（或诛末）等情节，与宋金时段的史籍、孔仁玉墓志及孔氏家乘中孔光嗣、孔仁玉本事及其历史背景矛盾冲突，可知上述故事情节当非历史真实。"而元明以来的孔氏后裔之所以要杜撰"孔末乱孔"的故事，虽有对外祖报本酬恩之义，"但是，更重要的原因恐怕在于严内孔外孔之防，剥夺外孔豁免赋税、免除徭役的权利"。① 结合文献记载，我们认为此一结论比较中肯。

虽然"孔末乱孔"的故事很大程度上是由孔子后裔所杜撰，并非历史事实，但比较符合唐末五代以来的社会背景及孔氏家族在当时的境遇。

二、孔氏家族与儒学之"中兴"

五代十国时期，历来被认为是中国几千年历史上最为黑暗的时期，是不堪回首的"超级乱世"。这一时期，不仅政权更迭频繁，而且大多数统治者靠篡弑登位，欧阳修曾对这一时期的篡弑有过统计："五十三年之间，易五姓十三君，而亡国被弑者八，长者不过十余岁，甚者三四岁而亡。"② 各个政权的统治者在为政中亦表现得非常残暴，嗜杀成性。同时，地方割据

---

① 赵文坦：《文宣公孔仁玉中兴本事考》，《孔子研究》2015 年第 3 期。

② （宋）欧阳修：《文忠集》卷五十九，文渊阁四库全书本。

势力层出不穷。那时的武人稍有力量，便割据称王，独霸一方。天下四分五裂，君不君，臣不臣，礼崩乐坏，社会失序。

在这一乱世之中，孔子世家的荣誉深受影响，其重要体现是唐代以来孔子奉祀者"文宣公"爵位曾一度失封。关于此，史籍中有记载。明人程敏政《圣裔考》云："（燧之）传七世生光（嗣），遭五季之乱，失爵。"[1]清代孔子后裔孔继汾在《阙里文献考》中也记曰："四十二代光嗣，昭宗天祐二年以齐郎授泗水主簿，遭世叛乱，遂失封爵。"[2]又清朝文人戚学标《孔氏世爵序》称："开元间，更封文宣公，由是终唐世不改。其名萱及昭俭者，又兼泗水令或曲阜令焉。昭俭传子光嗣，遭五季乱，始失爵。不久，而其子仁玉，后唐时复袭文宣公封爵，绝而复续，所称孔氏中兴祖是也。"[3]可见，在唐末五代的混乱之中，孔子后裔曾一度失爵，虽然时间可能不长，但也反映出乱世中的孔氏家族状况。后来，孔仁玉于长兴三年（932）五月袭封文宣公爵位。

综合以上及文献记载来看，孔仁玉被称为"中兴祖"，一方面是由于自仁玉始，孔氏血脉不断繁衍。据文献记载，孔仁玉之祖孔昭俭、父孔光嗣及孔仁玉本人，三世单传。至仁玉生有四子，此后繁衍不断，传至第五十三世已多达二十派。[4]不仅如此，在此期间，孔子后裔中所出文士、官僚等人才也非常之多。从孔氏后裔的血脉传承上看，孔仁玉的确为扭转这一局面的关键人物。另一方面，也是更为重要的因素，应该是在唐末五代之乱中，孔子后裔之爵位自仁玉失而复得，绝而复续，由此世袭罔替，延续不断。

---

① （明）程敏政：《圣裔考》，《明文海》卷一百十九，文渊阁四库全书本。

② （清）孔继汾述：《阙里文献考》卷六《世系第一之六》，山东友谊书社1989年版，第151页。

③ （清）戚学标：《鹤泉文钞》卷上，清嘉庆五年（1800）刻本。

④ 孔德成总裁，孔庆堃、孔令熙监修：《孔子世家谱》卷首《中兴祖至分二十派图》，山东友谊书社1990年版。

　　然而，孔氏家族在五代时期的"中兴"，很大程度上只是爵位复得而已，实际的孔子之道、儒家伦常却在霸道、征战之中愈加被践踏于地。《太平兴国八年重修兖州文宣王庙碑铭》记曰："自唐季而下，晋汉以还。中原俶扰，宇县分裂。四郊多垒，鞠为战斗之场；五岳飞尘，竟以干戈为务。周虽经营四方，日不暇给，故我素王之道将坠于地。"而北宋建立之后，鉴于加强中央集权与重整人伦秩序之需要，朝廷迫切地高扬儒家旗帜，宣扬"光阐儒风，属在昌运"，希望以儒家理念治国理政。在《太平兴国八年重修兖州文宣王庙碑铭》中，撰文者吕蒙正就表达了北宋统治者要借孔子之道改变时局的迫切之心：

　　　　嗟夫！文王没而斯文未丧，时命屯而吾道不行，可为长太息矣。洎乎河图不出，凤德云衰。爰困蔡以厄陈，遂自卫以反鲁。于是删诗书，讚易象；因史记，作《春秋》。大旨尊王者而黜霸道，威乱臣而惧贼子。然后损益三代之礼乐，褒贬百王之善恶。芜而秽者，芟而夷之；紊而乱者，纲而纪之。建末俗之郛郭，垂万祀之楷则。遂使君臣父子，咸知揖让之仪；贵贱亲疏，皆识等夷之数。①

　　从"尊王者而黜霸道，威乱臣而惧贼子""君臣父子，咸知揖让之仪；贵贱亲疏，皆识等夷之数"等记载中可以看出，初立的北宋王朝存在诸多亟待解决的问题。

　　为了表现对孔子、儒学的尊崇，北宋建立之后，对孔子后裔尤加重视。孔仁玉去世之后，其长子孔宜先于宋太祖乾德四年（966）被任命为曲阜县主簿，后不断升迁。太平兴国三年（978），宋太宗又下诏擢升其为太子右赞善大夫，袭封文宣公，并于太平兴国八年（983）诏令其修缮曲阜孔子庙。此后，北宋政权不断尊孔崇儒，使得在唐末五代之乱中深受打击的儒学为

---

① 杨朝明主编：《曲阜儒家碑刻文献集成》（上），第 143 页。

之一振，渐呈复兴之势。可以说，到了北宋时期，孔子之道才有了实际意义上的"中兴"。

第三节　宋代尊孔崇儒

鉴于儒家思想对国家治理的重要作用，北宋统治者延续汉代以来所确立的尊孔崇儒的制度，实施修庙、封谥、祭祀等褒扬措施。同时，正如有文人在拜谒孔子庙时所感叹的那样，"君王师范浑无报，世世荣封裕后昆"[1]，北宋统治者对于孔子后裔也多加封赐。这些事件，多刻之于石，展列于阙里孔庙，以垂示天下。现将曲阜所存宋代碑刻中记载的北宋政权尊孔崇儒之措施概括如下。

一、宋初二帝之尊孔崇儒

北宋建立之初，即表现出对孔子的尊崇。金元时期的孔子第五十一代孙孔元措在其《孔氏祖庭广记》中记载宋太祖于建隆三年（962），"诏文宣王庙宜准仪制令立戟一十六枝"[2]，并亲自作《宣圣赞》。

"戟"为古代兵器。古代帝王外出，在止宿处插戟为门，称"棘门"。棘，通"戟"。《周礼·天官·掌舍》："设车宫，辕门。为坛壝宫，棘门。为帷宫，设旌门。"郑玄注引郑司农曰："棘门，以戟为门。"[3]而立戟于门作为一种礼仪制度，始于唐朝玄宗时期。当时规定，凡官、阶、勋俱在三品以上者，得立戟于门，以示显贵。前蜀冯鉴《续事始·立戟》记载："立戟，开元礼：太庙、社、宫殿各施二十四戟，一品十六戟，郡王以下十四

---

① 《太平兴国八年重修兖州文宣王庙碑铭》碑阴记载"蓬山刘德渊""拜谒至圣文宣王庙留题"之诗。参见杨朝明主编：《曲阜儒家碑刻文献集成》（上），第 145 页。

② （金）孔元措编撰：《孔氏祖庭广记》卷第三《崇奉杂事》，第 105 页。

③ （清）阮元校刻：《十三经注疏》，第 1455 页。

载至十载……玄宗朝始有戟制度也。"可见，北宋沿用唐代立戟之礼，并在建国不久就诏令在文宣王庙前立戟十六枝，以显示对孔子的尊崇。

现保存于曲阜孔庙圣迹殿中的《绍圣二年颜子从行小像》石碣，下半部分是相传为顾恺之所绘的"孔行颜随像"，上半部分为宋太祖、宋真宗御制《至圣文宣王赞》。其中宋太祖的赞文曰：

> 王泽下衰，文武将坠。尼父挺生，河海标异。祖述尧舜，有德无位。哲人其萎，凤鸟不至。[1]

在这一赞文中，"王泽下衰，文武将坠"虽然描述的是孔子之时的社会状况，却与宋太祖所经历的五代十国时期的社会状况非常相似，因此刚刚立国不久的宋太祖对此深有感触。也正是基于对这种社会背景的深刻体察，宋太祖对孔子的"挺生"而出，祖述尧舜、挽救时局的精神予以赞扬。同时，哀叹孔子"有德无位"，致使其无法将"道"付诸社会实践的命运。而同情之中又包含着意欲尊孔重儒、重振文武之道的决心。正是宋太祖对孔子、儒学的这一态度，推动了其后宋朝统治者对孔子的愈加尊崇。

宋太宗时期，在其兄宋太祖尊孔崇儒基础之上，又采取了更多、更具体的措施，这从《太平兴国八年重修兖州文宣王庙碑铭》中可以看出。太宗赵光义亦是随太祖从五代十国的混乱中打拼出来的帝王。宋太祖去世之时，北宋统一大业尚未完成。太宗即位之后，继续铲除割据势力，力争统一。太平兴国三年（978），在宋朝的政治压力下，割据福建漳、泉两府的陈洪进及割据两浙的吴越钱氏相继向宋廷纳土归降。太平兴国四年（979），太宗又派兵挥师北上，围攻北汉都城太原，并率兵亲征，击退辽国援兵，灭亡北汉，由此获得形式上的统一。对于太宗取得的这些功绩，碑文有记，曰："皇明有赫，圣政日新。解纲泣辜，示至仁于天下；侮亡取乱，清大憝

---

[1] 杨朝明主编：《曲阜儒家碑刻文献集成》（上），第196页。

于域中。复浙右之土疆，真王匍匐而听命；伐并汾之坚垒，凶竖倒戈而系颈。戎车一驾，扫千里之妖气；泰坛再陟，展三代之缛礼。"为了消除割据，一统天下，太宗左右攻伐。碑文中的"示至仁于天下""展三代之缛礼"虽然有粉饰之嫌，但难能可贵的是，太宗统一政权之后，认识到"拯乱则吊伐，非所以佳兵也；惩恶则止杀，盖所以遵法也"，转而偃兵重文，修礼播乐，即碑文所言"然后修礼以检民迹，播乐以和民心。礼修乐举，刑清俗阜"[1]。其尊孔崇儒之措施，主要表现为：

第一，褒封孔子后裔孔宜为文宣公。

前已述及，孔宜是"中兴祖"孔仁玉的长子，孔子四十四代孙。《宋史·孔宜传》记载："举进士不第，乾德中诣阙上书，述其家世，诏以为曲阜主簿，历黄州军事推官，迁司农寺丞，掌星子镇市征。宜上言：'星子当江湖之会，商贾所集，请建为军。'诏以为县，就命宜知县事，后以为南康军。"宋太宗时期，孔宜献文赋数十篇，太宗看后非常赞赏，"召见，问以孔子世嗣"，并诏封孔宜为"文宣公"。诏曰："素王之道，百代所崇。传祚袭封，抑存典制。文宣王四十四代孙、司农寺丞宜服勤素业，砥砺廉隅，亟历官联，洽闻政绩，圣人之后，世德不衰，俾登朝伦，以光儒胄。可太子右赞善大夫，袭封文宣公，复其家。"太平兴国八年，宋太宗又下令修缮曲阜孔子庙，宜"贡方物为谢"，太宗亦诏褒之，迁殿中丞。[2] 由此可以看出宋太宗对孔子的崇敬。

第二，诏修阙里孔庙。

太平兴国八年（983），宋太宗诏修曲阜孔子庙。修缮之后，敕吕蒙正撰文，白崇矩书并篆额，立碑于庙前，是为《太平兴国八年重修兖州文宣王庙碑铭》。其中记载了太宗即位以来轻武重文、兴修礼乐之背景，以及下

---

① 杨朝明主编：《曲阜儒家碑刻文献集成》（上），第 143 页。

② （元）脱脱等：《宋史》卷四三一《列传第一九〇·儒林一·孔宜传》，中华书局 1977 年版，第 12814 页。

诏修缮孔庙之详情：

> 居一日，乃御便殿，谓侍臣曰："朕嗣位以来，咸秩无文，遍修
> 群祀。金田之列刹崇矣，神仙之灵宇修矣。惟鲁之夫子庙堂未加营葺，
> 阙孰甚焉。况像设庳而不度，堂庑陋而毁颓。触目荒凉，荆榛勿剪。
> 阶序有妨于函丈，屋壁不可以藏书。既非大壮之规，但有岿然之势。
> 倾圮寝久，民何所观？"①

从宋太宗修庙之言中可以看出，其对孔庙的关注排在佛寺、道观之后，这显示出宋初依然延续唐代以来的"三教合一"政策，且儒学的地位仍然低于佛、道。但是，从太宗下诏修庙之举中亦可以看出，虽有佛、道二教，但儒学在恢复社会秩序、整饬人伦方面有着不可替代之功用。在宋太宗看来，孔庙的简陋与毁颓不利于儒学的弘扬与发展，无法起到教化作用。于是，"上乃鼎新规，革旧制。遣使星而蕆事，募梓匠以偩功。经之营之，厥功告就"。不难看出，太宗非常重视孔庙的营建，不仅亲自参与到孔庙制度的改革设计上，而且派遣专员督导完工。

宋初的这次修庙，是孔庙历史上比较重要的一次，碑文对当时所建孔庙的规模及建筑之美进行了比较详细的描述，并总结说："轮奂之制，振古莫俦。营缮之功，于今为盛。"根据此碑所记、《孔氏祖庭广记》之《宋阙里庙制图》，以及今人关于孔庙建筑史的研究，可知此次修建首先增建了御书楼（金代改为奎文阁），以及将外围墙南垣扩展至今孔庙同文门一线。御书楼为五间二檐带平座的二层楼，上层用来藏书，下层用为内院正门，左右连以孔庙内院围墙。这样，内院正门直对外围墙南垣正门，形成了碑文中所说的"重门呀其洞开"，要想进入庙堂，需经此"重门"。另外，这次修庙还有一项重要举措，就是在内院正门内东、西各建一座碑亭，西碑亭

---

① 杨朝明主编：《曲阜儒家碑刻文献集成》（上），第143页。

立《大唐赠泰师鲁先圣孔宣尼碑》，东碑亭立本次重修孔子庙碑。由此确立了孔庙十三碑亭的雏形。可见至北宋时期，统治者及孔氏后裔逐渐注重对石碑的保护，同时也显示出他们欲使记载着孔子之道的石碑，能够在孔子庙堂高高矗立，传之久远，以起到教化世人之功。另外，在孔庙东部建有斋堂、宅厅、家庙，以及孔子后裔居住与议事的袭封视事厅、恩庆堂等。[①]可以说，宋初此次修庙，与以前相比，有了很大发展。

修庙是崇儒之举，而将此事之始末及对孔子之道的尊崇勒之石碑，并建碑亭以保护之，则凸显出宋太宗希望借此来体现他对孔子与儒学的尊崇，并达到教化社会之功用。

除了褒封孔子后裔、修建孔庙之外，宋初二帝还采取许多措施来尊孔崇儒。例如兴起文教，重用儒臣；重视儒家经典，科举取士；免除孔子后裔赋役等。在此不再一一赘述。

二、宋真宗致祭阙里

在北宋诸帝中，真宗是唯一亲自到阙里祭孔的帝王。这在《宋史》《东家杂记》《续通典》等文献中均有记载。例如《宋史·礼志》记曰：

> 真宗大中祥符元年，封泰山，诏以十一月一日幸曲阜，备礼谒文宣王庙。内外设黄麾仗，孔氏宗属并陪位，帝服靴袍，行酌献礼。又幸叔梁纥堂，命官分奠七十二弟子、先儒洎叔梁纥、颜氏。初有司定仪肃揖，帝特展拜，以表严师崇儒之意，亲制赞，刻石庙中。复幸孔林，以树拥道，降舆乘马，至文宣王墓设奠再拜。诏追谥曰玄圣文宣王，祝文进署，祭以太牢，修饰祠宇，给便近十户奉茔庙。仍追封叔梁纥为齐国公，颜氏鲁国太夫人，伯鱼母开官氏郓国夫人。

---

　　① 参见傅崇兰等：《曲阜庙城与中国儒学》，中国社会科学出版社2002年版，第118~122页；曲英杰：《孔庙史话》，社会科学文献出版社2011年版，第26页。

二年五月乙卯，诏追封十哲为公，七十二弟子为侯，先儒为伯或赠官。亲制《玄圣文宣王赞》，命宰相等撰颜子以下赞，留亲奠祭器于庙中，从官立石刻名。既以国讳，改谥至圣文宣王。赐孔氏钱帛，录亲属五人并赐出身，又赐太宗御制、御书一百五十卷，银器八百两。诏太常礼院定州县释奠器数：先圣、先师每坐酒尊二、笾豆八、簠二、簋二、俎三、罍一、洗一、篚一，尊皆加勺、幂，各置于坫，巾共二，烛二，爵共四，坫。有从祀之处，诸坐各笾二、豆二、簠一、簋一、俎一、烛一、爵一。仁宗再幸国子监，谒文宣王庙，皆再拜焉。①

《东家杂记》亦记：

（大中祥符元年）十一月一日，（宋真宗）幸曲阜县，谒先圣庙。庙内外设黄麾仗，上服靴袍，行酌献之礼。宰臣亲王而下文武百官各立班于殿庭，孔氏宗属并陪位。初有司定仪当肃揖，上特再拜，以伸崇奉之意。百官皆拜。帝敛衽，北面式瞻睟容，乃顾庙宇制度，嘉叹久之，立殿之西事，召孔氏子孙抚谕周致。又幸叔梁大夫堂。赐四十四代孙延祐、延渥、延鲁、延□并同学究出身，四十六代孙圣祐授太常寺奉礼郎，以别居四十四代孙谓赐同三传出身，面奉圣旨。许造酒以供祭祀。诏加谥至圣文宣王，祝文特进名并修饰祠庙，其庙内制度未完典礼因兹改正，更给近便十户以奉茔庙，仍差官以太牢致祭。宣赐孔氏银二百两、帛三百匹、钱三十万，俵赐诸房。又赐田百顷，又诏庙内常用祭器或坏可尽易之。十一月三日，敕至圣文宣王父叔梁纥更追封齐国公，母颜氏追封鲁国太夫人。又敕伯鱼母追封郓国夫人，又敕赐御制赞。②

---

① （元）脱脱等：《宋史》卷一百五《礼志八》，第2547～2548页。

② （宋）孔传：《东家杂记·历代崇奉》，山东友谊书社1990年版，第60～62页。

由文献记载可知，宋真宗于大中祥符元年（1008）十一月一日，在结束泰山封禅大典之后，幸鲁拜谒孔子。在拜谒孔子之时，真宗拒绝了司仪原定的"肃揖"而采用"展拜"；"亲制赞，刻石庙中"；幸孔林，以树拥道，不便车辇，有司建议砍伐树木，而真宗不允许，降舆乘马到孔子墓前祭拜；加封孔子，孔子父、母、妻，孔子弟子；赐官，并赐孔子后裔田地、币帛、祭器等。这些都显示了宋真宗"严师崇儒"之意。

除了文献记载，宋真宗此次祭孔之事迹还被记载在曲阜所存宋碑中。这些石碑主要有《大中祥符元年宋真宗文宣王赞碑》《大中祥符元年文宪王赞碑》《大中祥符元年群臣赞孔庙从祀先贤先儒碑》《大中祥符二年御赐孔庙书物敕牒碑》《宋真宗驻跸亭碑》。这一组石碑以石刻文献的形式，记录了宋朝天子亲至阙里朝圣，并封谥孔子及优待孔子后裔的事件；同时，也向当世及后世之人显示了当时尊孔崇儒之盛。纸质文献与石刻文献互相参照，相得益彰。

宋真宗此行，最为重要的是确定了北宋政权对孔子的封谥。北宋建立之初，继续沿用唐朝所定孔子封号"文宣王"，宋太祖、宋太宗不曾改封。宋真宗至曲阜朝圣，在拜谒孔子庙、孔子墓后，认为"崇儒尊道，宜益峻于徽章"（《大中祥符元年宋真宗文宣王赞碑》）[1]，于是，在唐代封谥的基础之上，加谥孔子为"玄圣文宣王"。后为避讳，于大中祥符五年（1012）改为"至圣文宣王"。相比于唐朝的"文宣王"一称，北宋这一封谥使孔子地位又提高一些。而根据文献记载，在确定"玄圣文宣王"这一封号之前，宋真宗甚至打算将孔子"王"称升格为"帝"，"（真宗）幸曲阜县，谒文宣王庙……又幸孔林。……下诏追谥夫子曰元（玄）圣文宣王。先是，帝曰：'唐明皇褒先圣为王，朕欲追谥为帝，可乎？当令有司检讨故事以闻。'或言：宣父，周之陪臣，周止称王，不当加以帝号。遂止增美名"[2]。真宗

---

① 杨朝明主编：《曲阜儒家碑刻文献集成》（上），第158页。
② （宋）范祖禹：《范太史集》，文渊阁四库全书本。

这一念头虽然未能成行，但他意欲提高孔子地位以示其尊崇孔子之意由此可见。自此以后，在元、明、清各朝，孔子封号虽然在不同时代有不同变动，但"至圣"一称均予以保留。

除了封谥，真宗还御制、御书并篆额《玄圣文宣王赞》，立石于孔庙，是为《大中祥符元年宋真宗文宣王赞碑》。此碑现藏于曲阜汉魏碑刻陈列馆，碑文记曰：

> 若夫检（玉）介丘，回舆（阙）（里），缅怀于先圣，躬诣于严祠，以（为）易俗化民，既仰师于彝训；崇儒尊道，宜益峻于徽章。增焉崇名，聿陈明祀。思形容于盛德，爰刻镂于斯（文）。赞曰：
>
> 立言不朽，垂教无疆。昭然令德，伟哉素王。人伦之表，帝道之纲。厥功（茂）（实），其用允臧。升中既毕，盛典载扬。洪名有（赫），懿范弥彰。
>
> （大）中祥符元年十一月一日。①

此则赞文，与前述宋太祖所作孔子赞文意境不同。太祖赞文中透露着他对"王泽下衰，文武将坠"的时代感触，同时，哀叹孔子"有德无位"的命运。而真宗的赞文，则体现出一个走上正确国家治理轨道的帝王对孔子之道的赞叹与遵从。其中说"以（为）易俗化民，既仰师于彝训"，并赞扬孔子"立言不朽，垂教无疆""人伦之表，帝道之纲""厥功（茂）（实），其用允臧"，真宗已然认识到孔子之道对于政治治理、社会教化的巨大功用，因此对其予以宣扬与彰显。同时，在宋真宗的赞文中，孔子历来的形象，诸如"先圣""素王""人伦之表"等，都包括在内，由此可见宋代对于孔子认识的全面与深刻。

另外，《大中祥符元年群臣赞孔庙从祀先贤先儒碑》记载了宰相王旦

---

① 杨朝明主编：《曲阜儒家碑刻文献集成》（上），第158页。

等臣工分别撰写的孔庙从祀先贤先儒赞文，所赞先贤先儒共 93 人，碑文中一一列举他们所受封号，以及撰写赞文的官员的官职与姓名。[①]孔子及其弟子均获赞誉，并立碑于孔庙，由此可见儒学受尊崇的程度。

《大中祥符二年御赐孔庙书物敕牒碑》则清晰记载了宋真宗谒孔回京后，又御赐孔庙书物，并专门遣官送达阙里孔庙。根据碑文所记，此次御赐书物非常多，仅太宗皇帝御制御书文字就有五十七件、一百五十七卷；另有金银器、九经书及疏释文、三史书等。除了这些物件，遣使还带来了一道真宗的"牒奉敕"，一并被刻于石碑，敕文曰：

> 国家尊崇师道，启迪化源。眷惟邹鲁之邦，是曰诗书之国。尼山在望，灵宇增严。朕以登岱告成，回銮款谒。期清风之益振，举缛礼以有加。式资诲诱之方，更尽阐扬之旨。宜以所赐太宗皇帝御制御书与九经书并正义释文及器用等并置于庙中书楼上收掌，委本州长吏职方与本县令佐等同共检校在庙。如有讲说释奠，并须以时出纳，勿令损污。此敕文仍仰刊之于石，昭示无穷，牒至准敕故牒。[②]

在这则敕文中，宋真宗重申国家"尊崇师道，启迪化源"之原则，之所以如此"缛礼有加"，主要是"式资诲诱之方，更尽阐扬之旨"，希望以孔子之道教化民众，并对儒学予以阐扬。真宗对所赐书物置于何处，以及如何使用，都悉心交代，由此也可见他对孔子之推崇。

宋真宗以皇帝之尊，带领着文武官员，浩浩荡荡地至曲阜拜谒孔子，并给予孔子及其父母、妻、后裔加封与赏赐，极尽尊荣。可以说，其行为本身对当时的社会产生了不小的影响，加深了人们对孔子地位与儒学价值

---

① 参见《大中祥符元年群臣赞孔庙从祀先贤先儒碑》，杨朝明主编：《曲阜儒家碑刻文献集成》（上），第 162～174 页。

② 杨朝明主编：《曲阜儒家碑刻文献集成》（上），第 177 页。

的认识，对当时的儒家学者致力于儒学的研究与阐扬必然也起到重要的推动作用。而真宗谒孔之后留存在曲阜孔庙里的这些石碑，则更是一个天子朝圣的见证，无论对于时人还是后世入孔庙谒孔者，都产生了重要的心理影响。

三、宋仁宗始封"衍圣公"

在曲阜孔林孔子墓西约 300 米处，有一墓冢。冢前有石碑两幢。前碑圆首，楷书"宋故四十六代衍圣公尚书比部员外郎通判潍州事子庄先生墓"，为清乾隆三十四年（1769）袭封衍圣公孔昭焕，二十四代孙继汾、继涑立石。后又有一小碑，圆首长条形，篆书"比部员外郎袭封衍圣公之墓"，记为宋代杨元刻石[1]，这一墓冢，即为始封衍圣公孔宗愿之墓。

通过前面的叙述我们知道，随着孔子去世之后历代政权对其谥号的追封，其嫡系后裔也被追谥加封。文献记载，最早对孔子后裔进行加封的是秦始皇。公元前 219 年，秦始皇"东行郡县"，曾"观礼于鲁"[2]，因孔子九代孙孔鲋精通六艺，封其为鲁之"文通君"，这在当时只是个名誉上的称谓，并非祭祀孔子的专事封号。到汉高祖十二年（前 195），高祖"自淮南过鲁，以太牢祀孔子"，同时封孔子九代孙孔腾（孔鲋之弟）为"奉祀君"，主孔子祀事。此后，孔子后裔封号多有变化，但历代不曾中断。唐玄宗开元二十七年（739）封孔子为"文宣王"，并加封孔子第三十五代孙孔璲之为"文宣公"。至宋仁宗时期的孔子四十六代孙孔宗愿，已传至十二代。仁宗至和二年（1055），集贤院祖无择奏言："按前史，孔子后袭封者，在汉、魏曰褒成、褒尊、宗圣，在晋、宋曰奉圣，后魏曰崇圣，北齐曰恭圣，后周、隋并封邹国，唐初曰褒圣，开元中，始追谥孔子为文宣王。又以其后为文

---

① 此碑见骆承烈汇编：《石头上的儒家文献——曲阜碑文录》（上），第 182 页。

② （北魏）郦道元著，陈桥驿校证：《水经注校证》卷二十五《泗水》，中华书局 2007 年版，第 595 页。

宣公，不可以祖谥而加后嗣。"宋仁宗听后，"遂诏有司定封宗愿衍圣公，令世袭焉"。[1]仁宗诏书曰：

> 孔子之后，以爵号褒显，世世不绝，其来远矣。自汉元帝封为"褒成君"以奉其祀，至平帝时改为"褒成侯"，始追谥孔子为"褒成宣尼公"。褒成，其国也。宣尼，其谥也。公侯，其爵也。后之子孙虽更改不一，而不失其义。至唐开元中，始追谥孔子为文宣而尊以王爵，其嗣褒圣侯为"嗣文宣公"。孔子子孙去国名而袭谥号，礼之失也，盖由于此。比朕稽考前训，博采群议，皆谓宜去汉之旧、革唐之失，稽古正名，于义为得。朕念先帝崇尚儒术，亲祠阙里，而始加"至圣"之号，务极尊显之意。肆朕纂临，继奉先志，不敢失坠，而正其后裔嗣袭之号，不其重欤！宜改至圣文宣王四十六代孙宗愿为"衍圣公"。[2]

在这一改封诏书中，宋仁宗也表达了他继承先帝之"崇尚儒术"的志向，"不敢失坠"，博采群议，改封孔宗愿为衍圣公。虽然"衍圣公"这一称呼在宋代尚未如后世那样有良好的制度保障，并且未给袭封的孔子后裔带来更高的政治、经济地位[3]，但在当时的确是统治者针对孔子后裔的封谥，更为合乎礼制，也是统治者尊孔崇儒的一个重要体现。

自宋仁宗改封孔宗愿为"衍圣公"之后，哲宗于元祐元年（1086）曾一度将孔宗愿之子若蒙改封"奉圣公"，但宋徽宗在崇宁三年（1104）又改封孔子第四十八代孙孔端友为"衍圣公"。此后，"衍圣公"之称历经元、明、清、民国，直至 1935 年，南京国民政府改封孔德成为"大成至圣先师奉祀官"，前后延续了八百八十年。在这将近一千年的时间里，虽然政权更

---

①（元）脱脱等：《宋史》卷一百一十九《礼志二十二》，第 2799 页。

②（明）陈镐纂修：《阙里志》卷十四《历代诰敕》，第 695～696 页。

③ 参见王宇：《宋代衍圣公制度试述》，《孔子研究》2009 年第 4 期。

迭不断，社会也时常陷入动荡和战乱，衍圣公却绵绵瓜瓞，传承三十一代而未间断，被封者计有四十余人。其中，曾出现过多人并封和兄终弟及等情况。可以说，作为孔子血脉的延续和儒家思想文化的象征，"衍圣公"构成了中国历史进程中的一条文化线索。

第四节　"五贤堂"与宋代"道统"

在孔庙金丝堂前西侧，立有《景祐五年孔道辅五贤堂记碑》[①]。孔子四十五代孙孔道辅为所建"五贤堂"而作记，后此记被刻于石，即北碑。在崇尚"贤德""贤人"的中国古代社会里，不同时期、不同地方的人们都有其所推崇的"五贤"。孔道辅在孔庙所建"五贤堂"的"五贤"，则是他所认可的与儒家"道统"有密切关系的五人，分别是战国时期的孟子、荀子，汉代的扬雄，唐代的王通、韩愈。这是自唐代韩愈提出"道统"说以来，"道统"思潮在宋代兴盛的一个体现。

一、孔道辅与"五贤堂"

孔道辅，字原鲁，初名延鲁，出生于宋雍熙二年（985）。他的祖父即"中兴祖"孔仁玉。其父为仁玉第四子孔勖，进士及第，以尚书工部侍郎致仕。现在曲阜汉魏碑刻陈列馆藏有《天圣八年孔勖祭孔祝文》[②]。孔道辅于大中祥符五年（1012）举进士第，历任宁州军事推官、大理寺丞、仙源知县、太常博士、龙图阁待制，后迁尚书兵部员外郎，徐、许二州知州，右谏议大夫，权御史中丞，龙图阁直学士等职。

作为孔子后裔，孔道辅恪守祖训，修德进业，对孔子之道的传承与发

---

① 此碑见杨朝明主编：《曲阜儒家碑刻文献集成》（上），第 188～189 页。
② 此碑见杨朝明主编：《曲阜儒家碑刻文献集成》（上），第 179～180 页。

扬光大更是不遗余力。在《景祐二年孔道辅祭先圣文》一碑中，他说："道辅早持邦宪，黜典淮城。方数月间，迁守徐域。大君天子之惠，乐谏旌忠，亦以祖圣庆余，能守直道，不置于法。儒者进则事君，退则事亲。忠孝之道，祖教之本。后嗣弗能守，其孰能行之。"[①]孔道辅的这一感慨，或许意有所指。《宋史·孔道辅传》记载道辅"性鲠挺特达，遇事弹劾无所避，出入风采肃然"。他的"鲠挺"尤其表现在他对礼法的坚持上。《宋史》记载道辅奉命出使契丹，而契丹在宴请使者时，"优人以文宣王为戏"，道辅非常生气，"艴然径出"。契丹派主持宴会的人把道辅找回来，并让他道歉。道辅凛然正色曰："中国与北朝通好，以礼文相接。今俳优之徒，慢侮先圣而不之禁，北朝之过也。道辅何谢！"契丹君臣听后自知理亏，默然无对。出使归来后，有人以为道辅此举不当，进谗仁宗。仁宗问其故，对曰："契丹比为黑水所破，势甚蹙。平时汉使至契丹，辄为所侮，若不较，恐益慢中国。"帝深以为然。明道二年（1033），在力谏反对废后一事上更体现出道辅对礼法的坚持。《宋史·孔道辅传》记载：

> 明道二年，召为右谏议大夫、权御史中丞。会郭皇后废，道辅率谏官孙祖德、范仲淹、宋郊、刘涣，御史蒋堂、郭劝、杨偕、马绛、段少连十人，诣垂拱殿伏奏："皇后天下之母，不当轻议绌废。愿赐对，尽所言。"帝使内侍谕道辅等至中书，令宰相吕夷简以皇后当废状告之。道辅语夷简曰："大臣之于帝后，犹子事父母也；父母不和，可以谏止，奈何顺父出母乎？"夷简曰："废后有汉、唐故事。"道辅复曰："人臣当道君以尧、舜，岂得引汉、唐失德为法邪？"夷简不答，即奏言："伏阁请对，非太平美事。"于是出道辅知泰州。[②]

<hr>

[①] 杨朝明主编：《曲阜儒家碑刻文献集成》（上），第182页。

[②] （元）脱脱等：《宋史》卷二百九十七《孔道辅传》，第9884～9885页。

即使冒犯皇帝、得罪权臣，道辅仍上谏，因此而遭贬亦不后悔。这虽然与道辅秉性有关，但作为孔子后裔坚定地担当起"道"的守护者的意念，也是其中重要原因。所以在《景祐二年孔道辅祭先圣文》一碑中，孔道辅又说："且厚于亲者薄于位，深于道者浅于利。修其身者尊其祖，明于礼者光于祀。道辅不佞，敢不事亲守道，恭祖致祀，将无忝祖圣之庆。""事亲守道"，在孔子后裔这里更有着特别的含义。

除了在"为政""事亲"中遵道、守道之外，鉴于唐代以来道统论的兴盛，孔道辅还对学术层面的"道统"予以关注。《宋史》记载，孔道辅因郭后被废事件"知泰州"后不久，又"徙徐州，又徙兖州，进龙图阁直学士，迁给事中。在兖三年，复入为御史中丞"①。兖州为孔道辅祖庙所在之地，孟子故里邹城亦在其管辖范围之内。孟子是韩愈道统论中直接承继孔子的重要人物，孔道辅对于孟子在道统传承中的重要地位予以认可。他经常对人讲，孟子力辟杨、墨，继承道统，但孟子一直未受到祭祀，令人遗憾。为此，孔道辅在景祐四年（1037），即在他知兖州的第二年，派人在邹邑四基山之阳寻访到孟子坟墓，并立即组织能工巧匠，兴建堂宇，让公孙丑、万章等孟子的高弟从祀。第二年（1038）春天，孟子庙建成，孔道辅又请被称为"宋初三先生"之一的孙复作《新建孟子庙记》，刻石以纪。这幢碑至今仍立于孟子墓前享殿内。孙复在记文中赞扬孔道辅曰："嘻！子云能述（孟）（子）之功而不能尽之，退之能尽之而（不）能祀之，惟公也既能尽之又能祀之，不其美哉！"②随后，道辅又在邹县城北二十里凫村，找到了孟子四十五代孙孟宁，并推荐于朝廷，孟宁被授迪功郎，任邹县簿，主孟子祀事。从此，孟子不仅有了祠庙，还有了专人主持祭祀，孟子后裔也得到朝廷封赏，世系延续至今。

---

① （元）脱脱等：《宋史》卷二百九十七《孔道辅传》，第 9885 页。

② （宋）孙复：《新建孟子庙记》，刘培桂编著《孟子林庙历代石刻集》，齐鲁书社 2005 年版，第 2 页。

孟子庙落成之后，孔道辅又于同年（1038）在孔庙偏西、齐国公殿前建"五贤堂"，专祀孟子、荀子、扬雄、王通、韩愈五人，并亲自撰写记文，刻之碑石。从《景祐五年孔道辅五贤堂记碑》中可知，孔道辅认为在"孔圣之道否"时，"五贤振起之"，对孔子有"辅圣"之功，然而，"今五贤湮蔽，振之者无闻焉"，于是孔道辅便萌生了在孔庙为"五贤"建堂之意：

> 道辅道不及前哲，而以中正于帝，幸不见黜而与进，冀以贤者必辅于时，跻于古，以兹为胜矣。方事亲，守故国，为儒者荣。尝谓伏生之徒，徒以训诂传功，象设于祖堂东西序。而五贤立言，排邪说、翊大道，非诸子所能跂及，反不及配，阙孰甚焉。因建堂事，收五贤所著书，图其仪，叙先儒之时荐。庶几识者登是堂、观是像、览是书，肃然改容，知圣贤之道尽在此矣。①

可见，道辅从"道统论"出发，认为五人是孔子之道的重要传承者，但未得从祀配享，故于孔庙"东西序"之外，另建一堂，专祀"五贤"。显然，孔道辅所建"五贤堂"，是唐末宋初"道统论"逐渐兴盛的重要体现。

二、"五贤堂"与宋初道统

孔道辅所建"五贤堂"及所作"五贤堂记"，是唐末宋初以来"道统论"兴盛并进一步发展的重要体现。

道统思想虽然萌芽于先秦、汉代诸儒，但"道统"被明确提出是在唐代时期。唐代时期，在佛、老二教的冲击下，儒学自汉代以来在思想文化领域的主导地位发生动摇。同时，传统儒学守"师说""家法"，重训诂章句，日渐陷于僵化，难以与佛教哲学相抗衡。在纲常失序、社会动荡的局

---

① 杨朝明主编：《曲阜儒家碑刻文献集成》（上），第189页。部分标点符号有改动。

面之下，韩愈等唐代儒家学者以弘扬儒家圣人之道为己任，为对抗佛教宗派的法统，明确儒家圣人相传之道的统绪与内涵，韩愈著《原道》，正式提出道统论。韩愈指出，儒家圣人之道的传授由来已久，这种道区别于佛教、道教所谓的道。他说："斯吾所谓道也，非向所谓老与佛之道也。尧以是传之舜，舜以是传之禹，禹以是传之汤，汤以是传之文、武、周公，文、武、周公传之孔子，孔子传之孟轲。轲之死，不得其传焉。荀与扬也，择焉而不精，语焉而不详。由周公而上，上而为君，故其事行；由周公而下，下而为臣，故其说长。"[1]韩愈以弘道为理念，明确提出了儒家圣人之道相传的序列，并认为此道在孟轲死后不传。虽然韩愈的道统说在唐朝并未对佛教产生太大冲击，然而为其后的宋明儒者所继承，并予以发展充实，以继续对抗佛教。

至宋初，佛教的影响仍然很大。宋初欧阳修就曾对当时社会佛教的状况有所描述，他说："佛法为中国患千余岁，世之卓然不惑而有力者，莫不欲去之。已尝去矣，而复大集。攻之暂破而愈坚，扑之未灭而愈炽，遂至于无可奈何。"[2]虽然儒家学者对佛教予以抵制，然而佛教非但未被彻底"扑灭"，反而"愈坚""愈炽"。面对佛教的冲击，宋初的儒家学者继承韩愈，亦以道统说来对抗佛教。

《景祐五年孔道辅五贤堂记碑》，正是当时道统论兴盛下的产物。在这篇碑记中，孔道辅开宗明义，推崇圣人之道，以及"五贤"对道的"辅导"之功：

> 五星所以纬天，五岳所以镇地，五贤所以辅圣。万象虽列，非五星之运，不能成岁功。众山虽广，非五岳之大，不能成厚德。诸子虽博，非五贤之文，不能成正道。由是三才之理具，万物之情得。故圣

---

① （唐）韩愈撰，（宋）魏仲举编：《五百家注昌黎文集》卷十一，文渊阁四库全书本。
② （宋）欧阳修：《文忠集》卷十七，文渊阁四库全书本。

人与天地并，高卑设位，道在其中矣。所以尊君德、安国纪、治天物、立人极，皆斯道也。①

孔道辅所言"五贤"，即孟子、荀子、扬雄、王通、韩愈。此一道统谱系是对韩愈道统说的进一步发展。孔道辅认可并接受此一道统说，应该深受宋初理学家孙复、石介二人的影响。

孙复（992—1057），字明复，号富春，晋州平阳（今山西临汾）人。景祐元年（1034），在第四次举进士不第后，通过郓城举子士建中介绍，孙复认识了石介。石介（1005—1045），字守道，兖州奉符（今山东泰安）人。当时石介已有名于山东，在石介的帮助下，孙复在泰安建学馆，聚徒讲学，而石介亦尊孙复为师。孙复居泰山八年，主要从事经学研究与讲学，撰写了《易说》六十四篇、《春秋尊王发微》十二卷等著作，声名渐显于世，被时人称为"泰山先生"。石介则由于宝元元年（1038）母丧及康定元年（1040）父丧，回乡服丧，于泰安徂徕山长春岭建"徂徕书院"开馆授徒，以《易》教授诸生。由此，师徒二人志同道合，相互砥砺，彼此呼应，学力日渐精进。庆历二年（1042），石介服丧结束，被朝廷召为国子监直讲。而孙复亦在石介、范仲淹等人的荐举之下，于庆历二年（1042）十一月，被朝廷任命为秘书省校书郎、国子监直讲。自此，孙、石二人讲学于国子监，听课者甚众，以至于出现监舍容纳不下，学生立于窗外的空前盛况。孙复与石介在宋初儒学的复兴中发挥了重要作用，同时，为理学的产生开辟了道路、打下了基础，从而被认为是宋代理学的先驱。

孔道辅知兖州期间，听闻孙复大名，并得知其在泰山聚徒授学，便亲往拜访。《宋史》记有孔道辅拜访孙复时的场景："孔道辅闻复之贤，就见之，介执杖屡立侍复左右，升降拜则扶之，其往谢亦然。"②后孔道辅

---

① 杨朝明主编：《曲阜儒家碑刻文献集成》（上），第188页。

② （元）脱脱等：《宋史》卷四百三十二《儒林列传二·孙复传》，第12832～12833页。

又多次前往泰山，与孙复、石介多有交流。由此，孔道辅与孙复、石介建立了深厚的友谊。景祐五年（1038）孔道辅建孟子庙之后，就请孙复作《新建孟子庙记》，并刻石以纪。记中曰："景祐丁丑岁夕，拜龙图孔公为东鲁之（二）年也。公圣人之后，以恢张大教兴（复）斯文为己任，常谓诸儒之有大功于圣门者，无先于孟（子）……越明年春，庙成。俾泰山孙复文而志之。复学孔而晞孟者也，世有蹈邪怪奇险之迹者，（常）思嗣而攻之。况承公命而志其庙，又何敢让？"① 由此可见，孔道辅与孙复、石介交往密切，志同道合，其思想必然受此二人影响。孙复、石介二人的道统说虽有不同，但都认为道统止于孟子，并将荀况、扬雄、王通、韩愈列为圣人之道的传人。

孙复宣扬儒家道统，他说："吾之所为道者，尧、舜、禹、汤、文、武、周公、孔子之道也；孟轲、荀卿、扬雄、王通、韩愈之道也。"② 石介也说："道始于伏羲氏，而成终于孔子。……噫！伏羲氏、神农氏、黄帝氏、少昊氏、颛顼氏、高辛氏、唐尧氏、虞舜氏、禹、汤氏、文、武、周公、孔子者十有四圣人，孔子为圣人之至。噫！孟轲氏、荀况氏、扬雄氏、王通氏、韩愈氏五贤人，吏部为贤人而卓。不知更几千万亿年复有孔子，不知更几千百数年复有吏部。"③ 有别于韩愈的道统说，石介列六位圣人在尧舜之前，又加四位贤人在孟子之后，并列为"五贤人"，其中韩愈"为贤人而卓"，以表彰韩愈对道统论的贡献。可见，孙复与石介都将孟子、荀子、扬雄、王通、韩愈列于孔子之后，作为道统之传人，称为"五贤"。孔道辅建"五贤堂"，显然是对孙、石二人道统理论的实践。

孔道辅在"五贤堂记"中，历数"五贤"传道、卫道之功：

---

① 刘培桂编著：《孟子林庙历代石刻集》，第2页。

② （宋）孙复：《孙明复小集·信道堂记》，文渊阁四库全书本。

③ （宋）石介著，陈植锷点校：《徂徕石先生文集·尊韩》，中华书局1984年版，第79页。

苟圣人之道壅，则五贤迭起而辅导之。先圣没当战伐世，法令机祥巫祝之弊亨，杨墨之迂诞，庄列之恢诡，穷圣汩常，三骀孙田术胜于时。则我圣人大道为异端破之，不容于世也。

而孟荀继作，乃述唐虞之业，序仁义道德之源。俾诸子变怪不轨之势息，圣人之教复振，其功甚大矣。后至汉室圮缺，扬子恶诸子以知舛，诋訾圣人，独能怀二帝三王之迹以讥时。著书以尊大圣，使古道昭昭不泯者，杨之力也。

两汉之后，皇纲弛紊，六代丧乱，文章散靡。妖狂之风，荡然无革。文中子澄其源，肇兴王之运。韩文公治其末，广尊道之旨。致圣教益光显，夷夏归正道。①

鉴于"五贤"对圣人之道传承的重要贡献，以及五人未入孔庙从祀之列的事实，孔道辅以孔子裔孙和赵宋官吏的双重身份，违反定制，于其祖庙中给五位儒者建祠、绘像，并祭祀之，由此可见其"尊道""重道"之精神。"五贤堂"实实在在落成于阙里孔庙，接受人们的祭祀与礼拜，这显然比孙复、石介等人理论上的论证、口头上的疾呼更为掷地有声。因此，孔道辅此举得到孙复、石介等人的赞赏。文献记载石介将此事告知孙复，并说："孔侯之心至矣，吾辈不是之而将何之也？"而孙复听后不仅"跃然而起"，且大呼张洞、李蕴说："昔夫子之道得五贤而益尊，今五贤之烈由龙图而愈明。"②可见，其由衷地称赞孔道辅。

后来的事实证明，孔道辅此举，不仅进一步推动了道统说的发展，而且加快了孟子、荀子、扬雄、王通、韩愈五人入祀孔庙的进程。文献记载，五人之中，孟子、荀子、扬雄、韩愈都于宋神宗元丰年间入祀孔庙，王通虽然稍晚，也于明嘉靖年间入祀孔庙。

---

① 杨朝明主编：《曲阜儒家碑刻文献集成》（上），第 188 页。

② （宋）孙复：《孙明复小集·上孔给事书》，文渊阁四库全书本。

第五章 金元："期与万方同归文明之治"

靖康二年（1127），赵构于南京即位，秦岭和淮河以北的广大地区落入金人的统治之中。南宋端平元年（1234），蒙古人灭金，占领华北地区。咸淳七年（1271），蒙古族首领忽必烈称帝，改国号为大元，建立元朝，定都大都。少帝祥兴二年（1279），元军消灭残存的南宋抵抗势力，统一全国。元朝的统一，结束了自唐末藩镇割据以来南北对峙、多个政权长期并存的分裂和战乱局面，成为中国历史上第一个统一全国的少数民族政权。入主中原的金、元政权，深刻认识到孔子在中原文化与政治中的地位，以及儒学对于政权的重要性，因此，在其建国之初，就表现出对孔子与儒学的认同，并实施了一系列尊崇措施。作为少数民族政权的金、元王朝，其尊孔崇儒的目的，虽然如元武宗所言"尚资神化，祚我皇元"（《大德十一年加封孔子制诏碑》）①，有明显的获取中原士民的认可以维护、巩固政权的意图，但也不可否认，作为征服者，他们面对灿烂悠久的中原文明，更有"期与万方同归文明之治"（《承安二年党怀英撰重修至圣文宣王庙碑》）②之理想。

---

① 杨朝明主编：《曲阜儒家碑刻文献集成》（上），第279页。

② 杨朝明主编：《曲阜儒家碑刻文献集成》（上），第208页。

第一节　曲阜金元碑刻概述

金元时期的曲阜碑刻，在《寰宇访碑录》《山左金石志》《阙里志》《元代白话碑集录》《石头上的儒家文献——曲阜碑文录》等著作中均有辑录，而以《石头上的儒家文献——曲阜碑文录》辑录较为全面。该书辑录金代碑刻 17 幢，元代碑刻 129 幢，但其中的《大定十九年褒崇祖庙记碑》应为元太宗十一年（1239）所立，属元代碑刻；《明昌五年重修兖国公庙记碑》与《明昌六年重修兖国公庙记碑》内容完全一致，应为辑录时重复致误。如此，金代当为 15 幢，元代当为 130 幢。

具体来看，金人统治时期所立碑刻不多，一部分主要是金世宗大定年间所立，且以孔子后裔墓碑居多；另一部分以尊孔崇儒为主的碑刻，主要是金朝后期的章宗时期所立，如《明昌五年重修兖国公庙记碑》《承安二年党怀英撰重修至圣文宣王庙碑》《承安三年党怀英题杏坛碑》《承安四年完颜膏昭告至圣文》等。

至元朝，碑刻数量明显增加，其数目虽然不及后来明、清两朝各碑刻数量的一半，但与前几朝相比，这个数目已经超过了曲阜现存汉魏至宋金所有碑刻数目的总和。[①] 这些碑刻有的树立于元世祖忽必烈定国号（1271）至朱元璋攻入北京、元朝灭亡（1368）这一文献记载的元朝 97 年的统治时期，还有的树立于蒙古灭金（1234）至元朝建立（1271）的近四十年间，如元太宗九年所立的《曲阜文庙免差役赋税碑》[②]、元太宗十一年孔元措所

---

① 据骆承烈汇编《石头上的儒家文献——曲阜碑文录》统计，曲阜现存汉魏碑 38 幢，隋唐宋金碑 84 幢，元碑 129 幢，明碑 385 幢，清碑 316 幢，民国以来碑 73 幢。

② 关于《曲阜文庙免差役赋税碑》，骆承烈汇编《石头上的儒家文献——曲阜碑文录》与蔡美彪编著《元代白话碑集录》均记立碑时间为 1297 年（元成宗元贞三年或元成宗大德元年）。萧启庆先生则考订为"窝阔台汗九年（1237），两者相差六十年"（见萧启庆：《内北国而外中国：蒙元史研究》，中华书局 2007 年版，第 84 页）。由元太宗十一年（1239）所立《褒崇祖庙记碑》碑文中提到"乙酉岁"宣圣之后并颜孟之后获赋税蠲免之事，可见此事应发生在 1239 年之前的"乙酉年"（应为"丁酉年"），即元太宗九年（1237），萧启庆先生考订正确。笔者从之。

立的《褒崇祖庙记碑》，以及此后孔元措于元太宗十六年所立的《宣圣墓碑》《颜子庙碑》《齐国公墓碑》。因此，从碑刻树立的时间上看，可谓横跨整个蒙古和元朝统治时期。

　　元朝碑刻不仅数量多，而且特色比较鲜明。作为中国历史上第一个入主中原并建立统一政权的少数民族政权，元朝统治者虽然深受中原文化影响，但其自身文化特色亦保存较好。曲阜元代碑刻就体现出明显的元朝文化特色。首先，此一时期出现了蒙文与元代白话文碑刻，如《至元三十一年蒙文崇奉颁诏碑》碑文为古蒙文，《至大元年加封孔子及致祭颜孟祝文碑》①《元统二年加封颜子父母妻懿旨碑》②碑文为元代白话文。其次，在元代碑刻中，还出现了孔庙祭孔历史上仅有的几幢女性祭孔碑，即《至大元年懿旨释奠祝文碑》《至大元年皇妹大长公主祭孔庙碑》《泰定四年皇姊大长公主降香碑》《元统二年皇太后谒庙碑》。

　　除了树碑、立碑之外，金元两朝还开始修建碑亭保护重要碑刻。现在曲阜孔庙的第六进院落中（奎文阁以北、大成门以南的狭长院落），耸立着十三座古色古香的亭子，这些高大的亭子分两行排列，南八北五，颇为壮观，因为亭子是为保护封建帝王御制石碑而建，所以俗称之为"御碑亭"。其中，在南排的八座碑亭中，有四座为金、元时期所修建，即东起第三座、第六座为金明昌六年（1195）所建，第四座为元至元五年（1268）所建，第五座为元大德六年（1302）所建。自金、元创制之后，清代又添建九座碑亭，最终形成阙里孔庙壮观的"十三碑亭"。

---

　　①《元代白话碑集录》记此碑为《一三○八年曲阜加封孔子圣旨致祭碑》，参见蔡美彪编著：《元代白话碑集录》，科学出版社1955年，第54页。

　　②《元代白话碑集录》记此碑为《一三三四年加封颜子父母妻懿旨碑》，参见蔡美彪编著：《元代白话碑集录》，第82页。《石头上的儒家文献——曲阜碑文录》记其为《至顺二年追封兖国复圣公及其夫人制碑》，参见骆承烈汇编：《石头上的儒家文献——曲阜碑文录》（上），第278～279页。

第二节　金朝碑刻中的尊孔崇儒

金朝是中国历史上由女真族建立的少数民族政权，在与辽、北宋的战争中胜出，从而获得对中国黄河以北地区百余年的统治。虽然金是少数民族政权，但其对作为中原传统意识形态的儒学也非常重视，以至于在金亡不久，元世祖与金朝遗臣张德辉总结分析金亡原因时，就提出了他的疑惑："或云，辽以释废，金以儒亡，有诸？"①从时人"金以儒亡"的说法中，即可看出金朝对儒学的偏重。另外，在阙里孔庙，除了前面提到的碑碣之外，还有两座金代碑亭。这两座碑亭，斗拱豪放，布置合理，结构精妙，有宋式营造特点，保存了《大唐赠泰师鲁先圣孔宣尼碑》与《开元七年鲁孔夫子庙碑》两座唐碑。由金代开始，其后的元、清皆加效仿，建造碑亭，以收藏、保存历代重要石碑，由此形成了孔庙十三碑亭。从中亦可见金朝对于孔子与儒学的重视。

一、金朝尊孔崇儒之原因

作为少数民族政权，金朝有获取中原统治的合法地位之需，以及利用中原文明治国理政之需，故对孔子与儒学非常重视。

（一）"合天下为一家"："正统"地位的诉求

《承安二年党怀英撰重修至圣文宣王庙碑》开篇即说："皇朝诞受天命，累圣相继。平辽举宋，合天下为一家。深仁厚泽，以福斯民。"②此句追溯了女真政权建立、发展的过程，从"天命"与"合天下为一家"也可以看出，平辽举宋、获得中原统治的合法地位，是女真统治者随着征伐的推进而不断滋生的理想与抱负，而在获取"正统"合法性地位的过程中，则一步步

---

① （明）宋濂等：《元史》卷一百六十三《张德辉传》，中华书局1976年版，第3823页。

② 杨朝明主编：《曲阜儒家碑刻文献集成》（上），第208页。

向儒学靠近。

政权的合法性问题，是每一个政权建立时所必然要考虑的问题，女真政权亦是如此。金太祖完颜阿骨打建立金政权之初，也开始考虑自己所建政权的合法性问题。但是，由于他们长期受到辽朝统治，一直视辽为宗主国，在他们有限的认识里，认为只有得到辽朝的认可才能确立其合法性。于是，当时的完颜阿骨打采纳杨朴的建议，采取的是请求辽朝"册封"的方式。但羽翼丰满后的完颜阿骨打怎么能依照古制接受以臣下的地位去请求辽人册封呢？所以他提出了具有宗主国地位的册封条件。然而，辽人不可能放下宗主国的架子，所以仍然按照君主对臣下的册封传统，封完颜阿骨打为"东怀国皇帝"。显然，这样的册封双方都不情愿，最终以失败而告终。

请求辽人册封失败之后，完颜阿骨打便放弃此一途径，但追求政权"正统"地位的念头并未打消，他转而考虑的是灭亡辽朝，直接取代辽朝"正统"而自为"正统"。据史书记载，天辅五年（1121）十二月，金太祖完颜阿骨打在占领辽上京、辽东京等地的基础上，发动了最后灭亡辽朝的战争。他在下令进攻辽朝中京（今内蒙古自治区宁城县）时，曾对部下说："辽政不纲，人神共弃。今欲中外一统，故命汝率大军以行讨伐。"[1]在这里，"中"指金朝，"外"指辽朝，显然，金太祖所说的"中外一统"是指要灭亡辽朝，以取代辽朝的正统地位。然而，完颜阿骨打未能见到金朝取代辽朝获取"正统"的实现，天辅七年（1123）病死于领兵返回上京的途中。而继任者金太宗完颜晟，则继承太祖遗志，继续对辽、宋的战争。天会三年（1125），金灭辽。天会四年（1126），金军攻至北宋首都东京（今河南开封）城下。当时金人在给宋钦宗的国书中有"今皇帝正统天下，高视诸邦"[2]等话语，可见金人灭辽之后，已经明确地以辽朝继承者自居而自称"正统"了。

---

① （元）脱脱等：《金史》卷二《太祖纪》，中华书局 1975 年版，第 36 页。

② （金）佚名编，金少英校补，李庆善整理：《大金吊伐录校补》，中华书局 2006 年版，第 117 页。

然而，金朝取代辽朝而自居"正统"，并未得到宋人的承认。因为辽朝是契丹人建立的政权，金朝是女真人建立的政权，无论是契丹人还是女真人，在当时均被中原士民视为"夷狄"。女真人在中原士民眼中，地位比契丹人更低，被称为"夷狄中至贱者"。随着南下与中原士民的接触，金人也逐渐了解到自己在中原士民眼中的地位。那么，如何改变宋人的认识，使其真正承认金人的"正统"地位，就成为金太宗以后的继任者所致力的事情。

金熙宗即位之后，虽主张结束与宋朝的连年战争，与宋议和，但他坚持宋朝必须向金朝称臣，必须接受金朝的册封，方许议和。无奈之下，南宋不得不于金皇统元年（1141）签订"皇统和议"（又称"绍兴十一年和议"）。由此，宋接受金的册封，对金称臣，同时也接受向金纳贡等不平等协议。金熙宗令南宋称臣纳贡，"不仅改变了原来辽宋对等交往的格局，也改变了历史上由中原政权（主要是汉族政权）封册周边少数民族政权的'封贡体系'的基本精神，被西方学者称作'倒过来的朝贡'（逆向朝贡）。金熙宗就是依据这种'倒过来的朝贡'的理论和思想，彰显金王朝的'正统'地位"①。但即使如此，宋人对金朝的"正统"地位仍不予承认。海陵王时，其依据《春秋公羊传》"君子大居正""王者大一统"的"大一统""正统"观念，试图灭亡南宋，统一全国，让金朝以外的各政权心服口服地承认他是中国的"正统"皇帝，所以他经常对近臣说："天下一家，然后可以为正统。"②但由于时机不成熟，他发动的对南宋的战争，最终以失败而告终。

在"册封"与"统一"均不奏效的事实面前，从熙宗和海陵王开始，亦逐渐开辟亲近、接受中原文化的路径，希望以"文化"作为区分"正统"和"非正统"的标准。中原文化之正统为儒家文化，所以，接受汉化，尊孔崇儒，成为女真人消除中原士民歧视，争取"正统"认可的重要途径。

---

① 赵永春：《金人自称"正统"的理论诉求及其影响》，《学习与探索》2014年第1期。
② （元）脱脱等：《金史》卷一百二十九《佞幸列传·李通传》，第2783页。

金熙宗自幼"得燕人韩昉及中国儒士教之",对于汉文化极为仰慕,具有相当高的儒学素养,年长后,他"能赋诗染翰,雅歌儒服","宛然一汉户少年子也"。[①]即位之后,熙宗仿照汉文化及其制度确立了金朝的各项制度,希望借汉文化及其制度来提升政权的文明程度,消除自己"夷狄蛮貊"的民族烙印。他对孔子也予以尊崇,认为:"孔子虽无位,其道可尊,使万世景仰。"[②]天会十五年(1137),"立孔子庙于上京",并于皇统元年(1141)亲临祭祀,"北面再拜"[③],将儒学在女真政权中全面推广开来。

海陵王完颜亮也是一位受汉化影响颇深的金朝君主。完颜亮自幼在母亲的影响下"渐染中国之风,颇有意于书"[④]。此后拜汉儒张用直为师,系统学习中原文化。在对自身种族与"正统"的认识上,海陵王承认自己是"夷狄",但认为夷狄并不微贱,夷狄有文化也一样高贵,所以他极力反对以种族为标准来区分"正统"和"非正统",而主张以文化和事功作为评判标准。为此,他即位之后,继续奉行熙宗朝的尊儒方针,积极推行汉化改革。他力排众议,迁都中都,并下令全国建立孔庙,"州县许以公府泉修治文宣王庙,旧有赡学田产经兵火没县官者,亦复给于学"[⑤],使得儒学的影响在金朝得以进一步深化。

在熙宗和海陵王以儒家思想为理论的大规模改革之下,金朝尽除女真旧制,中原典章制度被大量吸收利用。金末的刘祁曾评价这一时期:"其封建废置,政令如前朝……故典章法度皆出于书生。至海陵庶人……定官制、律令皆可观。又擢用人才,将混一天下。功虽不成,其强至矣。"[⑥]可见,

---

① (宋)宇文懋昭撰,崔文印校证:《大金国志校证》卷十二《熙宗孝成皇帝纪年四》,中华书局1986年版,第179页。

② (元)脱脱等:《金史》卷四《熙宗纪》,第77页。

③ (元)脱脱等:《金史》卷一百五《孔璠传》,第2311页。

④ (宋)徐梦莘:《三朝北盟会编》卷二百四十二,文渊阁四库全书本。

⑤ (清)张金吾编纂:《金文最》卷六十九,中华书局1990年版,第1014页。

⑥ (金)刘祁著,崔文印点校:《归潜志》卷十二,中华书局1983年版,第136页。

熙宗和海陵王时期，中原传统的儒家思想已深入女真政权，虽然未能实现灭掉南宋以统一政权的愿望，但是金朝在政治、经济、文化上逐渐强盛。熙宗、海陵王之后，金世宗、金章宗等后世帝王延续二帝的尊孔崇儒政策，积极争取女真政权在中原地区的"正统"地位。

（二）"文明"治理之需求

争取政权的合法性地位重要，而作为入主中原的少数民族政权能有效地治理广大的华北地区则更为重要。因此，在重视孔子、儒学，以获取中原士民对金"正统"地位之认可的同时，金朝更因社会治理的需要而崇儒重道。前引《承安二年党怀英撰重修至圣文宣王庙碑》，为金章宗在承安二年（1197）诏令重修阙里孔庙之后，由党怀英"记其事"。因此，该碑所记可视作当时金朝统治者思想意识之体现。此碑文在开篇表明金"正统"身份之后，接着就说：

> 粤自太祖，暨于世宗，抚养生息，八十有余年。庶且富矣，又将教化而粹美之。主上绍休祖宗，以润色洪业为务。即位以来，留神政机，革其所当革，兴其所当兴。饬官厉俗，建学养士，详刑法，议礼乐，举遗修旧，新美百为。期与万方同归文明之治，以为兴化致理，必本于尊师重道。于是莫谒先师，以身先之。尝谓侍臣曰："昔者夫子立教于洙泗之上，有天下者所当取法。"①

"庶、富、教"，这是孔子有名的治国思想，出自《论语·子路》，其中记曰："子适卫，冉有仆。子曰：'庶矣哉！'冉有曰：'既庶矣，又何加焉？'曰：'富之。'曰：'既富矣，又何加焉？'曰：'教之。'"② 显然，金朝在治国理政中亦采取孔子的这一思想，即在国家人口增加、人民富裕之后，

---

① 杨朝明主编：《曲阜儒家碑刻文献集成》（上），第208页。
② 杨伯峻译注：《论语译注·子路第十三》，第153页。

进而对人们进行道德教化。那么如何教化？从碑文中看，金章宗采取了诸多措施，包括"革其所当革，兴其所当兴。饬官厉俗，建学养士，详刑法，议礼乐，举遗修旧，新美百为"等。这些以儒家制度、理念为指导的举措，无不表明了金朝统治者希望达到"与万方同归文明之治"的目的。可见，在女真统治者的眼中，以儒家文化为主的中原文明是更为先进的文明；孔子"立教于洙泗之上"，其所创立的儒家学说，"有天下者所当取法"。

实际上，儒学对于政治治理的功用，早在金初统治者那里即已被重视，并拉开了后世君主崇儒重道、兴化致理的序幕。

金太祖、太宗都对中原士人特别重视。太祖完颜阿骨打时期，在对辽战争中逐渐意识到士人的重要性，故在天辅二年（1118）下诏选士："国书诏令，宜选善属文者为之。其令所在访求博学雄才之士，敦遣赴阙。"①但此时入金廷的文人，尚局限于文书工作。太宗时期，士人更多地被招入金廷。但此时任用的士人多为辽、宋的降臣，"观金之始取天下……又能用辽宋人材，如韩企先、刘彦宗、韩昉辈也"②。为了得到更多的士人为金所用，太宗初年还采用中原传统的科举制度，开科取士。史载："凡词赋进士……其设也，始于太宗天会元年十一月，时以急欲得汉士以抚辑新附。"③到熙宗、海陵王时期，金统治者由于自幼浸染儒家文化，更加意识到儒学对于治理的重要性，因此，对于中原士人的任用更为广泛和开放。例如，熙宗即位后，改变以往枢要部门只用女真勋贵的传统，宣布"自今本国及诸色人，量才通用之"④，由此提升了中原士人的地位。此外，熙宗还注重学习儒家经典史籍，"颇读《尚书》《论语》及《五代》《辽史》诸书，或以夜继焉"⑤。而到世宗、章宗之世，"儒风丕变，庠序日盛，士縠科第位至宰

---

① （元）脱脱等：《金史》卷二《太祖纪》，第 32 页。

② （金）刘祁著，崔文印点校：《归潜志》卷十二，第 135～136 页。

③ （元）脱脱等：《金史》卷五十一《选举志一》，第 1134 页。

④ （元）脱脱等：《金史》卷四《熙宗传》，第 85 页。

⑤ （元）脱脱等：《金史》卷四《熙宗传》，第 77 页。

辅者接踵。当时儒者虽无专门名家之学，然而朝廷典策、邻国书命，粲然有可观者矣"①。《承安二年党怀英撰重修至圣文宣王庙碑》亦记金章宗"以天纵之能，典学稽古，游心于唐虞三代之隆。故凡立功建事，必本六经为正，而取信于夫子之言"。可见，儒学在金朝日盛，儒家治国理念也已深受金统治者重视。

统治者的重视与提倡，必然产生重要影响。在《承安四年完颜膏昭告至圣文》中，就记出镇兖州的完颜膏"下车之始，首谒先圣，继访学校，复涓吉辰，率僚属及诸儒生□□荐诚敬拜林庙，孔氏子孙偕得与祭。为时也，膏雨沾足，风色味畅。礼成之次，阖邑士民观者如堵。公则谆谆诲以圣人之遗教"②，对孔子非常尊崇，并对周围观瞻者诲之以圣人之教。他"行见鲁俗，佩服德化礼义之乡不让治古矣"，并表示："然则是教也，岂止行于一州一邑者哉。会报政成，再应进拜推之而及于天下也。"一个皇族出身的地方官吏，尊崇儒术，推尊先圣，并立志将儒家教化推之天下。由此可见，当时儒家理念对于金朝治国理政之影响。

综观以上，女真政权基于获取政权合法性之需求，以及治国理政之需求，在对孔子、儒学的逐步深入了解中对其愈加重视与尊崇。在统治者的重视之下，儒家经典、儒家理念等亦逐渐在社会上推广开来。

二、金朝尊孔崇儒之举措

党怀英在其所撰碑文中说："夫惟信之者笃，则其尊奉之礼宜其厚欤。"这表露出金朝对尊孔崇儒举措之重视。根据碑文所记，以及综合史籍文献，金朝尊孔崇儒之举措主要有以下几个方面：

（一）修建孔庙

有学者说："在金朝的政治生活中有两件大事，一是战争，一是建孔庙。

---

① （元）脱脱等：《金史》卷一百二十五《文艺列传上·序》，第2713页。

② 骆承烈汇编：《石头上的儒家文献——曲阜碑文录》（上），第205～206页。

这两件大事在金代的政治生活中发挥着不同的作用，以战争金朝实现武力控制，以文庙金朝实现文治，二者相得益彰，互为补充、互为表里，使得金朝确立了在北中国的牢固的统治地位。"① 这道出了修建孔庙对于女真政权的重要性，以及金朝孔庙修建之兴盛。

对于金朝所建孔庙，学者有过统计：范寿琨先生据《金文最》统计，金代修建孔庙 47 座。② 孔祥林先生等在《世界孔子庙研究》一书提出，金朝 102 个京府、散府、节镇、防御州学校应该都建立了孔子庙。③ 刘辉先生则据《全辽金文》《辽金元石刻文献全编》统计，金代共修建孔庙和庙学 83 座、101 次，其中，有文献可考、可以确定修建时间的金代孔庙和庙学 60 座、73 次。④

金代孔庙的修建始于金太宗。根据学者统计，"太宗统治 12 年，举辽灭宋，大体上奠定了有金一代疆土，在此期间金代共修孔庙 5 座次。包括大城县庙学、渔阳宣圣庙、冀州文庙、太原府学文庙和赵州庙学"。此后，熙宗、海陵王、世宗、章宗，甚至到金朝衰落时期的卫绍王、宣宗、哀宗统治时期，修庙之举也未间断，其中，世宗、章宗时期是金朝孔庙发展的鼎盛时期，有学者说："就数量而言，世宗、章宗统治 50 年，修建孔庙和庙学 38 座，47 次。此前太祖、太宗、熙宗和海陵王统治 48 年，共修建孔庙和庙学 13 座，16 次。此后卫绍王、宣宗和哀宗统治 27 年，共修建孔庙和庙学 10 座次。"⑤ 此外，在规模上，世宗、章宗时期所修孔庙也远超前代。

根据文献记载，在这些修建孔庙之举中，对于阙里孔庙的修建主要有三次，分别为金熙宗皇统二年（1142）、金世宗大定十八年（1178）及金章

① 于学斌、孙雪坤：《金代孔庙的发展、成因及作用》，《北方论丛》2003 年第 4 期。

② 范寿琨：《论金代的孔庙建置及其作用》，《社会科学辑刊》1993 年第 2 期。

③ 孔祥林等：《世界孔子庙研究》，中央编译出版社 2011 年版，第 81 页。

④ 刘辉：《金代的孔庙与庙学述略》，《社会科学战线》2015 年第 12 期。

⑤ 刘辉：《金代的孔庙与庙学述略》，《社会科学战线》2015 年第 12 期。

宗明昌年间。其中，尤以金章宗明昌年间的重修孔庙规模最大。据《明昌五年重修兖国公庙记碑》记载，金章宗即位之初崇儒重道，"宣文教以彰化，明昌建元之初，颁诏天下，一应故庙隳废者，仰所在有司检计修完"①。曲阜检计报奏文宣王庙及颜子庙两处。《承安二年党怀英撰重修至圣文宣王庙碑》就是为此次修庙所作之记。根据碑文可知，此次孔庙之重修，是由朝廷责成专人负责，所需经费则全由朝廷所出：

> 有司承诏，度材庀工，计所当费，为钱七万六千四百余千。诏并赐之。仍命选择干臣，典领其役。役取于军，匠佣于民。不责亟成，而责以可久。不期示侈，而期于有制。②

朝廷对这次修庙之重视由此可见。碑文亦记此次大修"三分其役，因旧以完葺者，才居其一，而增创者倍之"。此役"盖经始于明昌二年春"，历时四年，至明昌六年（1195）方才竣工。修建后的孔庙"凡为殿堂、廊庑、门亭、斋厨、黉舍，合三百六十余楹。位叙有次，像设有仪。表以杰阁，周以崇垣。至于椸座栏楯帘幌罘罳之属，随所宜设，莫不严具"。另外，"又庙有层阁，以备庋书，愿得赐名，揭诸其上，以观示四方。诏以'奎文'名之"③。孔庙奎文阁由此获名。在孔庙修建大体完备之时，金廷又于金章宗明昌四年（1193）冬开始重修颜子庙。

此外，金朝孔庙的建制，延续了魏晋南北朝以来的庙学合一的制度。孔庙的建制，自魏文帝曹丕开启依庙立学的先河以来，经过南北朝时期的发展，至唐代逐渐形成固定的庙学制，即庙、学相依，庙、学相兼，州、县学皆立孔子庙。然而，宋金之际由于征战不断，庙学多有破坏，许多地

---

① 骆承烈汇编：《石头上的儒家文献——曲阜碑文录》（上），第193页。

② 杨朝明主编：《曲阜儒家碑刻文献集成》（上），第208页。

③ 杨朝明主编：《曲阜儒家碑刻文献集成》（上），第208页。

方的庙学，或仅存讲堂，或两者均遭破坏。金朝修建孔庙，即注重延续传统的"庙学合一"制。金朝的史中和在金熙宗皇统元年（1141）所撰《曲沃县建庙学记》中记载："曲沃旧学，始建于前代之嘉祐"，"逮本朝革命之际，毒于兵火煨烬之余，惟存讲堂"。有邑宰"按旧址以复其地，及筑垣墙……以为宣圣十哲之像"。①《孔氏祖庭广记》记载，金世宗大定二十三年二月，"国学成，祀先圣于国子监之庙"②。另外，《承安四年完颜膏诏告至圣文》记载完颜膏至阙里拜谒，"首谒先圣，继访学校"③。可见，阙里孔庙亦仍旧制，采取的是依庙立学的形态。

（二）册封衍圣公

金朝虽为少数民族政权，但亦以"正统"自居，按照传统惯例加封衍圣公。此一时期，南宋与金两个政权南北对峙，两个政权各自册封衍圣公，再加上蒙古军占领山东地区，亦封衍圣公，使得这一时期一度出现两到三个衍圣公。

南宋政权所封衍圣公始自孔子四十八代孙孔端友。金兵灭北宋以后，大举进攻南宋，南宋高宗赵构南逃。建炎二年（1128），宋高宗移行宫于扬州，于十一月在扬州举行郊祭，并诏令孔端友南下陪祀。孔端友接到圣旨后，遂奉命率亲属南下参加祭天大典。但自此以后，由于时局混乱，衍圣公孔端友未能再返回曲阜，后定居衢州（今浙江衢州），并在高宗的支持下在衢州兴建庙宇，供奉孔子及其夫人的楷木雕像，一切礼仪全如旧制，主持衢州文庙祭祀，其后世子孙袭封衍圣公。

在北方，金兵入主中原之初，为防止士民反抗，采取"以汉制汉"的策略，建立了伪齐刘豫政权。刘豫为笼络士大夫，阜昌二年（1131）诏立孔端友的弟弟孔端操为衍圣公，主持孔庙祭祀。伪齐政权垮台以后，女真

① （清）张金吾编纂：《金文最》卷二十二，第301页。
② （金）孔元措编撰：《孔氏祖庭广记》卷第五《历代崇重》，第156页。
③ 骆承烈汇编：《石头上的儒家文献——曲阜碑文录》（上），第205页。

政权效仿前制，亦册封衍圣公。根据《孔氏祖庭广记》记载，金朝所封衍圣公共四位，分别是：熙宗天眷三年（1140）封孔端操之子孔璠为承奉郎，袭封衍圣公；熙宗皇统二年（1142），孔璠长子孔拯除文林郎，袭封衍圣公；世宗大定三年（1163），孔拯弟孔摠补文林郎，袭封衍圣公；章宗明昌二年（1191），孔摠之子孔元措补文林郎，袭封衍圣公。①

　　衍圣公为孔子奉祀者。自汉以来，由于儒学在封建王朝中的正统意识形态地位，册封衍圣公已然成为历代政权表明"正统"身份的重要体现。作为入主中原的少数民族政权，金朝尤为重视衍圣公之册封，这在体现自身地位的同时，无疑也体现了对孔子、儒学的尊崇。金朝末年，山东战乱，金、蒙古、宋相互攻掠，又有农民起义。贞祐三年（1215），金宣宗恐衍圣公被害，绝圣人之后、永废祭祀，遂调当时的衍圣公孔元措入汴京，授太常博士，令孔元措的族弟孔元用代摄祀事。由此亦可见金朝对衍圣公的重视。

　　综观以上，女真人所建立的金朝，在获得中原的统治权之后，为了获取中原士民对其"正统"地位的认可，以及满足政治治理之需，对孔子、儒学表现出亲近的态度。虽然金朝政权并未脱离女真旧制，但在政治、经济、文化各个领域无不渗透着儒家思想。为了宣扬自己对中原文化的认同，加强儒家教化在社会治理中的作用，金朝统治者又采取广泛建造孔庙、册封衍圣公等一系列措施。这些措施的实施，自然推动了儒学在金朝的发展。

第三节　元碑中的儒学与社会

　　对于儒学及儒者在元朝的地位，过去的许多学者受南宋遗民的误导，以为元朝鄙视儒学，轻视学人，"九儒十丐"。事实并非如此。正如有学者

———————

① （金）孔元措编撰：《孔氏祖庭广记》卷第一《世次》，第 79～82 页。

所言，有元一代，"儒学虽然不能唯我独尊，一如过去，却得与各种宗教并重，而儒者仍是受到优待的'身份集团'（status group）之一，绝非娼丐所能比拟"①。对此，亦可以从曲阜所存大量的元代碑刻中得到印证。曲阜所存元代碑刻，相较于前代数量明显增加，几乎是前代所存碑刻数量的总和。虽然元代碑刻的数量与碑刻自身的发展及社会的稳定与否有很大关系，但在很大程度上也反映了儒学在当时社会所受尊崇程度的高低。

一、元朝早期碑刻与元太宗尊孔崇儒

元朝统治者之尊孔崇儒，可以追溯到大蒙古国时代的太宗窝阔台汗时期。从曲阜所存元代碑刻来看，最早的碑刻也是元太宗时期所立。此后，自世祖至末帝惠宗，孔子一直受到尊崇。

（一）元太宗尊孔崇儒之措施

曲阜所存最早的元代碑刻是元太宗窝阔台汗统治时期树立的，分别是：《元太宗九年曲阜文庙免差役赋税碑》②《元太宗十一年褒崇祖庙记碑》《元太宗十六年宣圣墓碑》《元太宗十六年颜子庙碑》《元太宗十六年齐国公墓碑》。这些碑碣均为蒙古人灭金之后，在统治山东期间，由孔子五十一代孙孔元措所立。这些石碑历经岁月的侵蚀已经变得斑驳不堪，甚至一些字迹不可辨认，然而它们体现了刚刚进入中原的元朝政权对孔子、儒学的尊崇。

从元朝初期的这几幢碑刻记载来看，元太宗窝阔台汗时期，其尊孔举措主要有以下几个方面：

第一，册封孔子五十一代孙孔元措为衍圣公。根据《元史》记载，早在元太宗四年（1232）围攻汴京之时，耶律楚材就"遣人入城，求孔子后，

①萧启庆：《内北国而外中国：蒙元史研究》，第589～590页。

②此碑碑文见于蔡美彪编著《元代白话碑集录》，题名为《一二九七年曲阜文庙免差役赋税碑》，原碑未发现。

得五十一代孙元措"，并于次年（1233）六月，"诏以孔子五十一世孙元措袭封衍圣公"。①《元太宗十一年褒崇祖庙记碑》中记曰："元措以太常卿寓于汴。岁癸巳当京城之变，被领中书省耶律公奏禀，檄迁于博，再迁于郓。"②此记为元朝时期东平耆老李世弼应孔元措之请而撰写，碑文之末也记为"五十一代孙、袭封衍圣公、主奉祀事元措立石"。显然，此碑所记为孔元措被元太宗册封为衍圣公之后之事。孔元措受封衍圣公，在当时有着重要意义。正如元史专家萧启庆先生所说："衍圣公爵位之恢复显示蒙廷支持中原正统思想之意愿，具有重要象征意义，对兵燹余生之士大夫更起甚大鼓舞作用。"③孔元措受封之后，除了主奉孔子祀事之外，还曾上言太宗窝阔台，请求召集熟悉礼乐之人整理礼乐，并获准。太宗十一年（1239），元措奉召进京，得金朝掌乐许政、掌礼王节及乐工翟刚等92人。之后他们受命"制登歌乐"，并在曲阜孔庙练习，又于东平造乐器，制冠冕、法服、钟磬、筍虡仪物，经过一段时间练习后，试奏于皇帝面前，遂获准用以祭祀上天。④元朝礼乐，即由孔元措整理创编。

第二，给予孔、颜、孟等圣裔免除差役、赋税等特权。根据《元太宗十一年褒崇祖庙记碑》，孔元措虽然被册封为衍圣公，但经济情况不乐观，"其衣食所须，舍馆之安，皆行台严相资给之，亲族三百皆坐享温饱，咸得所赐也。以至岁时之祭祀，宾客之往来，闾里之庆吊，穷乏之赡济，莫不仰庇而取足焉"。可见初返故乡的孔元措生活困顿，其生活起居皆仰赖时任东平路行军万户的严实。严实"以百城长东诸侯"，是当时山东势力最大的汉军将领，其本人又好礼尊儒、兴学养士，故东平成为当时金源遗士荟萃之地，也是汉文化复兴之重镇。严实虽全力资助孔元措一族，"而欲归美于上"，于是便奏闻于中书令耶律楚材，"遂令孔氏阖门勿算赋，虽

---

① （明）宋濂等：《元史》卷二《太宗纪》，第32页。

② 杨朝明主编：《曲阜儒家碑刻文献集成》（上），第216～217页。

③ 萧启庆：《内北国而外中国：蒙元史研究》，第79页。

④ （明）宋濂等：《元史》卷六十八《礼乐志二》，第1691页。

看林庙户亦然"。而且，此次不仅孔氏一族获得免税权，据《元太宗九年曲阜文庙免差役赋税碑》，兖国公颜氏、邹国公孟氏两族也获此特权。[①] 此举大大改善了孔、颜、孟各族的经济状况。在这些经济特权的保障下，各地遭到战火毁坏的孔庙陆续开始重建，这对日后中原儒学的复兴起到了积极的推动作用。

第三，修缮孔子庙。据阎复撰《大德五年大元重建至圣文宣王庙之碑》[②] 可知，金明昌年间耗费了巨大人力、物力所修建的阙里孔庙，在金、元之际的混战中几乎化为灰烬："阙里祠宇毁于金季之乱，阁号奎文，若大中门闼，存者无几。"故孔元措回鲁之后，主奉孔子祀事，注重修缮孔庙。对于此举，元廷非常重视，并赐拨专款以助其事。然而对于孔元措修庙情况如何，文献缺少记载。阎复历述元朝修庙情况，记曰："右辖严公忠济保鲁，尝假清台颁历钱，佐营缮之费。岁戊申，始复郓国后寝，以寓先圣颜孟十哲像。"其所述为定宗三年（1248）修复孔庙之事，严忠济为严实次子，此时孔元措仍为袭封衍圣公。据孔元措《孔氏祖庭广记》记载，元廷曾赐专用于修庙之银，而此处又说为严忠济资助，或许在此次修庙之前还有修庙之举，但由于规模不大故未被记载亦未可知。根据曲阜所存碑刻，孔元措整修了孔子墓、齐国公墓、颜子庙，并请当时著名的书法家、"鲁之大儒"高翿为新立的"宣圣墓"碑、"圣考齐国公墓"碑、"颜子庙"碑篆书。

除了上述碑刻所体现的尊孔崇儒措施之外，元太宗时期还于燕京宣圣庙始行释奠之礼 [③]，"又诏诸路设学，遣官分道程试儒业"（《后至元五年

---

① 关于《元太宗九年曲阜文庙免差役赋税碑》，此碑目前在曲阜不存。蔡美彪编著《元代白话碑集录》有收录，记为《一二九七年曲阜文庙免差役赋税碑》，骆承烈汇编《石头上的儒家文献——曲阜碑文录》一书据蔡书录为《元贞三年曲阜文庙免差役赋税碑》。

② 杨朝明主编：《曲阜儒家碑刻文献集成》（上），第 272～275 页。

③ 参见萧启庆：《内北国而外中国：蒙元史研究》，第 96 页。

敕修曲阜宣圣庙碑》)①等。

（二）元初儒学之实际状况

元朝入主中原之初即册封孔元措为衍圣公，并给予其经济优待，显示出统治者对孔子与儒学的尊崇态度。然而，这些尊孔崇儒政策之获得也经历了一番周折。《元太宗十一年褒崇祖庙记碑》就是为记载此番周折而立。碑文在记述孔元措回鲁后仰赖严实之资助，并被告知修庙资金的获取需亲诣京师促成之后，就比较详细地记载了孔元措在京师的状况：

> 公闻之忻然，遽率子弟具骖乘，不远千里，直抵燕京。邂逅竹林堂头简老、长春宫大师萧公皆丞相之师友，喜而相许优佑之。
>
> 萧诘朝先往，道经河，冰未坚。祝曰："此行非致私，以□宣圣故。"遂策马而前，余者以冰圻不继。
>
> 简虽不亲行，继以侍者往，皆为之先容，而言于山相曰："□宣圣治世之□，如天地日月莫能形容，今其孙以林庙故，亲来赞成其事，不亦善乎？"丞相敬而从之。
>
> 乙酉岁仲冬二十有六日，公自然而适固安之西□，谒山相帐下，由二师先言，故信宿而就其事，□宣圣之后悉□祖赋，而颜孟之裔亦如之，袭封之职，祭祀之田，并令仍由朝廷优恤，德至渥也。然权舆于行合严公，维持于中书耶律公，成于丞相山公，事历三相而复还旧观。②

可见孔元措衍圣公之实际地位的确认，以及经济待遇的获得，着实是经过多方努力，费了一番周折，正如碑文所言，"事历三相而复还旧观"③。

---

① 骆承烈汇编：《石头上的儒家文献——曲阜碑文录》（上），第 292 页。

② 杨朝明主编：《曲阜儒家碑刻文献集成》（上），第 217 页。

③ 关于衍圣公孔元措之复爵，萧启庆先生著有《大蒙古国时代衍圣公复爵考实》一文，参见萧启庆：《内北国而外中国：蒙元史研究》，第 79～88 页。

这与以前各朝帝王主动册封衍圣公并给予一系列优厚待遇有很大不同。不仅如此，从碑文可见，孔元措进京拜见山丞相，是依赖"竹林堂头简老"和"长春宫大师萧公"的鼎力支持，方促成此事。而简、萧二人，分别是当时佛、道二教的领袖人物。另外，《元太宗九年曲阜文庙免差役赋税碑》亦记载皇帝诏书曰："是亚圣之后，仰依僧道一体蠲免差发去讫。"显然，朝廷对于佛、道二教的优厚待遇已经先于儒家而实行。从孔元措的此番周折，以及儒教在"三教"之中的地位，可见儒学在元朝初期的地位并不显著。这一方面是因为蒙古人刚刚入主中原，战事尚在继续，无心顾及儒学，另一方面也体现出蒙古统治者对儒学了解尚不深入。然而，幸运的是，在儒学的困顿之际，以耶律楚材为代表的元朝新贵、以严实为代表的地方势力，甚至佛、道二教之首领，极力协助儒学之复兴，这在其他朝代也是鲜少可见的。在这其中，尤为可贵的是佛、道二教的鼎力相助。儒、释、道三教素来对峙而立，而在社会大乱，中原正统文化衰落之际，佛、道二教施以援手，这一方面反映出大蒙古国时代儒家势力弱于释、道，同时显示了宋、金以来三教合流之趋势，也反映出中原文化面临空前危机时各种宗教及哲学维护传统之共同努力。①

二、元世祖尊孔崇儒

元世祖忽必烈是第一个对儒学有所认识并有意识地对其加以利用的蒙古统治者。在元惠宗时期所立的《后至元五年敕修曲阜宣圣庙碑》中，立碑者曾对惠宗之前的元朝统治者的尊孔崇儒之举——概括。对于元世祖，碑文曰：

> 世祖皇帝初在藩邸，多士景从。及其即位，大召名儒，广开庠序，命御史台以勉励学官，国子监学以训诲胄子，大司农以兴举社学，

---

① 萧启庆：《内北国而外中国：蒙元史研究》，第 87 页。

兴文署以板行海内书籍，提举教授以主领外路儒生宿卫子弟咸遣入学，辅弼大臣居多俊乂，内廷献纳能明夫子之道者，言必称旨，在位三十五年之间，取士之法，兴学之条目，讨论之规模，益弘远矣。①

此碑碑文记载了世祖即位前后对儒学的关注与尊崇。如碑文所载，早在青年时代，世祖忽必烈就热心于学习汉文化，倾心于儒术。1251 年，蒙哥即汗位，令忽必烈总理漠南汉地军国庶事。而在此之前，他就“延藩府旧臣及四方文学之士，问以治道”②，注重招徕儒士，探讨儒术治国。受命经营汉地之后，他又在金莲川设置幕府，积极笼络人才。因此，在忽必烈即位之前，他的周围就聚集了赵复、姚枢、窦默、许衡、张德辉、郝经、赵璧等一批理学家与儒士。这些儒学知识分子向忽必烈传授儒家的“三纲五常”“正心诚意”等治国、平天下的道理，忽必烈对这些儒士也礼遇有加。即位后，他更是广召大儒，注重招纳与笼络汉人儒士。此外，忽必烈礼尊孔子，注重祀孔典礼，要求“此礼勿废”。张德辉与元好问让他接受“儒教大宗师”的尊号，他“悦而受之”。③忽必烈遵照窝阔台时期考选儒士的规定，蠲免其赋役负担。随后，又“敕修曲阜宣圣庙”，“敕上都重建孔子庙”。④

除此之外，他还大力兴办学校，在其刚刚即位的中统二年（1261），便选委博学老儒，提举本路学校，创设诸路提举学校官。至元八年（1271）正月，又下令在京师建立蒙古国子学，选朝中蒙古、汉人百官及怯薛人员之子弟入读，后又立国子监学。地方学校也有很大的发展，“自京师至于偏

①（清）潘相纂修：《曲阜县志》卷二十七《通编·立修孔子庙碑》，清乾隆三十九年（1774）刻本；又见骆承烈汇编：《石头上的儒家文献——曲阜碑文录》（上），第 292 页。

②（明）宋濂等：《元史》卷四《世祖本纪》，第 57 页。

③（明）宋濂等：《元史》卷一百六十三《张德辉传》，第 3825～3826 页。

④（明）宋濂等：《元史》卷六《世祖三》，第 113～114 页。

州下邑、海陬徼塞，四方万里之外，莫不有学"①。此一时期的学校制度，是由理学家许衡制定的。教学内容，以儒家六艺为主。在忽必烈的支持与引导下，书院活动也非常活跃。学校和书院的广泛兴建，对于儒家思想的宣传与推广起到了关键作用，这也使得元朝朝野上下对儒学有了更深入、更广泛的理解与接受，从而在元代中期出现了尊孔崇儒的鼎盛局面。

三、元代中期尊孔崇儒之鼎盛

经历了太宗时期对儒学的初识与世祖时期有意识地学习与崇奉，到元朝中期，随着对中原地区统治的深入，以及对儒学的全面了解，统治者对孔子、儒学尤加尊崇。成宗、武宗、仁宗、文宗，这几位元朝统治者，可以说将元朝尊孔崇儒推至鼎盛。

（一）尊崇的基础：元朝统治者对孔子、儒学的认识更加深入

作为一个生活于漠北的游牧民族，蒙古人最初对儒学的了解非常有限，他们甚至把孔子与其弟子当作和僧、道一样的宗教人士来看待。随着元世祖定鼎中原，有意识地推行汉化政策，学习汉族传统文化，统治者进而对儒学的治世之功有了更加深入的了解。因此，在崇奉孔子的时候，他们往往将这些认识书之于诏书，刻之于石碑，立之于孔庙。

1. "孔子之道，垂宪万世。有国家者，所当崇奉"。元成宗即位之初，便下了一道诏书崇奉孔子。此诏当时被刻于石上，立于孔庙，这就是目前保存于曲阜孔庙十三碑亭、东起第四亭内的《至元三十一年蒙文崇奉颁诏碑》，此碑用古蒙古文八思巴文撰写。此碑所传递、彰显的是当时元廷对孔子的一个重要认识："孔子之道，垂宪万世。有国家者，所当崇奉。"②元

①（元）黄溍：《黄溍集》卷十四《邵氏义塾记》，浙江古籍出版社2013年版，第537页。

②诏书内容参见柯劭忞：《新元史》卷十三《成宗本纪上》。另《至元三十一年学田地亩碑》[骆承烈汇编：《石头上的儒家文献——曲阜碑文录》（上），第229页]、《大德五年大元重建至圣文宣王庙之碑》[杨朝明主编：《曲阜儒家碑刻文献集成》（上），第273页]等碑亦记此句。

成宗对孔子的认定，书之于诏书、刻之于石碑、立之于孔庙，在当时不能不说是金科玉律，以至于成宗之后的元代各朝帝王，每每初登宝位，尊崇孔子时，无不援引、重申成宗这一认识。

儒学自孔子创立之初，就是着眼于社会治理、为统治者提供系统的治理方案的思想学说。孔子生前其学说不能推行于世，但从汉代"罢黜百家，尊崇儒术"来看，虽然是汉统治者以权力将儒学推至国家意识形态的高度，但儒学的治世之功无疑是其被选择、被认可的内因。因此，元成宗一语，可以说是把握住了儒学的特质与功用。这一带有宣言性质的评价影响着朝野上下对孔子、儒学的认识。

2. "先孔子而圣者，非孔子无以明；后孔子而圣者，非孔子无以法"。此语出自元武宗。武宗即位不久，就加封孔子为"大成至圣文宣王"，并在诏书中称赞孔子："盖闻先孔子而圣者，非孔子无以明；后孔子而圣者，非孔子无以法。所谓祖述尧舜，宪章文武，仪范百王，师表万世者也。"此诏书亦被刻之于石，立于孔庙，即《大德十一年加封孔子制诏碑》①。

元武宗此语，是对孔子在中国文化史上的地位的客观评价。孔子于春秋礼崩乐坏之乱世，以"斯文在兹"的文化自觉，担负起保存、恢复周代礼乐文明的重任。他潜心整理古代典籍，删《诗》《书》，订《礼》《乐》，赞《易》修《春秋》，由此成《诗》《书》《礼》《乐》《易》《春秋》六部经典。孔子自称自己"述而不作"，"六经"所承载的是"先王之道"。正是通过孔子所整理的"六经"，后世人得以了解尧、舜、禹、汤、文、武、周公等古代圣人及其精神。孔子又以"六经"为教，开创儒家学派，学问、道德皆受人敬仰。自汉而来，不仅历代儒学大师皆"宗师仲尼"，取法于孔子，历代帝王更是尊崇孔子。因此，武宗说"所谓祖述尧舜，宪章文武，仪范百王，师表万世者也"。

元武宗对孔子的认识，不可谓不深刻。这一对孔子的经典评价，直到

---

① 此碑见杨朝明主编：《曲阜儒家碑刻文献集成》（上），第278～279页。

今天，仍为人们所引用。可想而知，在当时社会，武宗的此一评价会对儒学在社会中的发展起到怎样的影响。

3. "孔子之教非帝王之政不能及远，帝王之政非孔子之教不能善俗。教不能及远，无损于道；政不能善俗，必危其国"。此语出自《天历二年曹元用代祀阙里孔子庙碑》。碑文由时任"翰林侍讲学士通奉大夫知制诰同修国史兼经筵官"的曹元用奉元文宗之命、代祀于阙里时所撰。碑文记曰："元用窃谓孔子之教非帝王之政不能及远，帝王之政非孔子之教不能善俗。教不能及远，无损于道；政不能善俗，必危其国。由汉以来，有天下者，消祸乱于未萌，宁邦家于悠久，以孔子仁义纲常之训，浃于人心，忠孝迭发，默有以相之也。"[①] 这道出了孔子之教对于国家治理的重要作用。

此语虽然出自曹元用之口，但按照古代遣官代祀制度，遣官代表皇帝行礼，祭文亦由皇帝亲颁。因此，此碑所记此语，实际上也代表了元文宗的观点。曹元用此语，道出了儒学与政权的关系：儒学依赖政权支持来获得发展，而政权则依靠儒学来教化社会，二者相辅相成。不过，二者之间却有轻重之分：儒学虽依赖政权而发展，但即使帝王不支持，也无损于道；而帝王治理国家，如果抛却儒学，则政不能善俗，必然会致国家于危险境地。显然，二者之间，儒学对于政权的支持更为重要。

儒学有着巨大的教化功用，有利于社会的发展与稳定，这被历代统治者所重视。《天历二年曹元用代祀阙里孔子庙碑》也记述元朝统治者虽"以马上定天下"，但"国初即诞敷文教，遣使呕香，诣曲阜祠孔子"，开启元朝"以儒治国"之传统。文宗即位，亦继承先王之志，"阐人文以化天下"。元朝统治者之所以如此尊孔崇儒，正是深刻地认识到孔子之道对于政权的重要作用。元文宗此语，成为概括儒学与政权二者关系的经典言论，对当朝及后世帝王都产生了警醒作用。

以上对孔子、儒学的概括或评价，均出自元朝中期的帝王、大臣之口，

---

① 杨朝明主编：《曲阜儒家碑刻文献集成》（上），第319页。

代表了当时统治者的认识。从这些赞语和评价中可以看出，至元朝中期，统治者对孔子、儒学的认识不再如最初那样浅显，而是抓住了儒学的本质与精髓，注重其在社会治理中的功用。因此，元朝中期尊孔崇儒之盛，正是由于统治者对孔子、儒学认识的不断深入。

（二）尊孔崇儒之举措

1.加封孔子及其父母、弟子后学。孔子去世之后，历代统治者多通过对其褒封以示尊崇。至宋朝，宋真宗加封孔子为"至圣文宣王"，而至元朝武宗，又在宋代封号之前，著"大成"二字，封孔子为"大成至圣文宣王"。如今，记载此次褒封的《大德十一年加封孔子制诏碑》仍立于孔庙，其文曰：

> 上天眷命，皇帝圣旨：盖闻先孔子而圣者，非孔子无以明；后孔子而圣者，非孔子无以法。所谓祖述尧舜，宪章文武，仪范百王，师表万世者也。朕缵承丕绪，敬仰休风。循治古之良规，举追封之盛典，加号大成至圣文宣王。遣使阙里，祀以太牢。呜呼，父子之亲，君臣之义，永惟圣教之尊。天地之大，日月之明，悉罄名言之妙。尚资神化，祚我皇元。主者施行。[①]

"大成"二字出自《孟子·万章下》："孔子之谓集大成。集大成也者，金声而玉振之也。"[②]孔子师表万世，元武宗择"大成"加封孔子，赞其思想集古圣先贤之大成，着实符合孔子在中国文化史上的地位。因此，元武宗对孔子的这一封号，得到后世儒者的高度评价。明朝大儒湛若水就曾说："自有孔子以来，帝王之尊之者多矣，而未有如元武宗者。至矣，备矣，传

---

① 杨朝明主编：《曲阜儒家碑刻文献集成》（上），第 278～279 页。

② （清）焦循撰，沈文倬点校：《孟子正义》，中华书局 1987 年版，第 672 页。

之万世而无以有加矣！"①夏良胜亦在《中庸衍义》中称赞说："辽也，金也，元也，皆非起于诸夏深有得于圣贤之教者也，然于孔道之尊有加无已，至元之诏词美号，至矣，尽矣，无复有加矣！"②即使后来的明清二朝对孔子封号稍有改变，但也难以超越元代之高度。

　　除了加封孔子本人之外，至元文宗时期，还对孔子父母及弟子后学进行加封，"加封孔子父齐国公叔梁纥为启圣王，母鲁国太夫人颜氏为启圣王夫人，颜子兖国复圣公，曾子郕国宗圣公，子思沂国述圣公，孟子邹国亚圣公，河南伯程颢豫国公，伊阳伯程颐洛国公"③。后来，又以董仲舒从祀孔子庙，位列七十子之下。除了史籍记载，曲阜所存《至顺二年追封兖国复圣公及其夫人制碑》《元统二年加封颜子父母制词碑》《后至元六年追封启圣王墓碑》等碑都是元朝追封孔子及其弟子后学的见证。

　　2. 封赐、优待衍圣公。元代第一任衍圣公为孔元措。宪宗蒙哥元年（1251），孔元措去世，因元措无子，由其母弟元纮之孙孔浈袭爵。孔浈为元朝时期曲阜第二任衍圣公。然而，孔浈其人"喜较猎，日事鹰犬，不修祖祀"④，无论是道德还是学养，均无法与衍圣公一职匹配，因此，在受封的第二年，曲阜管民长官孔治率族人以不事儒雅攻之，孔浈因此被夺爵。孔浈失去爵位后，孔之全、孔治父子也没能如愿袭封，于是乎"世爵在北者中绝"⑤。直到元成宗元贞元年（1295），奉直大夫、知密州事的孔子五十三代孙孔治，觐见成宗于上都，并在朝廷儒臣的帮助下受封衍圣公。《孔治神道碑》记载："元贞改元，公（孔治）见成宗皇帝于上都，时大臣奏：'至圣文宣王孔夫子之嫡孙，其祖元用以军功没于王事，实开国立功之臣。治权奉祀事三十余年，有德有文，可袭封爵。'上可其奏，仍赐坐，

①（明）湛若水：《格物通》卷四十七，文渊阁四库全书本。

②（明）夏良胜：《中庸衍义》卷三，文渊阁四库全书本。

③（明）宋濂等：《元史》卷三十四《文宗本纪》，第763页。

④（清）孔继汾述：《阙里文献考》卷八《世系第一之八》，第166页。

⑤（清）孔继汾述：《阙里文献考》卷八《世系第一之八》，第167页。

慰劳甚厚，特授中议大夫、衍圣公。"① 另外，阎复所撰《大德五年大元重建至圣文宣王庙之碑》也记："元贞改元，先圣五十三代孙密州尹治入朝，（玺）书锡命中议大夫袭封衍圣公，月俸百千，秩视四品。孔氏世爵弗传者久，至是乃复。"② 孔治遂成为元朝第三任衍圣公，元初一度中断的孔氏世爵至此得以恢复。

孔治卒于大德十一年（1307）。此后，孔氏世爵又陷于中断之境地。直到元仁宗延祐三年（1316），仁宗皇帝封孔子五十四代孙孔思晦为衍圣公，才又使得孔氏世爵得以延续。危素撰《孔思晦神道碑》记载："（延祐）三年，族人合议，以公嫡长且贤，宜袭封爵，主祀事。上政府，未决。平章政事李韩公偕礼部力主之。会仁宗皇帝问：'孔子之裔迨今几世？袭封为谁？'李公具以对。仁宗亲阅谱，若曰：'以嫡应袭者，思晦也，复奚疑！'且以前袭封秩卑俸薄，遂授中议大夫，袭封衍圣公，月俸自百缗加至五百缗，铸印四品。"③

前已述及，成宗即位之初，就下诏宣示："孔子之道，垂宪万世。有国家者，所当崇奉。既而新作国学，增广黉舍数百区，胄子教养之法始备。"仁宗则"通达儒术"，他认为"修身治国，儒道为切"，又说："儒者可尚，以能维持三纲五常之道也。"④ 注重对孔子、儒学的尊崇。除了延祐三年（1316）诏封孔思晦为衍圣公外，他还下令宋儒周敦颐、程颢、程颐、张载、邵雍、司马光、朱熹、张栻、吕祖谦及许衡从祀孔子庙。此外，仁宗注重学校教育，选拔任用儒生。皇庆二年（1313），仁宗下令举行科举，他说："朕所愿者，安百姓以图至治，然匪用儒士，何以致此。设科取士，庶几得真儒之用，而治道可兴也。"⑤ 可见，正是在统治者尊孔崇儒的风气之下，

① （明）陈镐纂修：《阙里志》卷二十四《铭志》，第 1790～1791 页。

② 杨朝明主编：《曲阜儒家碑刻文献集成》（上），第 273 页。

③ （明）陈镐纂修：《阙里志》卷二十四《铭志》，第 1796 页。

④ （明）宋濂等：《元史》卷二十六《仁宗本纪三》，第 594 页。

⑤ （明）宋濂等：《元史》卷二十四《仁宗本纪一》，第 558 页。

加之儒臣的帮助，孔氏世爵得以恢复。

除了封孔子后裔为衍圣公之外，元朝中期，元廷对于衍圣公及孔氏家族的待遇较之元初也有了很大提高，在衍圣公的品秩、俸禄，孔氏家族及颜、孟家族的差役、赋税，庙学的建立与资助，孔庙、颜庙的保护等方面，都给予优待。以上情况可见曲阜所存《至元三十一年衍圣公给俸牒碑》《大德二年孔颜孟三氏免粮碑》《大德三年阙里庙学记碑》《大德四年衍圣公给俸牒碣》《大德十一年保护颜庙圣旨禁约碑》《皇庆元年颜庙晓谕诸人通知碑》《至顺二年立延祐元年曲阜文庙免差役赋税碑》等碑文记载。

3. 修缮阙里孔庙。在恢复孔子主祀者衍圣公封号的同时，元代中期的统治者也注重对孔庙的修缮与重建。其中对于阙里孔庙的修缮尤为重视，规模最大的一次当属元成宗在位期间始于大德二年（1298）、完成于大德五年（1301）的阙里孔庙之重修。此次修庙的经过记载于阎复所撰《大德五年大元重建至圣文宣王庙之碑》中。碑文记"圣上（成宗）嗣服之初，祇述祖考之成训。兴学养士，严祀先圣"。在封孔治为衍圣公之后，"申命有司，制考璧雍，作庙于京师。由是四方向风，崇建庙学，惟恐居后"。在全国上下崇建庙学的风气之下，济宁总管府守臣按檀不花奉旨主持重修阙里孔庙。根据碑文可知，此次修庙，修复了大成殿、两庑、泗水公殿、沂水公殿、大成门等，迁孔子塑像于大成殿，更塑郓国夫人像于后寝。碑文又说，此番修庙"缔构坚贞，规模壮丽，大小以楹计者百二十有六，费用以缗计者十万有奇。落成之旦，远近助祭者，衣冠辐辏，众庶瞻颙千祀，祖庭顿还旧观"[①]。可见此次修庙规模不小。

除了大德年间这次修庙之外，据欧阳玄撰《后至元五年敕修曲阜宣圣庙碑》所记，"文宗皇帝缉熙圣学，加号宣圣皇考为启圣王，皇妣为启圣王夫人，改铸衍圣公三品印章，赐山东监转运司岁课，及江西浙江两省学田，

---

① 杨朝明主编：《曲阜儒家碑刻文献集成》（上），第273～274页。

岁入中统楮币三十一万四千四百缗，界济宁路俾修曲阜庙庭。文宗宾天太皇太后有旨董其成功"[①]。《阙里文献考》卷十二亦记"文宗天历二年，以阙里宣圣庙岁久渐坏，敕济宁路出官钱五万二千缗修葺"[②]。

显然，在尊孔崇儒的统治策略之下，修缮阙里孔庙已经成为元代帝王登基之后的常制。

四、元后期之尊孔崇儒

元朝后期，虽然统治阶级内部矛盾重重，农民反抗斗争不断，但尊孔崇儒之风并未衰减，这从曲阜所存元朝末帝元惠宗时期所立的碑刻即可看出。

元惠宗，孛儿只斤·妥懽帖睦尔，于至顺四年（1333）六月初八即位于上都，后至元六年（1340）扳倒权臣伯颜而亲政。亲政初期，惠宗勤于政事，任用脱脱等人，采取了一系列改革措施，以挽救元朝的统治危机，史称"至正新政"。在文教方面，惠宗注重学校教育，任用儒臣，尊孔崇儒。在至正二年（1342）三月，惠宗恢复了伯颜专权时停罢的科举取士，丞相脱脱恢复了太庙四时祭。惠宗在脱脱的建议下，更是"留心圣学"，尊孔崇儒。

根据曲阜碑刻可知，元惠宗的尊孔崇儒举措主要有以下几个方面：

1.遣使祭祀不断。惠宗一朝，遣使至阙里祀孔时有发生。《元统二年皇太后祀鲁阙里庙之碑》记载了皇太后卜答失里遣使致祭阙里孔庙；《后至元元年代祀阙里孔子庙碑》《后至元五年御赐尚醴释奠碑》《后至元六年大元释奠宣圣庙之记碑》《至正二年大元致奠曲阜孔子庙碑》《至正八年朵儿只左丞相等代祀碑》《至正二十一年中书平章祀宣圣庙记碑》《至正二十五年魏元礼代祀阙里记碑》等，则记载了元惠宗遣使至曲阜祭

① 骆承烈汇编：《石头上的儒家文献——曲阜碑文录》（上），第293页。
② （清）孔继汾述：《阙里文献考》卷十二《林庙第二之二》，第227页。

祀孔子，仅从曲阜所存惠宗在位期间树立的碑刻，就可以看出其祀孔之
频繁。

2. 敕修曲阜宣圣庙。《后至元五年敕修曲阜宣圣庙碑》记载了元朝历
史上最后一次修庙之举："今上皇帝入缵丕图。儒学之诏方颁，阙里之役
鼎盛，山东宪司洎济宁总管张仲仁、曲阜县尹孔克钦莅事共恪，以元统二
年四月十一日鸠工，至元二年十月初吉落成。宫室之壮，以宁神栖；楼阁
之崇，以虔宝训。周垣缭庑，重门层观，丹碧黝垩，制侔王居。申命词臣，
扬历丕绩。于是内圣外王之道、君治师教之谊，大备于今时。猗欤盛哉！"①
显然，此次修庙是在朝廷尊孔崇儒的大背景下开展的。

3. 加封颜子父母。《元统二年加封颜子父母制词碑》记载："朕惟孔子
之道大矣。学之以复，诸圣传之，而得其宗者，其惟颜氏乎。崇其道而褒
封其所自出，礼也。故列圣以来，于孔孟之考妣亦既褒锡之矣。朕迪民兴
学，议礼考文，爰命有司稽颜氏之先世，封之宗国，节以一惠，顾岂私于
其家哉。享祀有严，永世无极。父无繇可赠杞国公，谥文裕。母齐姜氏追
封杞国夫人，谥端献。"②褒封颜子及其父母，是由于颜子对孔子之学有传
承之功。但是，在颜子父母受封之前，孟子之考妣已先行获封，由此亦可
见孟子在元代已取代颜回，享"亚圣"之尊。除了褒封颜子及其父母之外，
元廷还于至正九年重修颜子庙。③

4. 封孔克坚为衍圣公。后至元六年（1340），惠宗封孔克坚为衍圣公，
阶嘉议大夫。孔克坚是为元朝第五任袭封衍圣公。

5. 创建尼山书院。元惠宗时期，复尼山祠庙，并创建尼山书院。祠庙

---

① 骆承烈汇编：《石头上的儒家文献——曲阜碑文录》（上），第293页。部分标点符号
有改动。

② 杨朝明主编：《曲阜儒家碑刻文献集成》（上），第336页。

③ 参见《至正九年敕赐先师究国复圣公新庙碑铭》，杨朝明主编：《曲阜儒家碑刻文献
集成》（上），第409～412页。

及书院的修建情况，详细记载于《至正二年创建尼山书院之记碑》①。

综观以上，有元一代，虽然儒学并未定于一尊，但统治者在尊崇各宗教、思想的政策之下，对儒学亦极力尊崇。尤其是元廷定鼎中原之后，随着对中原统治的深入，进而对于儒学的治世、教化之功认识更为深刻。曲阜所存大量的元代碑刻所记载的元廷种种尊崇举措，皆显示出儒学对于元朝统治之重要性。统治者的尊崇无疑对儒学在学理研究及社会实践方面均产生重要影响，进而推动了儒学在元代社会的发展。

第四节　颜、孟"亚圣"易位与孟子升格之实现

元至顺元年（1330），元文宗加封孟子为"邹国亚圣公"，颜回为"兖国复圣公"，由此初步确立了孟子"亚圣"地位。实际上，"亚圣"起初并非孟子的专称，在孔子弟子及其后学中，颜回、荀子等都曾"优入圣域"，被称作"亚圣"；唐宋时期，"亚圣"一度成为颜回的专有称呼；宋元以来，孟子地位逐渐上升，并于元至顺元年（1330）被元文宗加封为"邹国亚圣公"，颜回的封号则改为"兖国复圣公"；明朝嘉靖九年（1530），明世宗将孟子的尊号由"邹国亚圣公"改为"亚圣"，颜回则称为"复圣"。从此，"亚圣"成为孟子的专有封号。对于颜、孟之间"亚圣"之位的变化，前贤时哲早有论述，但对"亚圣"的含义，以及这一封号的历史变迁，叙述得不甚详细。本节即在前人研究的基础之上，借助曲阜的碑刻文献，并参考传世文献，对上述问题进行再梳理、再研究。希望通过对这一称号的历史变迁的考察，认识儒学在不同时期的变化与发展。

---

① 此碑见杨朝明主编：《曲阜儒家碑刻文献集成》（上），第380～381页。

一、早期文献中的"亚圣"及其含义

"亚圣"一词，最早出现于东汉时期。赵岐在《孟子题辞》中称孟子为"命世亚圣之大才者也"①。而同为东汉末年的祢衡，在他为颜子庙撰写的《颜子庙碑》中则赞颜回"亚圣德，蹈高踪"。颜子、孟子二人都被称为"亚圣"，可见"亚圣"起初即不专指某一人。

考其他文献，汉代以来，除了颜回、孟子之外，人们也以"亚圣"称呼他人。例如三国徐幹在其《中论序》中亦曾以此称呼荀子："荀卿子、孟轲怀亚圣之才，著一家之法，继明圣人之业。"②晋葛洪《抱朴子·正郭》篇中则记载嵇康以此称呼郭林宗："嵇生以为'太原郭林宗竟不恭三公之命，学无不涉。名重于往代，加之以知人。知人则哲，盖亚圣之器也'。"③郭林宗，即郭泰（128—169），是东汉末年太原介休人，博通"三坟五典"，其思想以儒学为主，在当时因不愿就官府的征召而著名，为时人所敬仰，因此，魏晋时期的嵇康认为他"盖亚圣之器也"。

由此来看，在"亚圣"一词出现的早期阶段，它并不特指某一个人，而是一个泛指的称呼，可以是孔子赞许的弟子，也可以是传承孔子衣钵的大儒，也可以是才智、道德比较出众的儒家后学。总而言之，这一称呼尚属民间称谓，是对那些才智、名位稍次于圣人的人的一种称呼。

既然"亚圣"最初所指是清楚的，那么"亚圣"所"亚"、所不如者又是谁呢？也就是说，在"亚圣"一词出现的汉魏时期，人们所认可的"圣人"是谁？是如后世所理解的那样，仅指孔子而言吗？

在儒学系统中，孔子的确是被后人称颂的圣人。虽然孔子认为圣人是

---

① （清）焦循撰，沈文倬点校：《孟子正义》，第13页。

② （魏）徐幹撰，孙启治解诂：《中论解诂》附录一《序跋》，中华书局2014年版，第393页。

③ （晋）葛洪著，杨明照校笺：《抱朴子外篇校笺》卷四十六《正郭》，中华书局1997年版，第449页。

人之最高等^①，且在当时之世很难见到^②，但在其生前，已经有人将他比作圣人。例如，当时鲁国的太宰就问子贡曰："夫子圣者与？何其多能也？"子贡回答说："固天纵之将圣，又多能也。"^③但孔子是反对人们称他为圣人的，他说："若圣与仁，则吾岂敢？抑为之不厌，诲人不倦，则可谓云尔已矣。"^④在孔子去世之后，在门人后学的推崇下，孔子更是一步步被圣人化。据《孟子》记载，孔子的弟子宰我、子贡、有若都对孔子极尽赞赏，宰我曰："以予观于夫子，贤于尧、舜远矣。"子贡曰："自生民以来，未有夫子也。"有若曰："自生民以来，未有盛于孔子也。"^⑤三人所言，已将孔子抬高到"生民以来"第一圣人的地位。孟子也赞叹孔子为"集大成"者、"圣之时者"，其在孔子的圣人化进程中做出了重要贡献。

由此可见，在战国末年，孔子已经成为儒家所推崇的圣人，而给予孔子更明确的圣人身份，也可以说完成孔子圣人化的，则是西汉时期的司马迁。司马迁在《史记·孔子世家》之末总结说："天下君王至于贤人众矣，当时则荣，没则已焉。孔子布衣，传十余世，学者宗之。自天子王侯，中国言六艺者折中于夫子，可谓至圣矣。"^⑥我们现在所称呼孔子的"至圣"一词，即由此而出。与此同时，随着儒学地位的提升，统治者对孔子的尊崇与封谥也不断，北魏太和十六年（492），孝文帝就封孔子为"文圣尼父"，给予其圣人之尊。

显然，自汉代以来，孔子可以说是公认的圣人。实际上，除了孔子，当

---

① 《孔子家语·五仪解》记孔子将人分为五等，他说："人有五仪：有庸人，有士人，有君子，有贤人，有圣人。"圣人是最高等的。参见杨朝明、宋立林主编：《孔子家语通解》，齐鲁书社2013年版，第58页。

② 《论语·述而》记孔子之言曰："圣人，吾不得而见之矣；得见君子者，斯可矣。"

③ 杨伯峻译注：《论语译注·子罕第九》，第101页。

④ 杨伯峻译注：《论语译注·述而第七》，第86页。

⑤ 杨伯峻译注：《孟子译注·公孙丑章句上》，中华书局2008年版，第48页。

⑥ （汉）司马迁：《史记》卷四十七《孔子世家》，第1947页。

时公认的圣人还有一位，那就是被后人称为"元圣"的周公。《礼记·文王世子》中说："凡学，春官释奠于其先师，秋冬亦如之。凡始立学者，必释奠于先圣、先师。"这是国家举行祭祀先圣、先师的释奠礼，而其中祭祀的对象"先圣"，郑玄解释说："先圣，周公若孔子。"①可见，在当时，周公和孔子都是受人们祭祀的圣人。自汉以下，虽然或有变化，但周公作为"先圣"被人们祭祀一直持续到唐代。唐代玄宗以孔子取代周公为"先圣"，升颜回为"先师"。

综观以上，在儒学系统中，周公和孔子一直是公认的圣人。可见，比"亚圣"才智、名位还要高的圣人，应该主要是指周公和孔子。这从《抱朴子·正郭》的记载中也可以看出。

前面提到东汉末年的郭林宗被"竹林七贤"之一的嵇康看作"亚圣之器"，并认为"及在衰世，栖栖惶惶，席不暇温，志在乎匡乱行道，与仲尼相似"，而"抱朴子"（葛洪自称）却不以为然：

> 余答曰："夫智与不智，存于一言。枢机之玷，乱乎白圭。愚谓亚圣之评，未易以轻有许也。夫所谓亚圣者，必具体而微，命世绝伦，与彼周、孔其间无所复容之谓也。若人者，亦何足登斯格哉！"②

在此，葛洪不认可郭林宗具有"亚圣之器"。他认为"亚圣"是对一个人很高的评价，必须具有"具体而微""命世绝伦"的才智；并且要"与彼周、孔其间无所复容"，也就是说，其为人处世、人生境遇等并不是一定要与"周、孔"相似。通读《正郭》篇，这里的"周、孔"，指的就是周公与孔子。显然，葛洪认为"周、孔"是比"亚圣"更高一层次的圣人。嵇康以为郭林宗博学知人，而且他在"衰世"的遭遇类似孔子，故称其为"亚圣"。以"亚圣"和

---

① （清）阮元校刻：《十三经注疏》，第3044页。

② （晋）葛洪著，杨明照校笺：《抱朴子外篇校笺》卷四十六《正郭》，第452页。

"周、孔"相比，很明显，"亚圣"并不是指仅次于孔子的圣人。

所以，"亚圣"在其出现的初期阶段，也即由汉至唐这段时期，并不是一个专有称呼，而是指儒学系统中，才智、名位稍次于圣人的人；其所"稍次于"的圣人，也不是仅指孔子，而是主要指周公和孔子。

二、唐宋金元时期"亚圣"多指颜回

唐代以来，人们多以"亚圣"称呼颜回。这一称呼在曲阜当地的碑刻文献中多有记载。例如《开元十一年御制老孔颜赞残石》，此碑刻于唐玄宗开元十一年（723）五月，其中的《颜回赞》曰：

> 杏坛槐（市），儒术三千。回也亚圣，丘也称贤。四科之首，百行之先。秀而不实，得无恸焉。①

其中明确记载"回也亚圣"。再如《天宝元年兖公之颂碑》，此碑立于唐玄宗天宝元年（742）四月，由当时的朝仪郎、行曲阜县令张之宏撰文。碑文记载"渤海李公"至阙里游访，行至陋巷，见"城郭犹是""陋巷空存"之景象，于是对张之宏建议："张令文蔚国章，智树仁策，扬光可大，誉望克韶，宣王既以铭焉，兖公岂宜阙尔。"张之宏表示："恭惟嘉命，勒兹徽猷。俾夫亚圣，同之前美。"②于是对颜回故居进行了一番整修，并撰写颂文刊刻于石碑之上。唐玄宗开元二十七年（739）诏封颜回为"兖公"，碑文中"兖公"即指颜回。而且从此碑刻立的背景、过程来看，"俾夫亚圣，同之前美"中的"亚圣"，也是指颜回。

以上两碑是唐代玄宗时期的两幢碑刻，明确称颜回为"亚圣"。考之史籍，除了东汉时期有称颜回为"亚圣"的记载外，唐代以前很少有"亚圣"

---

① 杨朝明主编：《曲阜儒家碑刻文献集成》（上），第 112 页。

② 杨朝明主编：《曲阜儒家碑刻文献集成》（上），第 116～117 页。

这一称呼，唐以后则开始增多。这体现了唐代尊孔崇儒中推尊孔子与颜子的特点。

颜回，字子渊，与孔子同为鲁国人，是孔子生前最得意的弟子。孔子喜爱颜回，其原因，一方面是颜回勤奋好学。孔子曾问子贡："女与回也孰愈？"子贡回答："赐也何敢望回？回也闻一以知十，赐也闻一以知二。"孔子也感叹说："弗如也；吾与女弗如也。"[①]另一方面，颜回仁德出众。孔子称赞他说："回也，其心三月不违仁，其余则日月至焉而已矣。"[②]"贤哉，回也！一箪食、一瓢饮，在陋巷，人不堪其忧，回也不改其乐。贤哉，回也！"[③]而最让孔子欣慰的是，颜回与孔子"志同道合"，是最了解孔子的人。《史记·孔子世家》与《孔子家语·在厄》都记载了孔子师徒曾"困于陈、蔡之间"，"绝粮七日，外无所通……从者皆病"。在这种困境下，即使子路、子贡这样亲近的弟子，也对孔子有所抱怨，认为孔子应该顺应时势，降低"道"的标准，而只有颜回宽慰孔子说：

> 夫子之道至大，故天下莫能容。虽然，夫子推而行之，不容何病，不容然后见君子！夫道之不修也，是吾丑也。夫道既已大修而不用，是有国者之丑也。不容何病，不容然后见君子！[④]

可见，颜回对孔子的"道"有着非常精准的理解，并且是孔子不畏艰难推行大道的坚定拥护者与支持者。在四处碰壁，"天下莫能容"的情况下，有一个勤奋好学，且能理解自己、支持自己的弟子，孔子怎能不喜爱呢？

也正是因为颜回和孔子的这种亲密关系，在后世的尊孔崇儒中，颜回随着孔子地位的提升而一再受到褒封。自汉代起，颜回即被列为七十二贤

①　杨伯峻译注：《论语译注·公冶长第五》，第50页。

②　杨伯峻译注：《论语译注·雍也第六》，第64页。

③　杨伯峻译注：《论语译注·雍也第六》，第65页。

④　（汉）司马迁：《史记》卷四十七《孔子世家》，第1932页。

之首，在统治阶层的祭孔活动中，颜回往往独享配祀之尊。到了唐代，颜回的地位更加提升。唐太宗贞观二年（628），太宗李世民诏升孔子为"先圣"，颜子则进而递升为"先师"。随后，唐廷又接连加封颜子为"太子少师""太子太师""兖公"。前述《天宝元年兖公之颂碑》，现存于曲阜汉魏碑刻陈列馆，而据记载，此碑最初是立于当时的大成殿之中，颜回在唐代的地位之尊由此可见一斑。

唐代以来，人们多以"亚圣"称呼颜回，宋金元时期，"亚圣"甚至一度成为颜回的专称。例如，宋代胡瑗《周易口义·系辞下》记载：

> 子曰：颜氏之子，其殆庶几乎！有不善未尝不知，知之未尝复行也。义曰：此孔子言知微知彰、知柔知刚也，自古已来惟颜子一人而已，其庶几可以近之。夫颜氏之子者，即孔门之高弟、亚圣之上贤，能知祸福之萌、吉凶之兆……①

其中称颜回为"亚圣之上贤"。又如宋郭雍撰《郭氏传家易说》卷八曰：

> 颜子亚圣之道，未能无过，故《论语》称不贰过；未能无得失，故《中庸》言"得一善则拳拳服膺而弗失之"。由此则知几于圣人矣，故此言其殆庶几乎。

其中也以"亚圣"称呼颜回。

除了文献记载以外，传世碑刻中也如此称呼颜回。例如曲阜颜庙所存《明昌五年重修兖国公庙记碑》记曰：

---

① （宋）胡瑗著，白辉洪、于文博、[韩]徐尚贤点校：《周易口义》，中国社会科学出版社2021年版，第468页。

> 颜子贫居陋巷之中，一箪食，一瓢饮，人不堪其忧，孔子贤之。……当时洙泗之间，杏坛之上，济济然三千之徒，颙颙然七十之贤，无能出其右者。可谓绝伦离类，宜乎后世，称为亚圣。①

其中称赞颜回因在孔门中"无能出其右者。可谓绝伦离类，宜乎后世"之地位，而被称为"亚圣"。曲阜孔庙十三碑亭所存《承安二年党怀英撰重修至圣文宣王庙碑》，此碑立于金章宗承安二年（1197）三月，其碑阴有元仁宗延祐六年（1319）时任朝列大夫山东东西道肃政廉访副使的刘文撰写的祭孔、颜、孟祭文三篇，其中颜子的祭文说：

> 兖国公：惟公位崇亚圣，名冠四科。鼓瑟自怡，乐道为任。有攀鳞附翼之志，无施劳伐善之心。礼祀大贤，光隆永世。②

其中明确称颜子为"亚圣"，而孟子的祭文则说：

> 邹国公：惟公生禀淑质，名推大才。立王化之基，治儒术之道。遵行仁义，距放邪淫。垂万世之宪言，宜诸生之礼祀。③

其中以"大才"称呼孟子。由此可见，"亚圣"在这一时期专指颜子。

此外，曲阜所存《大德十一年保护颜庙圣旨禁约碑》《至大四年保护颜庙禁约榜碑》《皇庆元年颜庙晓谕诸人通知碑》《至顺二年立延祐元年曲阜文庙免差役赋税碑》等，都明确称颜子为"亚圣"。

由以上碑文及其他传世文献记载来看，唐宋以来，人们多以"亚圣"

---

① 骆承烈汇编：《石头上的儒家文献——曲阜碑文录》（上），第193页。
② 杨朝明主编：《曲阜儒家碑刻文献集成》（上），第211页。
③ 杨朝明主编：《曲阜儒家碑刻文献集成》（上），第211页。

称呼颜回。而且，这一称呼并非只是民间的尊称，它出自当时的公卿士大夫之口，甚至出现在皇帝的圣旨里。可见，"亚圣"已成为颜回的一个公认的称呼。

三、宋元以来孟子地位的提升与获封"亚圣"

孟子"亚圣"的称呼，除了东汉赵岐用过之外，宋元以前的文献很少如此称呼孟子。但自宋代起，称孟子为"亚圣"的文献开始增多。

《周易口义》卷九《渐》记曰：

> 义曰：……孟子之母为子三徙其邻，卒使其子为万世亚圣之贤。盖其择贤善之力也。①

其中说孟母为了使孟子养成良好的德行，曾三次搬家，最终成就了孟子的"万世亚圣之贤"。如果说这里对孟子的称呼不像史籍中对颜子的称呼那样直接，那么到了元代，"亚圣"似乎成为孟子一个"公认"的称呼。例如，前述《元太宗九年曲阜文庙免差役赋税碑》是对孔、颜、孟三氏子孙蠲免差役、赋税的圣旨碑。其中记载：

> ……今准袭封衍圣公孔（元）措申，曲阜县见有宣圣祖庙，其亚圣子（孙）历代并免差发。目今兖国公后见有子孙八家，邹国公后见有子孙二家。事除已行下东平府照会，（是）亚圣之后，仰依僧道一体蠲免差发去讫，并不得夹带他族。仰各家子孙准上照会施行。奉到如此。右札付亚圣兖国公、邹国公之后子孙。准此。②

---

① （宋）胡瑗著，白辉洪、于文博、[韩]徐尚贤点校：《周易口义》，第296页。

② 此碑在曲阜未发现，但因为此圣旨同时也颁发给"邹国公之后"，故邹城亦刻立石碑，此碑存于孟庙启圣殿院甬道东侧。碑文可参见刘培桂编著：《孟子林庙历代石刻集》，第37页；蔡美彪编著：《元代白话碑集录》，第42页。

从碑文看，"其亚圣子孙"，应该指"兖国公后"和"邹国公后"，那么，"亚圣"即指兖国公颜子和邹国公孟子二人。这是曲阜所存碑文中对颜子、孟子并称"亚圣"的最早记载。后又有《延祐元年曲阜文庙免差役赋税碑》记曰：

> ……又据邹县（状）申，孟在委系亚圣邹国公四十九代孙，（将）合纳地税四斗一升，除免相应。得此。本（部）（议）（得），亚圣兖国公颜氏子孙颜宽等八家税石已经呈准省部除免了（当）（外），亚圣邹国公孟氏子孙孟信、孟成二家，乙未壬子二年籍面内明，该滕县孟信、孟成系孟子五十代孙……①

在此一碑文中，也同称颜子、孟子为"亚圣"。虽然在这一时期，还是称颜子为"亚圣"者居多，但从中也可看出孟子地位有了很大提升。

孟子生前，其遭遇和孔子相似，虽然博学善辩，名闻于四方，但因其政治主张被认为过于迂阔，不适合诸国相争的战国时代，故而不见用于诸侯，孟子社会地位也不高。就其思想学说来看，在先秦时期，孔子去世以后，"儒分为八"，孟子学派也只是其中的一派，并未取得权威地位。虽然后来司马迁撰《史记》，有《孟子荀卿列传》一篇，但在西汉中期及其以后很长时间，孟子的地位相对较低。孟子地位的转折始于唐朝中期，学界将其称为"孟子升格运动"。

奠定孟子升格理论基础的是唐代古文运动领袖韩愈。出于对抗唐代佛教日益兴盛的现实需要，韩愈在他著名的《原道》一文中提出"道统论"，并明确列出"道统"人物名单："尧以是传之舜，舜以是传之禹，禹以是传

---

① 此碑在曲阜未发现，邹城孟庙有存，碑文与"元太宗九年曲阜文庙免差役赋税"的圣旨同刻于一碑。碑文可参见刘培桂编著：《孟子林庙历代石刻集》，第38页；蔡美彪编著：《元代白话碑集录》，第71页。

之汤，汤以是传之文、武、周公，文、武、周公传之孔子，孔子传之孟轲。轲之死，不得其传焉。"在这里，韩愈直接将孟子置于孔子之后，作为儒家道统主要传承人，并指出孟子之后，道统不得其传，由此可见孟子地位之特殊与重要。虽然韩愈的这一提法在当时并未得到官方承认，但由此拉开了孟子升格运动的序幕。

到了两宋时期，孟子的地位进一步提升。北宋熙宁四年（1071），《孟子》一书被列入科举考试科目，其官学地位确立。以后，该书成为官办学校的主要教材之一、科举应试者的必读之书。北宋元丰六年（1083）十月，孟子获封"邹国公"，这是孟子逝世一千多年以来首次由朝廷加以褒封。翌年，孟子得以配祀孔子，取得了与颜回相当的地位。随着孟子地位的提升，《孟子》一书也备受尊崇。

北宋宣和年间（1119—1125），《孟子》被刻石，成为经书，列入"九经"之中。北宋理学家程颢、程颐对《孟子》非常推崇，他们甚至认为："学者当以《论语》《孟子》为本。《论语》《孟子》既治，则六经可不治而明矣。"① 南宋理学家朱熹更是将《论语》《大学》《中庸》《孟子》结集在一起，并为之章句、注疏，合称《四书章句集注》，成为后人学习的范本和定本。由此巩固了《孟子》在儒家经典中的地位。

到了元朝，孟子的升格运动继续进行。延祐元年（1314），元朝恢复科举考试，以《四书章句集注》为命题依据；至顺元年（1330），元文宗加封孟子为"邹国亚圣公"。自此，孟子的封号中正式出现"亚圣"称谓。而在孟子受封的同时，颜回的封号改为"兖国复圣公"，颜回随后即以"复圣"称号配祀孔子。颜回、孟子的"亚圣"易位得以实现。

明朝嘉靖九年（1530），明世宗更定孔子祀典，改孔子封号"大成至圣文宣王"为"至圣先师"，同时，也将作为从祀者之一的孟子的尊号由"邹国亚圣公"改为"亚圣"。至此，孟子最终获封"亚圣"。虽然在此之

① （宋）程颢、程颐著，王孝鱼点校：《二程集》，中华书局1981年版，第322页。

后也偶尔有以"亚圣"称呼颜回者，但主要是对孟子的称呼，"亚圣"逐渐成为孟子的专称。更重要的是，在儒家道统说的支持下，孟子成为孔子思想学说的接班人，儒家学说也被称为"孔孟之道"。因此，孟子不仅获得"亚圣"之尊，而且也真正成为仅次于孔子的圣人。

时至今日，孟子一直稳坐"亚圣"宝座，但在儒学发展的历史进程中，的确存在着以颜回与孟子为主的"亚圣"之位的更替。颜、孟二人的"亚圣"易位，体现了二人对孔子思想学说、对儒学发展的不同贡献。颜回虽然生前侍奉孔子，道德、学问为人称赞，但由于去世过早，除了与孔子、同门的对话，未能留下独立篇章，学术体系更未能形成。而孟子，身处战国乱世，继承和发展了孔子的思想学说，实在是有大功于圣门。这从元文宗加封孟子的圣旨中即可看出："孟子，百世之师也。方战国之从横，异端之充塞，不有君子，孰任斯文？观夫七篇之书，惓惓乎致君泽民之心，凛凛乎拔本塞源之论；黜霸功而行王道，距诐行而放淫辞。可谓有功圣门，追配神禹者矣。……英风千载，蔚有耿光。可加封邹国亚圣公。"[1]可见，颜、孟二人虽然"优入圣域"，但在儒学发展的历史长河中，在孔子思想的传承发展中，孟子的贡献更大，影响更深远。

---

① 刘培桂编著：《孟子林庙历代石刻集》，第 65 页。

第六章　明代："孔子之道，天下一日不可无焉"

明朝是朱元璋在元末农民起义中建立起来的汉族政权。在反元的斗争中，为获得各方支持，朱元璋提出了"驱逐胡虏，恢复中华"的口号，以中国正统自居。明朝建立之后，明太祖更深知"天下可以马上夺之，但不可以马上治之"的道理。因此，在开国之初，明朝就尊孔重儒，采用中国传统的意识形态来治理国家。太祖之后，后继诸帝大都遵循明太祖的这一政策，尊孔崇儒日盛。明朝尊崇孔子、儒学，是由于认识到儒学在政治治理、社会教化中的巨大功用。这一认识，尤其体现于明宪宗朱见深的一段话中："朕惟孔子之道，天下一日不可无焉。何也？有孔子之道，则纲常正而伦理明，万物各得其所矣。不然，则异端横起，邪说纷作，纲常何自而正？伦理何自而明？天下万物又岂能各得其所哉？是以生民之休戚系焉，国家之治乱关焉，有天下者诚不可一日无孔子之道也！"（《成化四年御制重修孔子庙碑》）① 正是在这一认识之下，儒学在明朝获得了巨大的发展。

第一节　曲阜明代碑刻概述

明代是儒家碑刻数量激增的一个朝代，也是中国传统社会树碑、立碑

---

① 杨朝明主编：《曲阜儒家碑刻文献集成》（中），第 557 页。

最多的一个朝代。在骆承烈先生的《石头上的儒家文献——曲阜碑文录》一书中，著录明代有价值的碑刻就有 385 幢（其中《万历二十年圣迹图》共 120 石，按一幢计算）之多。另外，孙育臣的《从曲阜石刻文献看明代尊孔崇儒》在骆书的基础上，又参考《阙里志》《曲阜儒家碑刻文献辑录》等资料，加之实地考察，综合统计得出曲阜明碑有 800 多幢。[①] 由于曲阜明代碑刻数量众多，又分散于各个文化遗迹，因此，其具体数量恐怕还要超出这个数目，且难以精确计算。然而，其中有价值的碑碣，大体不出骆书所录 385 幢。

从内容上来看，和前几个朝代碑刻一样，明代碑刻也是以尊孔崇儒为主题。统治者、孔氏后裔、地方官员等以碑刻的形式记载了明代帝王对孔子的尊崇、对孔子后裔的优待，以及明代历史上重要的祭祀孔子、修缮林庙之举。除了这些，更多的是士大夫的谒孔、谒庙碑，以及衍圣公等孔子后裔的墓碑、神道碑等。然而，和前几个朝代不同的是，从明代开始，曲阜碑刻中出现了统治者遣使祭祀少昊的记载，目前可见明代保存下来的祭祀少昊碑刻有 28 幢。

从时间分布上来看，从开国帝王明太祖到末代皇帝崇祯帝，几乎每朝均有碑刻被树立。其中，从明太祖洪武到明孝宗弘治年间的明朝前期，主要以封赐孔氏后裔、祀孔、修庙等内容的碑刻为主。自明武宗（正德）、明世宗（嘉靖）以来，在上述主要内容的碑刻基础上，增加了更多的谒孔、谒庙碑，从而使得碑刻数量激增，其中嘉靖朝碑刻数量最多，骆承烈《石头上的儒家文献——曲阜碑文录》著录有 111 幢之多。

总之，明代碑刻特征主要体现为数量多、规制高，记载内容也更为丰富。曲阜所存石碑的数量，实际上就是儒学在各个朝代发展的"晴雨表"，从曲阜如此多的明代碑刻中，我们可见明朝尊孔重儒之盛。

---

① 孙育臣：《从曲阜石刻文献看明代尊孔崇儒》，曲阜师范大学 2016 年硕士学位论文。

第二节　"四大明碑"：明朝尊孔之"崇"与"重"

在曲阜所存众多的明代碑碣中，最有代表性的当属立于孔庙内的四幢巨型御制碑，即俗称"洪武碑""永乐碑""成化碑""弘治碑"的"四大明碑"，它们分别由明朝前期的明太祖朱元璋、明成祖朱棣、明宪宗朱见深、明孝宗朱祐樘所立。这四幢碑，碑身、碑额加龟趺通高近6米，碑额精雕细刻着盘龙、旭日，并篆刻着"御制"字样，碑身上则刻下了明朝帝王对孔子之道的认识与理解，记录着他们对孔子的尊崇。这四幢巨碑，屹立于肃穆的孔庙，虽然悄无声息，但向世人昭示着孔子与儒学在有明一代的地位与价值。

一、"洪武碑"：明太祖保留孔子封号

"洪武碑"，位于孔庙奎文阁前东碑亭内，本名《大明诏旨碑》，初立于洪武四年（1371），后因弘治十二年（1499）孔庙发生重大火灾，此碑被毁，弘治十六年（1503）予以重立。因碑文为明太祖朱元璋所颁诏书，所以此碑又称《洪武诏旨碑》，俗称"洪武碑"。此碑碑头高约2.2米，宽约2.45米，厚约0.7米，碑身高约4.3米，宽约2.3米，厚约0.6米。碑头篆书"大明诏旨"四字。[①]

碑文所刻诏书，是明太祖朱元璋所下的一道圣旨，内容是对岳镇海渎神、城隍神、历代忠臣烈士等称号予以改革。《明史》记载："（洪武）三年诏定岳镇海渎神号。略曰：'为治之道，必本于礼……四渎称东渎大淮之神，南渎大江之神，西渎大河之神，北渎大济之神。'帝躬署名于祝文，遣官以更定神号告祭。"[②]可见，圣旨颁布于洪武三年，并刊刻于五岳、五

---

① 参见《弘治十六年重立洪武诸神封号诏旨碑》，杨朝明主编：《曲阜儒家碑刻文献集成》（中），第610页。

② （清）张廷玉等：《明史》卷四十九《志第二十五·礼三》，中华书局1974年版，第1284页。

镇、四海、四渎等各地，因此，包括曲阜孔庙此碑在内，当时全国所刻立的相同内容的碑刻将近 20 幢。

根据碑文记载，明太祖指出"永惟为治之道，必本于礼"，并对唐代以来对岳镇海渎神、忠臣烈士等滥加崇名美号之举不以为然，认为"自天地开辟以至于今，英灵之气萃而为神，必皆受命于上帝，幽微莫测，岂国家封号之所可加，渎礼不经，莫此为甚。至如忠臣烈士，虽可加以封号，亦惟当时为宜。夫礼所以明神人、正名分，不可以僭差"。因此，他诏令："今命依古定制，凡岳、镇、海、渎，并去其前代所封名号，止以山水本名称其神，郡县城隍神号一体改正，历代忠臣烈士亦依当时初封以为实号，后世溢美之称皆与革去。"由此可见，明太祖此次对于祭祀礼制的改革力度还是非常大的。但对于孔子的封号，明太祖却非常慎重，他说："其孔子善明先王之要道，为天下师，以济后世，非有功于一方一时者可比，所有封爵宜仍其旧。"[1]显然，明太祖对于孔子的历代封号予以认同，并保留不废。

革正岳镇海渎神、城隍神等封号，在明朝初年是一项非常重要的举措。正如碑文所载明太祖诏书之首所言："自有元失驭，群雄鼎沸，土宇分裂，声教不同。朕奋起布衣，以安民为念，训将练兵，平定华夷，大统以正。"明太祖以"驱逐胡虏，恢复中华"为口号，将蒙古人逐出中原，使得中原统治权复归汉人手中。因此，在开国伊始，厘定礼法成为其彰显政权合法性、确定治世之法的重要途径，故诏书言"永惟为治之道，必本于礼"。所以，对这次革正诸神号，朱元璋非常重视，不仅令礼官考诸祀典，还于洪武二年（1369）派遣十八名官员分赴各地，祭祀岳镇海渎之神。由此可知，无论是对于岳镇海渎之神号的革正，还是对于孔子封号的保留，明太祖都是经过深思熟虑的。

明太祖保留孔子封号，理由为孔子"善明先王之要道，为天下师，以济后世，非有功于一方一时者可比"，也就是说，明太祖认为以孔子之功，

---

① 杨朝明主编：《曲阜儒家碑刻文献集成》（中），第 610 页。

完全配得上这些称号。虽然"洪武碑"的内容主要是昭示所革正的诸神号，但无疑也是以诏书的形式，向天下昭示太祖取法孔子、尊孔重儒的政治方略，体现了明初对孔子、儒学的尊崇。

明太祖尊孔崇儒，实际上早在"洪武碑"刻立之前就已表现出来。在朱元璋尚为元末起义军首领之时，他就注重礼遇孔子与儒士。元至正十五年（1355），在率军攻克太平、应天时，朱元璋就首谒夫子庙，亲行释菜礼。十六年（1356），入镇江，亦先谒夫子庙，并"分遣儒士告谕乡邑，劝耕桑"。明朝建立之后，明太祖即于洪武元年（1368）二月下诏以太牢祀孔子于国学，又遣使至曲阜祭孔，并郑重告诫使臣说："仲尼之道，广大悠久，与天地并。有天下者莫不虔修祀事。朕为天下主，期大明教化，以行先圣之道。今既释奠成均，仍遣尔修祀事于阙里，尔其敬之。"① 如果说朱元璋在明朝建立以前尊孔崇儒，有宣扬自身为中原"正统"以获得民众支持的意图的话，那么，在明朝建立之后，他仍一如既往地尊孔崇儒，则表明他真正认识到儒学之于"有天下者"的重要性。"洪武碑"保留孔子封号，应该就是出于这一考虑。

二、"永乐碑"：明成祖表彰孔子

"永乐碑"，是明成祖朱棣于永乐十五年（1417）在重修阙里孔庙竣工后而刻立的御碑。原碑在弘治十二年（1499）的孔庙火灾中被毁，明孝宗弘治十六年（1503）重立。现位于孔庙奎文阁前西御碑楼内，碑高 4 米，宽 2 米，厚 0.6 米。其中，雕龙碑头高 1.8 米，上篆书"御制孔子庙碑"六字。②

在这篇碑文中，明成祖朱棣赞扬了孔子的传道之功，以及对于政治治理、社会教化的巨大贡献。他说：

---

① （清）张廷玉等：《明史》卷五十《志第二十六·礼四》，第 1296 页。

② 参见《弘治十六年重立永乐十五年御制重修孔子庙碑》，杨朝明主编：《曲阜儒家碑刻文献集成》（中），第 608 页。

道原于天而畀于圣人。圣人者，继天立极而统承乎斯道者也。若伏羲、神农、黄帝、尧、舜、禹、汤、文、武、周公，圣圣相传，一道而已。周公没又五百余年而生孔子。所以继往圣开来学，其功贤于尧舜，故曰自生民以来未有盛于孔子者也。夫四时流行，化生万物，而高下散殊，咸遂其性者，天之道也。孔子参天地，赞化育，明王道，正彝伦。使君君臣臣父父子子夫夫妇妇各得以尽其分，与天道诚无间焉尔。①

随后，碑文赞颂了明太祖立国之后一系列的兴文教、崇孔子的举措。明成祖表示自己要继承太祖之志，继续"表章"孔子之道。他说："朕缵承大统，丕法成宪，尚惟孔子之道。皇考之所以表章之者，若此其可忽乎。"此外，他还指出曲阜阙里的重要意义："乃曲阜阙里在焉，道统之系，实由于兹。"②认为曲阜阙里是道统存在的象征。

从此碑可以看出，作为明太祖的后继者，朱棣在尊孔崇儒上与太祖保持一致，继续对孔子予以表彰。

三、"成化碑"：明宪宗盛赞孔子之道

"成化碑"，现位于孔庙奎文阁东南第二碑亭。明宪宗朱见深即位之后，因孔庙年久失修而下令重修孔子庙，成化四年（1468）竣工后，刻立此碑为记。此碑高 4.60 米，宽 2.20 米，厚 0.49 米，碑头高 1.50 米，篆书"御制孔子庙碑"，雕刻云龙图案，碑下龟趺长 5.10 米，宽 2.40 米，高 1.25 米③，为"四大明碑"中规制最高者。

在此碑中，明宪宗对孔子之道的价值与内涵、影响与功用等进行了深

---

① 杨朝明主编：《曲阜儒家碑刻文献集成》（中），第 608～609 页。

② 杨朝明主编：《曲阜儒家碑刻文献集成》（中），第 609 页。

③ 参见《成化四年御制重修孔子庙碑》，杨朝明主编：《曲阜儒家碑刻文献集成》（中），第 557 页。

刻剖析。他说：

> 朕惟孔子之道，天下一日不可无焉。何也？有孔子之道，则纲常正而伦理明，万物各得其所矣。不然，则异端横起，邪说纷作，纲常何自而正？伦理何自而明？天下万物又岂能各得其所哉？是以生民之休戚系焉，国家之治乱关焉，有天下者诚不可一日无孔子之道也。
>
> 盖孔子之道，即尧、舜、禹、汤、文、武之道，载于六经者是已，孔子则从而明之，以诏后世耳。故曰"天将以夫子为木铎"。使天不生孔子，则尧、舜、禹、汤、文、武之道，后世何从而知之？必将昏昏冥冥，无异于梦中，所谓"万古如长夜"也。由此观之，则天生孔子，实所以为天地立心，为生民立命，为往圣继绝学，为万世开太平者也。其功用之大，不但同乎天地而已。①

明宪宗深刻认识到孔子之道的重要性，无论是在政治治理还是社会生活中，孔子之道都是不可或缺的，故碑文后面进一步重申："呜呼！孔子之道之在天下，如布帛菽粟，民生日用不可暂缺。"孔子之道是对先王之道的继承与阐扬；孔子是中华文化的集大成者，是开启中国智慧、给予人们光明的圣人。为表述孔子的重大贡献，宪宗在此还引用了宋代大儒张载的"横渠四句"等名言。由此可见宪宗对孔子之道认识之深刻。

显然，明宪宗在继承先祖尊孔崇儒的基础上，注重阐发孔子之道的内涵与价值，对儒学的推广起到积极作用。

四、"弘治碑"：明孝宗重建孔子庙

弘治碑，现位于孔庙奎文阁前西御碑楼前，立于明孝宗弘治十七年（1504）。弘治十二年（1499），孔庙毁于火灾，明孝宗朱祐樘立即诏令拨

---

① 杨朝明主编：《曲阜儒家碑刻文献集成》（中），第557～558页。

发巨款重建孔庙。历时五年，孔庙重建竣工，明孝宗遂立此御碑，以记其事。此碑高 4 米，宽 2.2 米，厚 0.54 米。其中，碑头高 1.5 米，上刻篆书"御制重建阙里孔子庙碑"，并有雕龙图案。龟趺长 4 米，宽 2.2 米，高 1.1 米。[①]

在碑文之首，明孝宗描述了自古以来孔庙祭祀的盛况："朕惟古之圣贤，功德及人，天下后世立庙以祀者多矣。然内而京师，外而郡邑，及其故乡，靡不有庙。（自）天子至于（郡）（邑）长吏，通得祀之，而致其严且敬，则惟孔子为然。"并赞颂孔子功绩：

> 盖孔子天纵之圣，生当周季圣贤道否之日，而不得其位以行。乃历考（上）（古）以来，圣人之君天下者，曰尧曰舜、禹汤文武，已行之迹，并其至言要论，定为六经，以垂法后世。自是凡有天下之君，遵之则治，违之则否。盖有不能易者，真万世帝王之师也。[②]

随后，明孝宗还历数明朝前几位帝王的尊孔崇儒之举，并认为"我国家百有余年之太平，端有自哉"。

由碑文可知，孝宗如其先祖一样，认识到孔子之道对于国家的重要意义，愿意继续遵守孔子之道并实践之。因此，当得知曲阜孔庙毁于大火之后，他"闻之惕然"，"特敕山东巡抚巡按暨布政按察司官，聚材庀工，为之重建"，对于孔子、孔庙的重视由此可见。

综观以上，"四大明碑"是在明朝初年到弘治年间所立，是明朝前期国家尊孔崇儒之重要体现。从碑文看，明太祖朱元璋首开统治者尊孔之先河，其后，明成祖、明宪宗、明孝宗皆遵先祖之制，将明朝尊孔崇儒日益推至高潮。此外，从碑文也可以看出，开国之初，在明太祖尊孔崇儒的过程中，

---

① 参见《弘治十七年御制重建阙里孔子庙碑》，杨朝明主编：《曲阜儒家碑刻文献集成》（中），第 621 页。

② 杨朝明主编：《曲阜儒家碑刻文献集成》（中），第 621 页。

尤其注重彰显其"天命""正统"之地位，这是反元斗争、朝代更替之必需，而到了后几代帝王，则更看重孔子之道对于国家治理的重要功用。实际上，儒学作为社会治理之学，无论其被赋予什么样的神秘色彩，其最实用处，仍是它的治政之道。每一个政权、每一代帝王尊崇孔子，正是由于孔子之道是民生日用不可或缺者。明朝前期这几位帝王的尊孔之举，以"石刻"的形式传至后世，使得明朝中后期的帝王继续尊孔崇儒，形成明朝历史上"尊用儒术，圣圣相承"（《成化四年重修阙里先圣庙并御制庙碑记》）[①]的传统。

第三节　"对话"衍圣公

和此前的历代王朝一样，明朝建立之后，亦注重加封衍圣公、优待孔子后裔。现在，立于曲阜孔府二门里的《朱元璋与孔克坚、孔希学对话碑》《洪武二年钦赐属员碑》，孔府大堂、二堂之间的《洪武二年洒扫户碑》，都是明初朱元璋加封、优待衍圣公的见证。在朱元璋之后，明朝其他帝王继续对孔子后裔予以优待。据统计，有明一代，共加封十任衍圣公，而且对于衍圣公的待遇更加优厚。

一、《朱元璋与孔克坚、孔希学对话碑》

洪武初，当明朝北伐大军刚刚攻下济宁之时，朱元璋就命令北伐军统帅徐达约见元朝所封衍圣公孔克坚、孔希学父子，并传旨让他们进京谒见。当时，孔克坚因病未能成行，而是派其子希学前往南京。对于孔克坚未遵命前来，朱元璋有些不快，他亲自写信给孔克坚，说："尔祖宗垂教万世，子孙宾职王家，代有崇荣，非独今日。吾奉天命安中夏，虽起庶民，然古

人由民而称帝者汉之高祖是也。闻尔辞疾，未知实否。若无疾称疾以慢吾国，不可也。"①孔克坚接到诏书，自然是诚惶诚恐，也不惧身体抱恙而日夜兼程赶到南京。见到孔克坚的朱元璋并没有因前事而心生怨恨，而是与他唠起了家常。朱元璋与孔克坚的这番对话被孔克坚记录下来，并在返回曲阜后将其刻于石碑，置于孔府二门内侧，这就是《朱元璋与孔克坚、孔希学对话碑》，俗称《门里对话碑》。

在这段体现着浓郁的明初口语特色的"对话"中，显示了朱元璋对孔氏后裔的尊崇：

> 洪武元年十一月十四日，臣孔克坚谨身殿内对百官面奉圣旨。"老秀才近前来，你多少年纪也？"对曰："臣五十三岁也。"上曰："我看你是有福快活的人，不委付你勾当，你常常写书与你的孩儿。我看资质也温厚，是成家的人。你祖宗留下三纲五常垂宪万世的好法度，你家里不读书是不守你祖宗法度，如何中？你老也常写书教训者，休怠惰了。于我朝代里你家里再出一个好人呵不好？"二十日，于谨身殿西头廊房下，奏上位。"曲阜进表的回去，臣将主上十四日戒谕的圣旨，备细写将去了。"
>
> 上喜曰："道与他，少吃酒，多读书者。"②

除了对孔克坚殷切嘱咐，在接见当天，朱元璋还赐给孔克坚宅一区、马一匹、米二十石，并不委付以勾当。对此，明太祖对侍臣说："先圣后，特优礼之，养以禄而不任以事也。"③此后，孔克坚在南京居住了两年，朱元璋也极尽优待。

---

① （清）孔继汾述：《阙里文献考》卷九《世系第一之九》，第 176～177 页。

② 杨朝明主编：《曲阜儒家碑刻文献集成》（上），第 453 页。

③ （清）张廷玉等：《明史》卷二百八十四《儒林列传三》，第 7296 页。

除了优待孔克坚，明太祖又封孔希学为衍圣公。洪武元年（1368），明太祖诏令礼臣："孔子万世帝王之师，待其后嗣，秩止三品，弗称褒崇，其授希学秩二品，赐以银印。"①将衍圣公的官秩提高至二品，阶资善大夫。对于孔希学，朱元璋也非常关心。《门里对话碑》又记洪武六年（1373）八月二十九日，"皇帝御端门，文武百官早朝，臣希学亦预列班中"。面对着文武百官，朱元璋又与孔希学进行了一番"唠家常"似的"对话"：

> 上召臣问曰："尔年几何？"臣跪对曰："三十又九。"上曰："今去尔祖孔子历年几何？"臣又对曰："近二千年。"上曰："年代虽远，而人尊敬如一日者何也？为尔祖明纲（常）、兴礼乐、正彝伦，所（以）为帝者师，为常人教，传至万世，其道不可废也。且尔祖无所不学，无所不通，故得为圣人。"

朱元璋称赞儒学的正人伦、明教化之功与孔子无所不学、无所不通的圣人之质，后又谆谆教导孔希学努力读书，传承家风：

> 今尔（为）（袭）（封），（爵）至上公，不为不荣矣，此非尔祖之遗荫欤！朕以尔孔子之裔，不欲于流内（铨）（注），（以）政事烦尔，正为保全尔也。尔若不读书，孤朕意矣。……朕今婉曲教尔，尔其自择，还家亦以此教子孙可也。勉之哉！勉之哉！②

孔希学叩头拜谢而退，回家后便将太祖的教谕"装潢成轴"，"归严置于中堂，俨如对越天威无咫尺之间，天语谆谆亦朝夕在耳。誓于修身缮性，

---

① （清）张廷玉等：《明史》卷七十三《职官志二》，第1791页。
② 杨朝明主编：《曲阜儒家碑刻文献集成》（上），第453页。

日至其功，不敢有负于圣恩云"。

从朱元璋与孔克坚、孔希学父子的对话中可以看出，朱元璋优礼衍圣公，是因为孔子"留下三纲五常垂宪万世的好法度"，对于政权稳固有着重要的作用。而衍圣公集孔子血统与道统于一身，具有重要的象征意义。优礼衍圣公，实则是尊崇孔子、崇尚儒学之表现。对于此中的深层含义，明武宗曾说得更为明白。明武宗正德四年（1509），孔氏家族内部因衍圣公孔闻韶推举世职知县一事，导致族人失睦。明武宗因此敕孔氏家人曰：

> 我太祖高皇帝，崇重尔祖之道。即位之初，首命访求大宗之裔，袭封衍圣公。既又择其支裔之良者，授曲阜县知县，世守其职，著在令典，累朝遵行。兹惟我国家之盛事，非独尔一家之荣也！ [①]

"兹惟我国家之盛事，非独尔一家之荣也"一句，道出了封建统治者优待以衍圣公为代表的孔氏家族的原因。统治者倚重孔子之道，才有了朝廷各种优待之举。

同时，朱元璋殷殷教导孔克坚、孔希学父子二人要多读书，并要以此教化子孙，也显示出朱元璋希望衍圣公读书弘道，引领文教，从而为人们树立实践孔子思想的榜样。

二、十任衍圣公及待遇之提升

孔希学为明朝第一任衍圣公。洪武十四年（1381），孔希学去世，朱元璋亲自撰写祭文，并遣官至阙里祭祀。洪武十七年（1384），希学子孔讷守丧期满，朱元璋又封孔讷为衍圣公。此后，明朝历代皇帝都效仿明太祖，推崇孔子思想。根据文献记载，明代衍圣公共有十任，即五十六

---

① （清）孔继汾述：《阙里文献考》卷九《世系第一之九》，第184页。

代孔希学（1368—1381 年在位），五十七代孔讷（1384—1400 年在位），
五十八代孔公鉴（1400—1402 年在位），五十九代孔彦缙（1410—1455
年在位），六十一代孔弘绪（1455—1469 年在位）、孔弘泰（孔弘绪弟，
1469—1503 年在位），六十二代孔闻韶（孔弘绪子，1503—1546 年在位），
六十三代孔贞干（1546—1556 年在位），六十四代孔尚贤（1556—1621 年
在位），六十五代孔胤植（孔闻韶次子、孔贞宁之孙，1592—1647 年在
位）。①

　　除了封爵之外，明廷在政治、经济、文化等方面都给予衍圣公优渥待
遇。《洪武二年钦赐属员碑》记载了明太祖朱元璋在加封衍圣公的同时，
又著礼部等拟定对衍圣公及孔氏后裔的优待，并诏令山东官吏一一落实。
根据碑文与其他阙里文献记载，这些优渥待遇包括以下几个方面：一是拨
给林庙洒扫户一百一十五户，其中孔庙一百户，孔林七户，尼山八户；二
是免除孔颜孟三氏后裔差徭，“钦奉御笔圣旨，孔氏子孙皆免差发，颜孟
子孙惟大宗免差、余枝不免”②；三是为衍圣公置官属人等，置掌书、书
写、知印、奏差各一员，属官三员，包括管勾、典籍、司乐③；四是赐给
孔子庙祭田二千大顷，下设五屯、四厂、十八官庄，拨给佃户承种，祭田
收入主要用于曲阜孔子庙祭祀和属官廪给，剩余部分则为衍圣公俸禄④；
五是为孔颜孟三氏子孙儒学教授司设置教授、学录、学司各一员，尼山书
院、洙泗书院山长各一员；六是诏令孔子后裔继续世袭曲阜知县，以元代
县尹孔希大出任。

　　此后，在明初优待政策的基础上，明太祖及其后继者们给予衍圣公的
待遇一再提升，其中最为明显者为衍圣公品阶的不断提高。

　　孔希学于元朝受封衍圣公，秩阶三品。明太祖加封孔希学为衍圣公时，

---

① 参见孔祥林：《衍圣公与衍圣公府》，中国社会出版社 2012 年版，第 120 页。

② 杨朝明主编：《曲阜儒家碑刻文献集成》（上），第 440 页。

③ 杨朝明主编：《曲阜儒家碑刻文献集成》（上），第 440 页。

④ 参见（清）孔继汾述：《阙里文献考》卷二十六《户田考第七》，第 605 页。

对礼臣说："孔子万世帝王之师，待其后嗣，秩止三品，弗称褒崇，其授希学秩二品，赐以银印。"由此将衍圣公官秩提高至二品，阶资善大夫。后加封孔讷为衍圣公，朱元璋谕礼官："既爵公，勿事散官，（但）诰以织（文）（玉）（轴）为异耳。"（《洪熙元年衍圣公孔讷神道碑》）①此外，明朝初置丞相，衍圣公朝会时班列丞相之后。至孔讷袭封衍圣公，朱元璋已废除丞相制，令衍圣公班列文臣之首。当时明朝朝会制度，文东武西，文官地位高于武官，班列文官之首实际上就是文武百官之首。从此以后，衍圣公官阶一品，班列文臣之首就成为制度。至明仁宗时，又优待时任衍圣公的孔彦缙，将衍圣公品秩升为正一品，并为了方便衍圣公在京生活，在北京首设衍圣公府。明代宗景泰二年（1451），衍圣公孔彦缙入朝，代宗诏令改赐衍圣公三台银印，如正一品，赐给玉带、织金麒麟服。从此，衍圣公八梁冠，玉带，玉佩，玉绶，象牙笏板，朝服、公服、常服全部同正一品。衍圣公地位之高，达到历史之最。上述记载，亦见于《弘治九年宗法碑》②记载。

　　除了提升衍圣公的品阶，明朝还有诸多优待政策。例如，明成祖于永乐三年（1405）释奠孔子庙，命孔子嫡孙率三氏子孙入京陪祀，诏曰："朕以今年二月初吉躬临太学，祀先圣先贤。尔三氏子孙各以贤而长者三四人来京，有司以礼应付。口粮脚力，毋或稽违。"③这首开孔颜孟三氏子孙入京陪祀的先河。又如，明英宗正统元年（1436），衍圣公孔彦缙之母去世，皇帝派官到曲阜谕祭，其后成为惯例，凡衍圣公母、妻去世，均派官谕祭。如此等等，足见明廷尊孔崇儒之盛。

---

① 杨朝明主编：《曲阜儒家碑刻文献集成》（中），第525页。

② 此碑见骆承烈汇编：《石头上的儒家文献——曲阜碑文录》（上），第433～434页。

③ 《明实录》卷二百《明英宗实录》，"中央研究院"历史语言研究所校印本，第4245～4246页。

第四节 "明乎祭之义，则可以治国"

至明代，统治者对孔子祭祀于国家治理、社会教化的意义理解得更为深刻。《弘治十七年李东阳代告阙里庙记碑》中就说："夫明乎祭之义，则可以治国，使天下知孔子之当祭，则知其道之当行，为臣必忠，为子必孝，无不复其性者，扩其端而充之，将不自今日使乎。"①为此，有明一代重视孔子祭祀与孔庙的修建。

一、明初一波三折的"天下通祀"

朱元璋深谙孔子祭祀的意义，所以在明朝尚未建立之前，就表现出对孔子祭祀的重视。元至正十五年（1355），当时尚在征战中的朱元璋，在率军攻下太平、应天后，就躬谒夫子庙，亲行释菜礼。洪武元年（1368），朱元璋即位不久，便以太牢礼祀孔子于国学，又遣专使至曲阜祭孔，并郑重告诫所遣使官："仲尼之道，广大悠久，与天地并。有天下者莫不虔修祀事。朕为天下主，期大明教化，以行先圣之道。今既释奠成均，仍遣尔修祀事于阙里，尔其敬之。"又定制，"每岁仲春、秋上丁，皇帝降香，遣官祀于国学。以丞相初献，翰林学士亚献，国子祭酒终献"②。可见，明太祖朱元璋深知祭祀孔子的意义与功用。

然而即位之后的第二年（1369），太祖的态度却又大变，突然下令孔庙春秋释奠止行于曲阜孔庙，天下不必通祀。其理由为：

> 自汉之下，以神（指孔子）通祀海内。朕代前王统率庶民，目书检点，忽睹神之训言，"非其鬼而祭之，谄也""敬鬼神而远之""祭

---

① 杨朝明主编：《曲阜儒家碑刻文献集成》（中），第618页。

② （清）张廷玉等：《明史》卷五十《礼志二十六·礼四》，第1296页。

之以礼"，此非圣贤明言，他何能道？故不敢通祀，暴殄天物以累神之圣德。①

太祖此举引起朝廷儒臣的极力反对，尚书钱唐、侍郎程徐皆疏言力争。程氏云：

> 古今祀典，独社稷、三皇与孔子通祀。天下民非社稷、三皇则无以生，非孔子之道则无以立。……孔子以道设教，天下祀之，非祀其人，祀其教也，祀其道也。今使天下之人，读其书，由其教，行其道，而不得举其祀，非所以维人心扶世教也。②

程氏之言，道出了自古以来祭祀孔子的深刻意义：天下人祭祀孔子，是通过祭祀这一庄严肃穆的仪式，服膺孔子之教，并启迪心灵，由此可以达到"维人心扶世教"的作用。然而太祖心意已决，对程氏等人的肺腑之言皆置之不听。洪武四年（1371），宋濂又上《孔子庙堂议》，其中言及先圣固宜天下通祀，竟遭远谪。

明太祖"罢天下通祀孔子"，无疑对明初的孔子祭祀是一个打击。太祖此举的深层原因，有学者认为是由于明初百废待兴，财力紧张，出于节省费用而临时停祀。③也有学者认为是由于孔克坚起初忤太祖召见之意，太祖因此不悦。④这些说法都有些牵强，至于真正原因为何，后人不得而知。但朱元璋恢复天下通祀孔子，无疑与程徐所言的孔子之道的社会教化功能密切相关。洪武十五年（1382），朱元璋又诏令天下恢复天下通祀孔子。《上谕》中说：

---

① （清）孔继汾述：《阙里文献考》卷十七《祀典第三之四》，第376～377页。
② （清）张廷玉等：《明史》卷一百三十九《钱唐传》，第3981～3982页。
③ 孔祥林：《衍圣公与衍圣公府》，第108页。
④ 黄进兴：《优入圣域：权力、信仰与正当性》，第127～128页。

孔子明帝王之道，以教后世，使君君、臣臣、父父、子子，纲常以正，彝伦攸叙，其功参乎天地。[①]

朱元璋在此提到"君君、臣臣、父父、子子"的孔门之教。对此，黄进兴先生推测与当时朝廷政争，社会动荡欠安，尤其是洪武十三年（1380）发生的牵连甚广的胡惟庸案有关，明太祖是想借孔子之教因势开导。[②]而且，万历年间，瞿九思在解释天下通祀孔子非为亵祀时，说了一段颇耐人寻味的话，亦可佐证黄先生的推测：

我高皇帝念四方郡国恐有不率者，意亦欲借大圣人之灵坐而镇之，则又不得不假借孔子为重。……通观厥成，是天下通祀孔子，正所以倚赖圣人，不得为亵。[③]

可见，朱元璋重新恢复天下通祀孔子，应与孔子之教对于社会人心的教化作用分不开。明初日渐强化的君主专制固然有利于震慑朝臣，威仪天下，但是人心的教化、国家的有序治理仍然离不开孔子之道。

正是认识到孔子祭祀的重要意义，所以明朝诸帝大都隆祀孔子。《成化十三年褒崇先圣礼乐记碑》就记明宪宗成化十三年（1477），"诏天下孔子庙祀加六佾为八，笾豆十二"，并遣使至阙里，祭告于孔子。当时衍圣公孔弘泰就对使臣说："圣天子褒崇先圣礼乐等之祀天飨地，诚旷古之罕闻，斯文之大庆，岂得臣一家之私荣而已哉。"[④]可见当时孔子祭祀的隆重，而孔弘泰"岂得臣一家之私荣而已哉"，则道出了孔子祭祀与国家的关系。虽然后来明世宗嘉靖年间发生"大礼议"事件，孔子祀典之礼受到影响，

---

① 转引自（清）秦蕙田：《五礼通考》卷一百二十《吉礼一百二十》，文渊阁四库全书本。
② 黄进兴：《优入圣域：权力、信仰与正当性》，第 128 页。
③ （明）瞿九思：《孔庙礼乐考》卷一，续修四库全书本。
④ 杨朝明主编：《曲阜儒家碑刻文献集成》（中），第 566～567 页。

但孔子祭祀在当时国家治理中的意义仍不容忽视。

二、"崇报"与"观兴"：明代孔庙的修建

除了隆祀孔子之外，修建孔庙也是明统治者"以致崇报之意"的重要举措。而在"崇报"的同时，更可以"俾凡观于斯者，有所兴起，致力于圣贤之学，敦其本而去其末，将见天下之士，皆有可见之材，以赞辅太平悠久之治，以震耀孔子之道"（《弘治十六年重立永乐十五年御制重修孔子庙碑》）①。也就是说孔庙之存在，可以使参观孔庙者立下修齐治平之志。

明朝修建孔庙，肇始于明太祖朱元璋。据孔继汾《阙里文献考》记载，明太祖洪武七年（1374），五十六代衍圣公孔希学奏请修葺祖庙，太祖当即下诏从之。此次修葺孔庙于洪武十年（1377）开工，次年（1378）完成。洪武二十年（1387），明太祖又命工部派千余名工匠去维修孔庙，并告诫当时负责此役的工部侍郎秦逵说：

> 春秋时人纪废坏，孔子以至圣之资删述六经，使先王之道晦而复明，万世永赖，功莫大焉。夫食粟则思树艺之先，衣帛则思蚕缫之始，皆重其所从出也。孔子之功与天地并立，故朕命天下通祀以致崇报之意。而阙里先师降神之地，庙宇废而不修，将何以妥神灵昭来世？尔工部其即为修理以副朕怀。②

朱元璋之后，明代诸位君王也将修建孔庙作为褒崇孔子的重要举措。永乐九年（1411），五十九代衍圣公奏请朝廷修葺孔庙，朝廷准奏。此役至十五年（1417）夏毕工，为纪其事，明成祖亲自撰写碑文。这就是前述"永

---

① 杨朝明主编：《曲阜儒家碑刻文献集成》（中），第 609 页。
② （清）孔继汾述：《阙里文献考》卷十二《林庙第二之二》，第 227 页。

乐碑"，即《弘治十六年重立永乐十五年御制重修孔子庙碑》。在此碑中，明成祖亦表达了为褒崇孔子而修庙的想法：

> 朕缵承大统，丕法成宪，尚惟孔子之道。皇考之所以表章之者，若此其可忽乎。乃曲阜阙里在焉，道统之系，实由于兹，而庙宇历久，渐见堕敝，弗称瞻仰，往命有司，撤其旧而新之。今年夏毕工，宏邃壮观，庶称朕敬仰之意。俾凡观于斯者，有所兴起，致力于圣贤之学，敦其本而去其末，将见天下之士，皆有可见之材，以赞辅太平悠久之治，以震耀孔子之道。[1]

明宪宗成化年间，也有修庙之举。《成化四年重修阙里先圣庙并御制庙碑记》记宪宗为太子之时，就已显露出"崇文佑儒之意"。"及等宝位，首举兴学之典。诏府司，修天下孔子庙宇，而于阙里尤加重焉"，"乃特诏巡抚山东都察院左副都御史贾公铨，重修阙里先圣庙，去故易新，用特瞻仰"。[2]此次修庙，经始于天顺八年（1464）九月，完成于成化元年（1465）十一月。孔庙修葺完备之后，明宪宗又亲撰碑文，以纪其事。成化十六年（1480），明宪宗又从六十一代衍圣公孔弘泰之请，再次拨款修建孔庙。此次修建，直到二十三年（1487）才完工，应是明初以来规模最大的一次，大成殿由原来的七间扩建为九间，其他建筑也都做了修缮。[3]

明孝宗即位之初，也对孔庙进行过重建。[4]然而，明孝宗弘治十二年（1499）六月十六日，孔庙遭遇雷火，建筑几乎全部付之一炬。这是孔庙发

---

① 杨朝明主编：《曲阜儒家碑刻文献集成》（中），第 609 页。

② 骆承烈汇编：《石头上的儒家文献——曲阜碑文录》（上），第 405 页。

③ （清）孔继汾述：《阙里文献考》卷十二《林庙第二之二》，第 228 页。

④《弘治十七年李东阳代告阙里庙记碑》记"弘治四年春正月重建阙里孔子庙成"，可见明孝宗即位后亦修建孔庙。碑文见杨朝明主编：《曲阜儒家碑刻文献集成》（中），第 617 页。

展史上的一次重大灾难。此事上报给朝廷后，明孝宗"闻之恻然"，并下诏发帑银重建。① 此次修建，始于弘治十三年（1500），完成于十七年（1504）。新庙落成之后，明孝宗亲作碑文以纪其事，是为前述《弘治十七年御制重建阙里孔子庙碑》。这次孔庙重建，速度惊人。据《弘治十七年重建阙里孔子庙图序碑》等碑记载，此次重建集合了各方财力、物力与人力：

> 阙里孔庙之重建也，其经费所出，为竹木之税、舟船之税、麦丝之税及公帑之藏。其名物之籍：木则市之楚蜀诸境，石则取之邹泗诸山，瓴甓铅铁则官为之陶冶，丹垩髹彩则集之于商，斫削抟埴雕琢绘饰之工则征之京畿及藩府之良者，而夫役则雇之民间，而官予之直若食焉。巡抚之官始则都御史何公鉴，巡按若御史高君崇熙，布政若王君沂，按察则陈君璧，督工之官则参议程君愈，佥事李君宗泗。其后皆更代不恒。至都御史徐公源、御史陈君璘，佥事黄君绣而以成告。②

而重修后的孔庙规模，此碑亦有详细记载：

> 庙之制：中为大成殿十楹，崇八丈，邃有奇，广倍其半，为左右庑百余楹。后为寝殿八楹，前为杏坛。又前为奎文阁，楹视寝数，崇略与殿等。又前为门四重，中为桥三。殿之左为家庙，后为神厨，前为诗礼堂，为神库，又前为燕申门。殿之右为启圣王殿，后为寝，前为金丝堂，又前为启圣门，前左右为斋室。室之外为快睹、仰高二门，与观德、毓秀二门而四。又左右为钟鼓楼，与角楼而六。阁之前后为碑亭各四，前四亭则本朝御制，而祝敕诸文皆附焉。惟坛及楼及中门

---

① （清）孔继汾述：《阙里文献考》卷十二《林庙第二之二》，第 228 页。
② 杨朝明主编：《曲阜儒家碑刻文献集成》（中），第 626～627 页。

仍旧，自余或创或益，并从新制。材干坚厚，构缔完整，象设端伟，绘饰华焕，悉臻（其）（极）。盖一代之盛典，天下之大观，皆备于此。①

显然，这次重建，在孔庙原来的基础之上，进行了比较大的增修、扩建。现在的孔庙较之以前的孔庙，更为宏伟壮丽，为"一代之盛典，天下之大观"。此后，明世宗、穆宗等朝亦有修庙之举，但大都为地方官吏的零星修补。

除了修建孔庙，明代对孔庙的重视还体现在明武宗、明世宗时期的"移城卫庙"。明代时期，曲阜县城在现在曲阜城东的旧县。据《嘉靖四年城阙里记碑》记载，明正德六年（1511）二月二十七日，"盗入兖"。根据史书，这里的"盗"，指的是刘六、刘七领导的起义军。刘六、刘七于正德五年（1510）在霸州发动农民起义，得到农民响应，规模不断扩大。正德六年，起义军抵达兖州，因兖州守卫森严，转而进攻曲阜。他们占领曲阜县城，毁坏宫寺、民居，又放火焚烧县衙，随后又"（移）营犯阙里，秣马于廷，污书于池。虽庙宇林墓幸而无虞，然族属散走，神人震恐，岌岌乎危亦甚矣。监司议遣兵四百来戍。贼众我（寡），（又）（望）（风）（辄）溃，于防御固无济也"。② 于是，当时按察使潘珍提议"县庙必相须以守，盍即庙为城，而移县附之"。随后上奏朝廷，武宗准奏。经过一系列的筹备工作，"移城卫庙"始于正德八年（1513）秋七月，完工于嘉靖元年（1522）春三月，历时近十年，耗银三万五千八百余两。

将县治由旧县迁至阙里，由此围绕孔庙、孔府、颜庙、陋巷建立起了新的县城，而且，孔庙的祀事功能和孔府的府第功能与县城的政治、军事、

---

① 杨朝明主编：《曲阜儒家碑刻文献集成》（中），第 627 页。

② 杨朝明主编：《曲阜儒家碑刻文献集成》（中），第 715～716 页。

经济、文化功能融合在一起，两者相互依存，密不可分。更重要的是，"移城"可以更好地保护孔庙不被破坏。《嘉靖四年城阙里记碑》描述新的县城景貌："视其外则高墉深沟，与泰山洙泗映带而萦回。视其内则庙貌公府伉然中居，而县治儒（校）（行）台分司，以及市廛门巷罫布环列，雅足以增宫墙之重。前此千百年之缺典，乃今始克举之。后此千百年而或有外侮焉，于是乎庶（几）（无）（患）矣。"

以上主要叙述了明代统治者对于孔庙的修建与保护。多次重建与修缮，使得孔庙蔚为大观，奠定了今日之势。孔庙"俾凡观于斯者，有所兴起"的教化功能，使孔庙拜谒者心中产生心灵激荡与共鸣。这从明代大量的拜谒碑中即可看出。

宋元以来，官员儒吏亲至阙里拜谒孔子者络绎不绝。据骆承烈汇编《石头上的儒家文献——曲阜碑文录》一书辑录，明代谒庙碑碣就有近150幢。从众多的谒庙碑与碑文中可以看出，孔庙不啻为中国文人儒士的精神家园，他们平生读圣人书，并借此进入仕途，心存敬仰，因此，来到曲阜，游观于庄严肃穆的孔庙，对孔子肃然起敬，心生志向。《嘉靖十五年杨维聪告庙碑》记载他们"瞻仰宫墙，惕然悚惧"[1]，《嘉靖十六年胡缵宗谒阙里诗碑》则记载他们"对越杏坛下，环珮肃锵锵"[2]。除了对于圣人的敬畏与赞扬之外，更多的人则是在观瞻中树立了自己的平生志向，如《正德十四年陈凤梧祭告祝文碑》中说："观于圣门，实难为言。仰钻瞻思，若后若前。四时行焉，百物生焉。天何言哉，圣道则然。尚冀圣灵，佑启小子。不坠其传，深探恭始。"[3] 可见，孔庙的修建既表达了封建帝王对孔子的"崇德报功"之意，又承担着教化社会民众的作用。

---

① 杨朝明主编：《曲阜儒家碑刻文献集成》（中），第753页。

② 杨朝明主编：《曲阜儒家碑刻文献集成》（中），第758页。

③ 杨朝明主编：《曲阜儒家碑刻文献集成》（中），第662页。

第七章　清代："治统缘道统而益隆"

清朝是中国历史上继元朝之后第二个由少数民族建立的统一政权。清朝政权之所以能够入主中原并统治中国近三百年之久，除了其强劲的武力与几代帝王的励精图治之外，还与统治者入关之后采取认同中原文化、推尊孔子与儒学的文化政策密切相关。从曲阜所存清代碑刻的数量与碑文内容来看，清代帝王对孔子非常尊崇。从最初出于应对"华夷之辨"的政权合法性之诉求，到现实的社会政治治理之需求，再到"三跪九叩"中所承载的精神信仰的依归，可以说，清朝统治者对儒学的认识逐步深入，也正因为如此，在曲阜所存清代碑刻中，清朝帝王一再申明"治统缘道统而益隆"（《遣刘昌致祭碑》）①。

第一节　曲阜清代碑刻概述

骆承烈先生《石头上的儒家文献——曲阜碑文录》著录曲阜清代碑刻316幢。除了这些碑刻，另有孔继涑等刊刻的584块玉虹楼法帖刻石和孔林中约2600幢的清代墓碑。所以，如果这些都算进去的话，清代碑刻总共约有3500幢。在这些碑刻中，与孔子、儒学密切相关者，大抵不出骆先生所

---

① 朱福平编著：《孔庙十三碑亭》，中国档案出版社2004年版，第87页。

辑录。①

这三百余幢碑碣，先后树立于清朝入关到清末近三百年的时间里，从入关后的第一位皇帝顺治，到末代宣统帝溥仪，几乎每个皇帝统治期间均有树立。其中尤以康、雍、乾三朝时期最多，而且清代大部分的御笔、御制碑刻也出现于这一时期，像《康熙二十五年阙里至圣先师孔子庙碑》《康熙三十二年御制重修阙里孔子庙碑》《雍正元年册封至圣先师孔子五代王碑》《雍正八年重建至圣先师孔子庙碑》《乾隆十三年至圣先师孔子庙碑》《乾隆十四年御制金川太学告成碑》《乾隆二十年御制平定准噶尔告成太学碑》等。此外，从顺治帝时期开始，就有皇帝遣使致祭之举，这方面的碑如《遣刘昌致祭碑》，但也主要集中在康、雍、乾三朝时期。②由此可见，清代尊孔崇儒在康、雍、乾三朝达到鼎盛。

除了御碑及遣官祭祀碑外，清代碑刻和前几朝一样，主要有以孔庙、颜庙、尼山书院为主的曲阜林庙、书院修缮记碑，朝廷优待记事碑，大量的官员谒孔、祀孔碑等。这些碑刻所载内容多与当时朝廷、社会之尊孔崇儒有关。而透过这些碑刻，亦可见儒学对社会的影响。

第二节　清代尊孔崇儒之举措

清朝虽为少数民族建立的政权，但在尊孔崇儒上，相比于其他历代政权，却有过之而无不及。从曲阜所存清代碑刻来看，清代对孔子的尊崇程度可以说是达到了历史之最。其具体措施，大体沿袭历史上各政权的传统，体现为隆祀孔子、修建孔庙、优待圣裔等。

---

① 当然，受当时著录条件所限，以及著录任务繁重等原因，骆著存在着重要碑刻漏录、重录、误录等情况。

② 参见吴云：《曲阜碑刻视域下的清代文化选择》，曲阜师范大学 2016 年硕士学位论文。

一、隆祀孔子

《康熙五年徐惺谒阙里圣庙记碑》记述了清初尊崇孔子的情况：

> 以我国家之尊礼孔圣人者至矣。清师初下岁，将近曲阜，即禁樵牧。阙里左右，兵无哗者。盖钟虡不惊，庙貌如故云。鼎甫定，天子躬丽宸翰，遣大臣祭告，犹特命宗子代主其祀，至岁奉国学释奠行礼，则朝廷举之无或发者。[①]

由此可见，在清兵进入中原之时，即对曲阜、孔庙表现出尊礼之意。政权初定，更是重视孔子祭祀之礼。据《大清会典》记载，早在皇太极崇德元年（1636），就"遣官致祭孔子庙，以颜子、曾子、子思子、孟子配享。五年定：每年二月八月上丁日，行释奠礼以为常"[②]。入关之后，自顺治帝开始，清朝统治者更是以隆祀来体现对孔子的尊礼。从曲阜所存清代碑刻来看，历代清帝对孔子祭祀不断，祭祀规格较前几个朝代有所提高。其隆祀之特点，可以概括为以下几个方面：

（一）皇帝遣使致祭

从清代碑刻来看，第一个遣使至阙里祭祀孔子的皇帝是清世祖顺治。顺治是清军入关之后的第一位皇帝，在其年幼之时，朝政由摄政王多尔衮主持，其间，孔子祭祀不废："顺治二年，定称大成至圣文宣先师孔子，春秋上丁，遣大学士一人行祭，翰林官二人分献，祭酒祭启圣祠，以先贤、先儒配飨从祀。有故，改用次丁或下丁。"[③]顺治七年（1650）十二月，摄政王多尔衮去世，顺治八年（1651）正月，年仅十四岁的顺治帝亲政。亲

① 杨朝明主编：《曲阜儒家碑刻文献集成》（中），第929页。

② （清）伊桑阿等编著：《大清会典》（康熙朝）卷六十四，凤凰出版社2016年版，第840页。

③ （清）赵尔巽等：《清史稿》卷八十四，中华书局1977年版，第2533页。

政之后不久，顺治帝即于四月派遣都察院右都御史、工部左侍郎事刘昌至阙里祭先师孔子。在《遣刘昌致祭碑》中，年轻的顺治帝表达了自己愿遵从孔子之教以治理天下的想法：

> 朕维治统缘道统而益隆，作君与作师而并重。先师孔子无其位而有其德，开来继往，历代帝王，未有不率有之而能治安天下者也。朕奉天明命，绍缵丕基。高山景行，每思彰明师道，以光敷至教，而礼典未修，曷以表敬事诚，登嘉平之理。兹遣专官虔祀阙里，仪惟推备物，诚乃居歆。①

"治统缘道统而益隆，作君与作师而并重"一语，为清朝帝王确定了国家治理的方针，同时也奠定了后继帝王尊孔崇儒的基调。

顺治之后，后继诸帝也多遣使致祭孔子，如康熙年间的碑刻有《康熙七年遣光禄寺正卿杨永宁致祭碑》《康熙十五年遣宗人府丞马汝骥致祭碑》《康熙二十一年遣都察院御史宋文运致祭碑》；雍正年间的碑刻有《雍正元年通政使杨汝毂致祭碑》《雍正二年遣礼部尚书张伯行致祭碑》《雍正八年遣经筵官留保致祭碑》《雍正八年遣皇五子弘昼淳郡王弘曕致祭碑》《雍正十三年遣光禄寺卿纳尔泰致祭碑》；乾隆年间的碑刻有《乾隆十四年遣太仆寺卿阿兰泰致祭碑》《乾隆十四年御制金川太学告成碑》《乾隆十五年遣鸿胪寺卿吴应枚致祭碑》《乾隆十六年遣通政使富森致祭碑》《乾隆十七年遣鸿胪寺卿储麟趾致祭碑》《乾隆二十年御制平定准噶尔告成太学碑》《乾隆三十七年吏部侍郎曹秀先致祭碑》《乾隆五十八年山东学政阮元祭孔子庙碑》；嘉庆年间的碑刻有《嘉庆元年遣青州都统观明致祭碑》《嘉庆二十四年廉善等致祭碑》《道光元年立嘉庆二十五年西凌阿致祭碑》；道光年间的碑刻有《道光二十八年山东学政何桂清致祭碑》；同治年间的碑刻有《同

---

① 朱福平编著：《孔庙十三碑亭》，第87页。

治三年山东学政尚庆潮致祭碑》。从这些碑刻可以看出，皇帝遣使至曲阜祭祀孔子在清朝比较普遍，康、雍、乾三朝尤为兴盛。

至于致祭的原因，一般都是遇到国家重大庆典，如皇帝亲政或者登基，要遣使至阙里祭告孔子。《康熙七年遣光禄寺正卿杨永宁致祭碑》，即记康熙亲政之后第二年遣杨永宁至阙里祭奠孔子事。在此前一年，康熙帝逐渐将朝政大权从鳌拜等辅政大臣中收回，并于康熙六年（1667）七月举行亲政大典。在祭祀的祭文中，顺治帝表达了他要继承其父之志，尊孔崇儒，以儒治国。①《雍正元年通政使杨汝毂致祭碑》是为雍正皇帝登基之后，遣使祭告孔子而立。《嘉庆元年遣青州都统观明致祭碑》，则"兹以乾隆周甲嘉庆纪元，懋举崇仪，特申昭告"②，是因清仁宗嘉庆皇帝登基而祭告孔子，故立此碑。另外，像《康熙十五年遣宗人府丞马汝骥致祭碑》，记"懋建元储，（以）崇（国）本，景行至圣，肃举明禋"③，是为选定皇太子而祭告孔子；《康熙二十一年遣都察院御史宋文运致祭碑》，则是康熙帝为"翦除凶残，（又）（安）海宇。告功至圣，素举明（禋）"④而祭告孔子，因为在此之前，清廷平定吴三桂叛乱，收复台湾，取得诸多军事胜利。《康熙五十八年张廷玉祀孔碑》，则为孝惠章皇后升祔太庙礼成而祭告孔子。⑤

从这些遣使致祭碑中可以看出，清代帝王遣使前来曲阜祭告孔子，是清朝统治者尊孔崇儒、服膺孔子之教的具体体现。

（二）皇帝亲至阙里祭孔

自汉高祖过鲁祭孔之后，后世帝王多有亲至阙里祭祀孔子者。然自宋真宗于大中祥符元年（1008）至阙里谒孔之后，到康熙二十三年（1684）

---

① 参见《康熙七年遣光禄寺正卿杨永宁致祭碑》，杨朝明主编：《曲阜儒家碑刻文献集成》（中），第934页。

② 杨朝明主编：《曲阜儒家碑刻文献集成》（下），第1139页。

③ 杨朝明主编：《曲阜儒家碑刻文献集成》（中），第940页。

④ 杨朝明主编：《曲阜儒家碑刻文献集成》（中），第953页。

⑤ 骆承烈汇编：《石头上的儒家文献——曲阜碑文录》（下），第845页。

的近七百年间，一直没有帝王至阙里祭祀孔子。到了清朝，康熙、乾隆二帝却亲至阙里，将对孔子、儒学的尊崇推至极致。

康熙二十三年（1684）十一月，康熙帝东巡至阙里，亲祭孔子。在这次祭孔典礼中，礼官建议康熙行两跪六拜礼，而康熙则向孔子行三跪九叩头礼。祀典结束后，康熙皇帝又亲诣孔林，并在洙泗桥处下马步行至孔子墓前酹酒祭奠孔子，又行三叩之礼。康熙帝的尊孔之举，让当时参加典礼的衍圣公孔毓圻不胜感慨，他说："我朝临雍典例，迎神送神俱二次跪六次叩头，尊师重道，已至于无可加。乃我皇上幸曲阜，一准临雍仪注，复亲定行三次跪九次叩头礼，而释奠之礼，于斯为极盛！"①在祭祀完孔子之后，康熙遍览先圣遗迹，亲手书写"万世师表"四字匾额悬于大成殿中。他还与衍圣公孔毓圻、国子监生孔尚任等讲论儒学，并重申说："至圣之道与日月并行，与天地同运，万世帝王咸所师法，逮公卿士庶罔不率由。"还宣布："历代帝王致祀阙里，或留金银器皿。朕今亲诣行礼，务极尊崇。至圣异于前代，所有曲柄黄盖，留之庙中，以示朕尊圣之意。"②如今，曲阜所存《康熙二十三年阙里古桧赋碑》《康熙二十三年御题万世师表刻石》《康熙二十五年阙里至圣先师孔子庙记碑》《康熙二十五年至圣先师孔子赞碑》等碑刻，都记载着当年康熙帝对孔子的尊崇。

继康熙之后，乾隆皇帝又亲至阙里祭孔，而且他前后到曲阜八次，是所有至鲁祭孔帝王中最为特殊的一位。乾隆帝第一次来曲阜是在乾隆十三年（1748），之所以要来曲阜亲谒孔子，是出于对孔子的仰慕："朕幼诵简编，心仪先圣，一言一动，无不奉圣训为法程。御极以来，觉世牖民，式型至道，愿学之切，如见羹墙。辟雍钟鼓，躬亲殷荐，而未登阙里之堂观

---

① （清）孔毓圻等：《幸鲁盛典》卷三，文渊阁四库全书本。

② 中国第一历史档案馆整理：《康熙起居注》二十三年十一月十八日，中华书局1984年版，第1255页。

车服礼器，心甚歉焉！"①《乾隆十三年至圣先师孔子庙碑》则记载了乾隆皇帝至鲁祭拜孔子时的心情：

　　道畿甸，历齐鲁，登夫子庙堂。躬亲盥献，瞻仰睟仪，展敬林墓，徘徊杏坛，循抚古桧，穆然想见盛德之形容，忾乎若接夫闻圣人之风。诵其诗，读其书，皆足以观感兴起。况躬亲陟降其庭，观车服礼器，得见宗庙百官之美富有，不益增其向慕俔焉，而弗能自己者欤。朕抚临方夏，惟日兢兢，期与斯世臣民，率由至道，敷教泽于无疆，顾德弗类于衷歉焉。恭绎两朝碑刻之文，益以知道德政治，体用一源，显微无间。慕圣人之德，而不克见之躬行者，非切慕也。习圣人之教，而不克施之实政者，非善学也。法祖尊师，固无二道，用勒石中唐，志钻仰服习之有素，思以继述前徽，酬愿学之初志云。②

　　乾隆帝在碑文中将愿学之志、愿治之心表达得淋漓尽致。在此次祭孔大典中，乾隆依照康熙祭孔礼仪，行三跪九叩之大礼。祭毕，亦仿照康熙，留曲柄黄盖于孔庙。此后，乾隆皇帝又分别于乾隆二十一年（1756）、乾隆二十二年（1757）、乾隆二十七年（1762）、乾隆三十六年（1771）、乾隆四十一年（1776）、乾隆四十九年（1784）、乾隆五十五年（1790）前来曲阜祭孔。目前，在曲阜保留有许多乾隆祀孔碑刻及御书碑碣，像《乾隆十三年释奠礼成诗碑》《乾隆十三年至圣先师孔子庙碑》《乾隆十三年御书手植桧赞碑》《乾隆年间御书礼器赞碑》《乾隆十三年御书气备四时对联刻石》《乾隆十三年赐孔昭焕诗碑（一）》《乾隆十三年赐孔昭焕诗碑（二）》《乾隆十三年谒孔林酹酒诗碑》《乾隆十三年御书谒元圣祠碑》《乾隆十三年御书复圣颜子赞碑》等，都是乾隆帝亲至曲阜祭孔的见证。

①（清）孔继汾述：《阙里文献考》卷十六《祀典第三之三》，第355页。
②杨朝明主编：《曲阜儒家碑刻文献集成》（下），第1066页。

曲阜碑刻中的这些帝王祀孔碑，记载了清廷诸帝对孔子的礼敬，它们犹如一个个风向标，标识着这个少数民族政权对中原文化的认同及对儒学的选择与遵从。

二、修建孔庙

隆祀孔子必修孔庙。不过，明代对于孔庙的大规模修建，使得清代不可能再有大的修建举动。所以，有清一代基本上是在明代孔庙的基础上，对孔庙加以维护与修缮。这些维护与修缮，有的是孔子后裔对孔庙的日常管理与维护，也常有一些文人士绅等捐款助修，但大规模的维护与修缮则一般由官方出面主持。

《康熙三十二年御制重修阙里孔子庙碑》，记载了康熙年间对孔庙进行的一次比较大的修缮。其中记曰："往岁甲子，朕巡省东方，躬诣阙里，登圣人之堂，祗将祀事。睹其车服礼器、金石弦歌，盖徘徊久之不能去焉。顾圣庙多历年所，丹腹改色，榱桷渐欹。用是怵然于心。特发内帑，专官往董其役，鸠工庀材，重加葺治。经始于辛未之夏，事竣于壬申之秋。庙貌一新，观瞻以肃。"[1]康熙亲至阙里之时，发现庙貌破旧，于是特拨国库银两，遣专官进行整修。此次修庙始于康熙三十年（1691）夏，竣工于康熙三十一年（1692）秋。竣工后，康熙帝亲撰祭文，特命皇三子胤祉和皇四子胤禛前往致祭。此次修庙，获得官员与孔氏后裔的交口称赞。当时参与落成典礼的山东提督学政朱氏，在典礼结束后作六十韵纪事诗，他借诗感慨道："巨举诚难再，宸衷独不忘。经营劳圣王，结构知天襄。"（《康熙三十二年孔子庙堂告成碑》）[2]《幸鲁盛典》的纂修官之一丛克敬也极力称赞康熙此举。经过修缮的孔庙"轮奂炜煌，楹庑璀璨"，体现的是当时

---

[1] 杨朝明主编：《曲阜儒家碑刻文献集成》（中），第974页。

[2] 骆承烈汇编：《石头上的儒家文献——曲阜碑文录》（下），第821页。

"文治之勃兴，为千载异数也"（《康熙三十四年幸鲁盛典告成记碑》）[①]。至于孔氏后裔，更是感恩戴德："盖自有圣庙以来，历经修建，从未有特发帑金，专官监督，刻期竣事，尽善极华如今日者。"[②]

康熙之后，雍正年间也有一次对孔庙的大修之举。雍正二年（1724）六月，孔庙遭火灾，衍圣公奏报到京，雍正马上引咎自责，斋戒二日后即亲诣国子监祭奠孔子，并派遣官员前往阙里祭告，同时还命相关官员估算工费以便尽快开工，随后，拨银十五万七千多两，于雍正三年动工修建，雍正八年（1730）秋竣工。[③]关于此次修建，曲阜所存《雍正二年御赐孔毓圻碑》《雍正七年御书生民未有刻石》等都有记载。对于这次重修，雍正非常重视，不仅添建了乐器库及碑亭等建筑，而且还诏令"以天子尊天子之师，用天子之制"，让孔庙大成殿、大成门、两庑等使用皇家才能使用的黄色琉璃瓦。在重建期间，雍正帝更是时刻关注重建进度，据《雍正八年重建至圣先师孔子庙碑》，"命有司庀众材，是度是斫，受成工师已耳，未有椽题鸱瓦，一禀圣谟。尊罍旗章，悉由亲定"[④]。此外，雍正七年十一月大成殿上梁时，雍正帝还御书"大成门""大成殿"等颁赐阙里。如今悬挂于曲阜孔庙大成门、大成殿门额及两旁的匾，就是按照雍正帝御书刻石为蓝本制作的。

三、优待圣裔

除了尊崇孔子之外，清统治者对孔子后裔的待遇也极尽优渥。顺治元年（1644），山东巡抚方大猷上奏朝廷，详列明朝对于孔子后裔的各项优待政策。顺治帝全部认同。后经过吏部议覆，孔胤植仍封衍圣公并照原阶兼太子太傅，其子兴燮照例加二品冠服，四氏世袭五经博士仍照旧承袭，而

①　杨朝明主编：《曲阜儒家碑刻文献集成》（中），第981页。

②　（清）孔毓圻等：《幸鲁盛典》卷一五，文渊阁四库全书本。

③　（清）孔继汾述：《阙里文献考》卷十二《林庙第二之二》，第234页。

④　杨朝明主编：《曲阜儒家碑刻文献集成》（下），第1027页。

曲阜知县等官俱照旧留用。对于顺治帝对孔子后裔的优待，孔氏家族深为感激，特刻《顺治二年历代门政官题名碑》[1]以报答皇上隆恩。

除了在官职方面给予孔子后裔优待以外，朝廷也从教育、科举等方面予以优待。据《顺治十五年巡方缪公题复乡试恩例记碑》记载，"恩例者，始于侍御李公讳曰宣之所请也，盖缘四氏学脱科者六十余年。至万历戊午，忽中三人，适李公过曲阜，为了系节还为之虑恐不能继也，遂疏恳赐恩例每科额中二人，以亦优异"[2]。可知，应云南道御史李日宣之请，四氏学在明熹宗天启元年（1621）被编入耳字号，"中式二名"，即每次乡试将四氏学生员的卷子取出另阅，从中选中两名。后至崇祯九年（1636），明宗室分去耳字号的一个名额，四氏学也就"止中一名"了。顺治年间朝廷依据崇祯例，也只给了四氏学一个名额。由于这个名额实际上单给了孔氏家族，于是仍同编于耳字号的三氏子孙就既不能获得乡试恩例名额，又不能和普通生员"较一日之短长"，"虽有文可录取者，亦不得登贤书之例"[3]。后来在时任督学的施闰章及巡抚缪正心等人的努力下，统治者决定将明宗室分去的一个名额还给四氏学，以后以文高者取中两名。雍正二年（1724），世宗皇帝又从山东巡抚黄炳之请，增四氏学举人中额一名。清代统治者在科举上对四氏学子弟极尽优待，"无孔不开榜"的说法由此流传开来。

康熙皇帝对孔子后裔也极为优待。康熙初，十一岁的衍圣公孔毓圻入朝觐见，朝参后，从皇帝专用的御道退出；康熙十四年，授太子少师。康熙二十三年，皇帝躬诣阙里祭孔，在诗礼堂听孔尚任进讲《大学》首节，听孔尚钺进讲《周易》"系辞"首节，皇帝称赞"经筵讲官不及也"，当即谕示破格任命孔尚任、孔尚钺为国子监博士，后又拨给土地扩大孔林、为衍圣公设立百户官等。

---

① 此碑见骆承烈汇编：《石头上的儒家文献——曲阜碑文录》（下），第 748 页。

② 骆承烈汇编：《石头上的儒家文献——曲阜碑文录》（下），第 759 页。

③ 骆承烈汇编：《石头上的儒家文献——曲阜碑文录》（下），第 761 页。

雍正即位之初，就诏封孔子五代先人王爵，诏书刻之于石，立于孔庙，是为《雍正元年册封至圣先师孔子五代王碑》[①]。雍正二年（1724），增加山东乡试四氏学举人中额一名。雍正十年（1732），衍圣公孔广棨入朝，雍正帝极尽优待。

乾隆皇帝是到曲阜次数最多的皇帝，每次至阙里祭孔，除了留下众多的御书匾额之外，还优待孔氏后裔，如特授孔继汾为内阁中书舍人，赐给衍圣公孔昭焕高祖母御书"六代含饴"额，还赐诗衍圣公孔昭焕、孔宪培等。乾隆以后，嘉庆帝也给予孔子后裔优渥待遇，每次衍圣公进京朝见，都会赐给诗文作品、服饰衣物、绢帛玉器等。即使在清朝后期的道光、同治、光绪时期，亦优礼衍圣公，修缮孔庙，赐以祭田，御赐字、画、匾额等。

总而言之，有清一代，在尊崇孔子的同时，亦对孔子后裔极尽优待。

第三节　清代尊孔崇儒之原因

综观自汉以来的中国历朝历代，无论是汉族政权还是少数民族政权，其尊孔崇儒大都出于两个方面的考量：第一，政权合法性的问题；第二，国家治理的问题。孔子所创立的儒学自汉代以来上升为国家的意识形态，因此，历代帝王多以尊孔崇儒来彰显其政权合法性；儒学基于中国伦理社会所创建的系统的国家治理体系，满足了统治者们的现实政治治理需求。那么，儒学在满足了统治者治国理政之需求后，统治者对儒学是否还有更深入的信仰上的尊崇呢？清代对孔子的尊崇达到中国封建社会之最，乾隆皇帝前后八次亲诣阙里，并以九五之尊对孔子行三跪九叩之礼，尊崇之盛，超越前代。本节在此探讨清代尊孔崇儒之原因，分析儒学发展至中国传统社会末期仍吸引世人之所在。

---

① 此碑见杨朝明主编：《曲阜儒家碑刻文献集成》（中），第1014～1016页。

一、政权合法性之诉求

由于中国自古以来根深蒂固的"华夷之辨"观念，尤其明朝是朱元璋打着"驱胡虏"的旗号建立起来的，有明一代可以说是严守夷夏之防。在这样的思想观念下，加之清军入关之后实行的"圈地令""剃发令"等政策，进一步激化了民族矛盾，中原士民的反抗斗争此起彼伏，清朝政权的合法性受到挑战。这自然让刚刚入主中原的清政权无法稳固，更谈不上长久统治。

为了消解敌对与仇视，获取中原士民对清政权的认可，清朝统治者转而认同中原文化，尊孔崇儒，以承继中原"道统"自居。顺治八年（1651）所立的《遣刘昌致祭碑》与《顺治八年刘昌祭少昊碑》，记载了顺治帝遣使刘昌前来曲阜致祭孔子和少昊。在《遣刘昌致祭碑》中，顺治帝说："朕维治统缘道统而益隆，作君与作师而并重。"[1]在《顺治八年刘昌祭少昊碑》中，顺治帝又说："自古帝王，受天明命，继道统而新治统。……朕诞膺天眷，绍缵丕基。景慕前徽，图追芳躅。"[2]顺治帝一再表明"道统"对"治统"的重大影响，并明确表示认同中原文化、承继中华"道统"的意愿。在顺治帝尊孔崇儒的影响下，不断有朝廷官员前来阙里拜谒、祭祀先圣[3]，捐资修缮孔子庙、周公庙[4]，在科举考试中对孔颜曾孟四氏给予"恩例"[5]。清统治者尊孔崇儒的一系列措施，显然获得了"衍圣公府"与中原士人的支

---

① 朱福平编著：《孔庙十三碑亭》，第87页。

② 杨朝明主编：《曲阜儒家碑刻文献集成》（中），第927页。

③ 参见《顺治四年巡方吴公与祭碑》《顺治十一年两谒阙里宣圣庙碑》《顺治十五年林天擎谒庙记碑》《顺治十八年祀孔碑》等，骆承烈汇编：《石头上的儒家文献——曲阜碑文录》（下），第751～763页。

④ 参见《顺治十二年王秉乾捐俸修奎文阁题名碑》《顺治十三年颂华承恩功德碑》《顺治十四年劝输助修圣庙碑》《顺治十七年重修周公庙记碑》等，骆承烈汇编：《石头上的儒家文献——曲阜碑文录》（下），第755～762页。

⑤ 参见《顺治十五年巡方缪公题复乡试恩例记碑》，骆承烈汇编：《石头上的儒家文献——曲阜碑文录》（下），第759～761页。

持，为其合法、正统地位的获得起到了重要作用。

二、治国理政之需求

清朝自入关以来，除了政权合法性问题之外，还存在着治国理政上的文化选择的冲突问题。康熙帝幼年即位，鳌拜等四位大臣辅政期间，推行一系列"率循祖制，咸复旧章"的落后措施，不仅加剧了民族冲突，而且造成了旧制与专制皇权之间不可调和的矛盾。年轻的康熙帝清醒地认识到，本族固有的"家法""祖制""旧章"不可能强化皇权，也不足以维护和巩固新兴王朝的万世基业。于是这位自幼熟读儒家经典、接受汉文化教育的少年天子，选择将中原文化之正统——儒学作为统治思想。康熙二十三年（1684）冬，康熙帝亲临曲阜祭祀孔子，并向孔子墓行三跪九叩之大礼。这深深一跪，表达了这一少数民族政权对儒学的认同。此后，雍正、乾隆都追寻其父祖之足迹，朝圣阙里，隆祀孔子，以示"继道统而新治统"的愿治之心，希望以此获得国家的大治与王朝的久远。

除了亲临曲阜，清朝统治者们也通过刻石立碑，一而再再而三地表达对孔子的尊崇。如康熙帝说："朕惟治统缘道统而益隆，作君与作师而并重。先师孔子无其位而有其德，开来继往，历代帝王，未有不率由之而能治安天下者也。"（《康熙七年遣光禄寺正卿杨永宁致祭碑》）[1] 又说："盖深惟孔子之道，垂范今古。朕愿学之志，时切于怀。"（《康熙三十二年御制重修阙里孔子庙碑》）[2] 康熙帝还以儒家道统的继承者自居，表示要"继道统而新治统"（《康熙二十一年宋文运祭少昊碑》）[3]。雍正帝也赞扬孔子的治世之功："朕惟上帝垂祐烝民，笃生至圣先师孔子，以仁义道德启迪万世之人心。而三纲以正，五伦以明。后之继天御宇兼君师之任者，有所则效。以敷政立教，企及乎唐虞三

---

① 杨朝明主编：《曲阜儒家碑刻文献集成》（中），第 934 页。

② 杨朝明主编：《曲阜儒家碑刻文献集成》（中），第 974 页。

③ 杨朝明主编：《曲阜儒家碑刻文献集成》（中），第 954 页。

代之隆，大矣哉。圣人之道，其为福于群黎也甚溥，而为益于帝王也更宏。"
并表示要在社会治理中践行孔子之道："朕尝谓帝王之尊圣，尊其道也。尊其
道贵行其道。居行道之位，而能扩充光大，达之政令。修齐治平得其要，纪
纲法度合其宜，礼乐文章备其盛。举凡圣道之未行于当时者，悉行于后世。"
（《雍正八年御制重建阙里圣庙碑》）[①] 乾隆帝也说："治法赖以常存，人道赖
以不泯，讵不由圣人之教哉。"（《乾隆十三年至圣先师孔子庙碑》）[②] 这些碑
文记载，明确显示了清朝帝王已然认识到孔子之道对国家治理的重要性。

三、儒学与信仰

除了看重孔子之道对于政权合法性及在国家治理中的重要功用之外，
清代统治者又表现出对儒学的信仰。这尤其体现在对孔子的祭祀中。

祭祀，起源于原始宗教的神灵崇拜，本为巫师的一种权力。在向早期
国家演进的过程中，部落的上层集团逐渐攫取了祭祀这种通天的"公共权
力"，祭祀权就从巫师手中逐渐转移到部落首领手中，首领们得以逐渐掌
握控制人力和资源的方法，并使之制度化和正常化。随着早期国家的出现，
部落首领转变为君王，祭祀权就成为君王的一种特权，祭祀成为国家的大
事，所以古代文献记载："祀，国之大事也"[③]，"国之大事，在祀与戎"[④]，
"礼有五经，莫重于祭"[⑤]。这都表明祭祀在古代国家中的重要性。掌握在
各级政府手中的祭祀被称为国家祭祀，或者官方祭祀。与之相对的，那些
为一般民众所信仰，为求一己之福祉的祭祀，则为民间祭祀。[⑥] 无论是官方
祭祀，还是民间祭祀，都起源于原始宗教，都具有宗教所给予的精神、方

---

① 骆承烈汇编：《石头上的儒家文献——曲阜碑文录》（下），第 861～862 页。

② 杨朝明主编：《曲阜儒家碑刻文献集成》（下），第 1065 页。

③ 杨伯峻编著：《春秋左传注·文公二年》，中华书局 1981 年版，第 524 页。

④ 杨伯峻编著：《春秋左传注·成公十三年》，第 861 页。

⑤ 杨天宇：《礼记译注·祭统第二十五》，第 631 页。

⑥ "民祀"在很多层面与"官祀"重叠不可分。

向和祭祀获得尊重所必需的神圣性①，都属于信仰的范畴。

孔子祭祀，以"崇德""报本""教化"为主要内容。有清一代，清统治者或亲至，或遣使，对孔子的祭祀不断。虽然他们的这些举动有一定的政治目的，但基于他们的儒家文化素养，这些帝王在庄严肃穆的典礼之中，不能不说有信仰儒学的一面。

清朝诸帝大都具有很高的儒学修养。例如康熙皇帝，他自幼接受儒家教育，长大之后，更是潜心研究儒家经典。他曾在讲官的辅导下，研读朱熹所注《四书》及《尚书》《周易》《诗经》《资治通鉴》等书籍。后来，他还下令汇编朱熹论学精义为《朱子全书》。正是在对儒家文化的深刻理解之下，清帝王对于孔子表现出前所未有的崇敬。为此，康熙、乾隆亲至曲阜祭孔，并行三跪九叩大礼。正如乾隆帝所说："躬亲盥献，瞻仰晬仪，展敬林墓，徘徊杏坛，循抚古桧，穆然想见盛德之形容，怃乎若接夫闻圣人之风。"（《乾隆十三年至圣先师孔子庙碑》）②在祭祀孔子时产生崇敬之情。

综观以上，清代作为中国封建社会的末代王朝，虽然是以少数民族的身份入主中原，并统治广大地区，但统治者汉化程度高，儒家文化素养深厚，对儒学很早就表现出亲近、尊崇之举。尤其是在入关以后，出于树立正统形象，以及减轻中原士民敌视，以争取稳固政权的需要，清朝统治者更是通过隆祀孔子、修建孔庙、优待孔子后裔等一系列尊孔崇儒举措，来表达自己对中原正统文化的认同与推崇。在政治治理中，清朝统治者更是深刻明白"帝王之政非孔子之教不能善俗……政不能善俗，必危其国"的道理，因此，入主中原之初，就明确提出"治统缘道统而益隆，作君与作师而并重"的尊孔理念。由此，清统治者以"道统"的传承者自居，将道统与治统集于一身，并将尊孔崇儒推至极致。

---

① 参见廖小东：《政治仪式与权力秩序——古代中国"国家祭祀"的政治分析》，中国社会科学出版社 2014 年版，第 160 页。

② 杨朝明主编：《曲阜儒家碑刻文献集成》（下），第 1066 页。

第八章　曲阜碑刻文献的价值与意义

在中国文化史上，孔子编订《诗》《书》等古代文献，使得"六经"成为儒家学派的经典文献，奠定了儒家文献发展的基础。自汉代儒学上升为国家的正统思想以来，历代儒者对儒家经典文献更是不断注释、阐发，同时，也对儒学的发展等予以记载、评论和总结，从而使得相关典籍不断增加，由此形成了中国历史上浩如烟海的儒学文献。和历史上大量的传世典籍相比，曲阜碑刻显得数量较少、记载内容相对单一，而且刻之于石，不便移动，更遑论携带与翻阅。然而，也正是由于这些特殊性，这批石刻文献在历史上众多的儒学文献中，价值显得尤为显著。

第一节　特色鲜明的儒家文献

曲阜碑刻与孔子、儒学联系密切，故而有学者将它们称为"石头上的儒家文献"。和传世文献相比，这批石刻文献除了书写载体特殊之外，其存在空间、书写群体、记载内容、社会影响等方面都显得比较特殊，这使其成为儒家文献中颇具特色的一种。其中，特殊的存在空间与特殊的书写群体又是其最为基础和最为突出的特点。

一、特殊存在空间里的儒家文献

和传世儒家典籍多藏于书阁、置于案头不同，曲阜碑刻被树立、保存于曲阜这一特殊的文化之地。

首先，曲阜历史文化悠久。曲阜是周朝封国鲁国的国都，第一任诸侯国国君是周公的长子伯禽。《左传》定公四年记载，成王"因商奄之民，命以伯禽而封于少皞（昊）之虚"①，可知鲁国建立以前，曲阜一带曾是传说中的东夷氏族首领少昊活动的地区，又是商朝所统辖的区域；文献记载曲阜还一度是商朝都城，后第19位国君盘庚迁于殷（今河南安阳）。此外，文献记载太昊、炎帝、黄帝、颛顼等古代帝王也曾活动于曲阜一带。②这些记载与古史传说，都表明曲阜有着悠久的历史文化。

鲁国建立之后，周王室为"褒周公之德"，特许鲁国可以"世世祀周公以天子之礼乐"③，"鲁得立四代之学"④。这些政治、文化"特权"，使得鲁国成为当时各诸侯国中保存宗周礼乐最为完备的国家，所以《左传》昭公二年记晋国的韩宣子到鲁国聘问时，他在鲁国观书于大史氏，见《易》《象》与《鲁春秋》后，说道："周礼尽在鲁矣，吾乃今知周公之德与周之所以王也。"⑤此外，《左传》襄公十年也记春秋时期有"诸侯宋、鲁，于是观礼"的说法。显然，周公"制礼作乐"对鲁国影响深远，伯禽及其后人继承周公之志，将宗周的礼乐文明推行、传播于鲁国地区，由此使得鲁国在"礼崩乐坏"的春秋时期成为保存周代礼乐最为完备的诸侯国。

---

① 杨伯峻编著：《春秋左传注·定公四年》，第1537页。

② 张守节《史记正义》引《帝王世纪》云："炎帝自陈营都于鲁曲阜。黄帝自穷桑登帝位，后徙曲阜。少昊邑于穷桑，以登帝位，都曲阜。颛顼始都穷桑，徙商丘。"《史记正义》又曰："穷桑在鲁北，或云穷桑即曲阜也。又为大庭氏之故国，又是商奄之地。"

③ 杨天宇：《礼记译注·明堂位第十四》，第391页。

④ （清）阮元校刻：《十三经注疏》，第3230页。

⑤ 杨伯峻编著：《春秋左传注·昭公二年》，第1227页。

悠久的历史、完备的礼乐文化，为孔子思想的产生和儒家学派的创立奠定了基础，也使得曲阜在历史上逐渐形成了众多与古代帝王相关的文化遗迹，例如黄帝诞生地寿丘、少昊陵、周公庙等。这些文化遗迹地处曲阜，与儒家文化息息相关，也显示出中华民族历史文化的悠久与厚重。

其次，曲阜是孔子的故乡。孔子生于斯，葬于斯，在曲阜形成了以孔庙为代表的供后人纪念、缅怀孔子的儒家文化遗迹。鉴于孔子与儒学在传统中国中的地位，以及孔庙与孔子祭祀的象征意义，儒学对政治、文化、信仰等，都具有重要影响。

孔庙本为孔子后裔及其弟子祭祀、缅怀孔子的家庙。《史记·孔子世家》记载：

> 孔子葬鲁城北泗上……弟子及鲁人往从冢而家者百有余室，因命曰孔里。鲁世世相传以岁时奉祠孔子冢，而诸儒亦讲礼乡饮大射于孔子冢。孔子冢大一顷。故所居堂、弟子内，后世因庙，藏孔子衣冠琴车书，至于汉二百余年不绝。[①]

据此可知，在孔子去世之后至汉初二百余年间，在鲁城曲阜，孔子祭祀、儒礼讲习活动不断，除了"孔子冢"，人们又因宅立庙。这时候的"孔子庙"虽为家庙，但"藏孔子衣冠琴车书"，供人缅怀与凭吊。

汉代以来，随着儒学受到尊崇与孔子"儒宗"地位的逐渐确立，孔庙与祭孔之礼获得长足发展。西汉时期，汉政权给予孔子后裔世袭爵位，赐以食邑，使其代表国家祭祀孔子，孔庙由"私庙"逐渐转化为"官庙"。同时，祭孔之礼也超出私家"血缘"性祖先祭祀的范畴，逐渐发展演变为主祭孔子并以历代儒家圣贤从祀的国家祀典。此外，魏晋以来，孔庙作为礼制性建筑，逐渐"走"出阙里，被设立于京畿国学之中，至唐太宗时，又

---

① （汉）司马迁：《史记》卷四十七《孔子世家》，第1945页。

下诏在州、县学遍设孔子庙。由此，上至京师，下至地方州县，孔庙遍设于天下。

在上述发展与变化中，孔庙尤其是曲阜孔庙，在中国传统社会中担负起了重要职责，且具有多重象征意义。

第一，孔庙的官庙性质，以及孔子祭祀被纳入国家祀典，使得孔庙成为历代政权宣示正统思想及其文化认同的重要场所。

第二，孔庙祭祀以孔子为主祭，以历代儒家圣贤为从祀，是传统中国祭祀儒家圣贤的庙堂，这使得孔庙成为传统社会中宗师仲尼的儒家士人的精神家园。

第三，孔庙也是古代社会重要的教化之所。孔子生前德学兼修，是知识渊博的智者，更是道德的楷模，他开门授徒，首先看重的也是对弟子们的人格培养与道德教化。汉代以来，《诗》《书》《礼》《易》《春秋》《论语》等儒家文献被官方确立为"经典"，成为传统社会中士人的必读之书。司马迁在《史记·孔子世家》中曾说："诗有之：'高山仰止，景行行之。'虽不能至，然心乡往之。余读孔氏书，想见其为人。"[1]孔子也说："祭如在，祭神如神在。"[2]因此，在祭祀孔子的庙宇中，每一个身临其境者，心中自然也会生发出"想见其为人""祭如在"之感受，进而催人向上。魏晋以来"庙学合一"制度的推行，尤其是唐代规定在国子监及府、州、县各级国立学校建孔子庙，都是出于孔庙祭祀所具有的对人的教化功能。

曲阜碑刻正是被树立于在中国传统社会中地位颇为特殊的曲阜一地。在这一特殊的存在空间里，碑刻作为重要的一部分也融入其中，而且以"能记述""会讲话"承担起特殊的使命。

---

① （汉）司马迁：《史记》卷四十七《孔子世家》，第1947页。

② 杨伯峻译注：《论语译注·八佾第三》，第29页。

二、特殊书写群体的儒家文献

曲阜，尤其是曲阜孔庙的特殊地位，决定了能够进入孔庙拜谒、瞻仰者大都不是一般的民众，能撰写、刻立石碑，尤其是将其人其事载入石碑者，更是有着不平常的身份。综观曲阜所存碑刻，碑文撰写、石碑树立者，主要是以下几类人群：

（一）历代帝王

曲阜所存碑刻，有一部分是由历代帝王亲自撰写、刻立，或者是由孔子后裔刻立的帝王褒封孔子、敕修孔庙、优待孔氏后裔的敕令、诏书等。

孔子与儒学在传统中国中的地位，以及孔子祭祀之于国家、社会的重要意义，吸引着历代帝王前来曲阜拜谒、祭祀孔子。据载，历史上曾经有十二位皇帝十九次到曲阜孔子庙祭祀，其中有一些帝王在此刻碑作记，阐发他们对孔子与儒学的认知。例如，宋真宗于大中祥符元年（1008）至曲阜拜谒孔子，留下《大中祥符元年文宪王赞碑》等碑刻；康熙二十三年（1684），康熙帝亲临曲阜祭孔，留下《康熙二十三年御书过阙里诗碑》等；乾隆皇帝曾八次到曲阜，更是留下不少碑刻。

除了亲至亲书，一些帝王虽未亲临曲阜，但颁布了不少加封、尊崇孔子及优待孔氏后裔的诏书、敕令等，这些大都刻之于碑石之上。例如，《大唐赠泰师鲁先圣孔宣尼碑》碑阴刻有唐太宗封孔德伦为褒圣侯诏、唐高宗准皇太子弘建阙里孔庙碑诏、皇太子弘表；《太平兴国八年重修兖州文宣王庙碑铭》，为宋太宗敕吕蒙正撰文、白崇矩书写；《大德十一年加封孔子制诏碑》，为元武宗加封孔子为"大成至圣文宣王"的诏书；《弘治十六年重立洪武诸神封号诏旨碑》，为明太祖去除岳镇海渎等诸神神号，但保留孔子所有封号的诏书；《成化四年御制重修孔子庙碑》，为记载明宪宗下诏重修孔子庙之碑，等等。

曲阜孔庙自金明昌六年（1195）即建造碑亭来专门保护历代御制石碑，至清代共建造十三座，位于奎文阁北的孔庙第六进院落中，被称为"十三御碑亭"。十三座碑亭南八北五，分两行排列，其中南排中央两座为元代所建，元代碑亭两侧的两座为金代所建，其余四座为清代碑亭；北排五座均为清代所建，分别建于清康熙、雍正、乾隆年间。这十三座碑亭，矗立于曲阜孔庙之中，肃穆无言，却彰显了历代帝王对孔子的尊崇。

（二）中央官员

除帝王之外，曲阜碑刻的刻立、书写者，大部分为中央及地方各级官员。这主要是因为除了皇帝亲自幸鲁祭祀，更多的是皇帝遣官祭告和遣官致祭。

孔子庙祭告，是国家有大事时皇帝遣官到孔子庙祭祀。据学者考证，"告祭始于唐代，乾封元年（666）因追赠孔子为太师、维修曲阜孔子庙和免除孔子长孙赋役事派遣司稼卿扶余隆专程到曲阜孔子庙祭告。元代祭告大兴，皇帝登基、追封孔子、改变文庙祀典、维修文庙都要遣官祭告。……清代祭告最多，平定叛乱、祈求丰年、皇帝登基及逢十大庆、皇帝或皇太后逢十大寿、皇帝南巡、皇帝及太后升配礼成、追封孔子五代先人为王、立国储、立正宫、孔子庙大成殿上梁出现庆云都遣官祭告……"[①]

遣官致祭，是皇帝派遣官员作为代表，到孔子庙祭祀孔子。除了遣官至国子监文庙致祭，也遣官至曲阜致祭，"遣官曲阜致祭始于北魏皇兴二年（467），献文帝派遣中书令高允到曲阜孔子庙以太牢致祭。唐、宋、金三朝遣官致祭很少，元末最频，惠宗每隔几年就遣官致祭一次。明清遣官致祭仍然很少，明弘治十二年（1499）、清雍正二年（1724）曾遣官慰祭，都是因孔子庙遭受雷击被焚"[②]。

遣官祭告和致祭，使得历代来曲阜的中央官员络绎不绝。前来祭祀的中央官员是帝王的代表，所传达的是帝王的旨令，因此，无论是官方还是孔氏一族，往往要书于典册，并刻石以记，这正如《康熙三十四年幸鲁盛

----

① 孔祥林、管蕾、房伟：《孔府文化研究》，中华书局2013年版，第221页。

② 孔祥林、管蕾、房伟：《孔府文化研究》，第221页。

典告成记碑》所载："爰考汉唐以来，迄于昭代，凡有事阙里者，必勒石以书姓氏。"①

(三) 各级地方官员

曲阜碑刻的刻立者还有一些是各级地方官员。司马迁《史记·孔子世家》记载："高皇帝过鲁，以太牢祠焉。诸侯卿相至，常先谒然后从政。"②此言汉初高祖祭孔之举，引得后世官员纷纷效仿，尤其是管理鲁地与曲阜当地的官员，赴任之前往往要先祭祀孔子。曲阜碑刻中的一部分，正是由辖管曲阜一地的各级官员，以及赴周围地区上任而途经曲阜的官员拜谒孔子时所刻。

作为曲阜一地的管理者，曲阜当地官员多立碑以记载当地政府在祭孔、修庙、理政等方面的功绩，如《永兴元年乙瑛置守庙百石卒史碑》《建宁二年史晨前后碑》《永寿二年韩敕礼器碑》；有的碑刻是由当地官员的门人、弟子或同僚所刻立，以称颂其在基层治理有方，如《兴和三年李仲璇修孔子庙碑》《大业七年修孔子庙之碑》等。这些碑刻也向后世展示了基层官吏的治政之方。

(四) 孔子后裔

除各级官员外，曲阜碑刻的刻立者多为孔氏后裔，包括袭封衍圣公、曲阜县尹、孔氏族长或者身居要职的孔子后裔。

自汉代开始，孔子后裔除执行"家祭"之外，还代表国家管理孔庙、祭祀孔子等，这一方面是其慎终追远的职责所在，另一方面也是传承孔子之道的荣光。因此，以衍圣公为代表的孔氏后裔，多留心记载历代与孔子祭祀、尊孔崇儒相关的事迹，对于其中重要之事，除了书于典册，还刻碑勒石，树立于孔庙等重要位置。

综观以上，特定的存在空间，特殊的书写、刻立人群，使得曲阜的碑

---

① 杨朝明主编：《曲阜儒家碑刻文献集成》（中），第 981 页。

② （汉）司马迁：《史记》卷四十七《孔子世家》，第 1945～1946 页。

刻文献独具特色。这批以尊孔崇儒为主要内容的儒家文献，虽然无法全面记载与呈现儒学在学术上的发展与演变，却直观而具体地向我们讲述了儒学与历代政权的互动与发展。同时，也因为特殊的存在空间与书写、刻立人群，曲阜碑刻文献在历史上发挥了传世典籍所不能比拟的作用。

第二节　曲阜碑刻的价值与意义

一、一部"官修儒学史"

曲阜碑刻主要体现了中国传统社会历代统治者对孔子、儒学的态度。幢幢石碑，贯穿了由汉至清两千多年的古代中国，也贯穿了儒学在古代中国重要发展演变的历史时期。因此，曲阜碑刻是儒学发展的具体体现与缩影，因其与政权联系密切，故曲阜碑刻可以称得上是一部"官修儒学史"。

（一）以尊孔崇儒为主线

综观曲阜碑刻，从总体上来看，尊孔崇儒始终存在于由汉至清两千多年的传统社会中，而且尊崇的规格呈现出逐渐提高的趋势。然而，将历史发展与曲阜所存碑刻相对照，却又可看出历史上尊孔崇儒之反复。以曲阜碑刻观之，历史上的尊孔崇儒主要体现为以下几个特点：

首先，基本符合历史上"治世尊孔""乱世反孔"的规律。

中国历代政权的兴亡更替都是在"治""乱"之间进行的。对于历史上每一个政权对待孔子的态度，一些学者分析总结出"凡是治世都尊孔，凡是乱世都反孔"[①]的规律。曲阜碑刻所体现的历代尊孔崇儒的特点，基本符合这一规律。单从曲阜碑刻刻立的时间分布和数量分布来看，碑刻多出现于国家（政权）统一、社会秩序比较稳定的时期，而像魏晋南北朝、五代

---

① 金景芳、吕绍纲、吕文郁：《孔子新传》导读，长春出版社 2006 年版，第 2 页。

十国等历史上封建割据严重、战乱频繁、政权更迭不断的时期，碑刻就比较少，甚至没有。虽然根据史籍记载，其中也有政权采取了一些尊孔崇儒的举措，但没有反映在碑刻上，这其中有诸多原因，但主要是因当时社会混乱所致。每当"乱世"结束，新的政权初定天下，尊孔崇儒的碑刻就会出现，且碑刻随着政权愈加稳固、政治愈加清明而越来越多，像《太平兴国八年重修兖州文宣王庙碑铭》是北宋在击败后蜀、南汉、北汉等五代十国残余割据势力，基本统一全国之后，宋太宗"光阐儒风"、兴修文教，从而诏修孔子庙时所立；元太宗六年（1234）蒙古人灭金，取得包括曲阜在内的北方地区的统治权，元太宗命人访求孔子五十一代孙孔元措，封其为"衍圣公"，令其修缮孔庙等，并给予孔氏后裔免除差役、赋税等优待，这些尊孔举措体现于元朝初期的《元太宗九年曲阜文庙免差役赋税碑》《元太宗十一年褒崇祖庙记碑》等碑刻中。具体到一个朝代也是如此，帝王作为、政治清明、社会稳定的时期，碑刻就较多，例如宋代的真宗、仁宗、哲宗在位期间，曲阜刻立的碑刻较多，统治者对孔子及其后裔的尊崇措施也较多，而且从这一时期逐渐增多的拜谒题名碑碣中可以看出，各地官员、儒士至鲁拜谒孔子蔚然成风。再如元代元世祖、成宗、武宗、仁宗、文宗等朝碑刻也比较集中。因此，从这些碑刻刻立的时间及数量分布，都可看出中国历史上"治世尊孔""乱世反孔"这一鲜明的尊孔崇儒特色。

其次，"乱世"也有尊孔之举。

自汉代儒家思想被确立为官方的正统思想以来，推尊孔子、崇尚儒学，成为一个政权标榜其政权合法性的重要标志。因此，在历史上多个政权并立对峙的"乱世"，各个政权也往往注重尊孔崇儒。例如，在汉末割据中崛起的曹魏政权，在其建立之后，天下仍处于割据状态，并形成魏、蜀、吴三国鼎立的政权对峙局面，为标榜其政权合法性，曹魏政权采取一系列的尊孔举措，如《黄初年间鲁孔子庙之碑》所载褒封宗圣侯、修建庙学等。再如南北朝时期，政权更迭不断，但这一时期的尊孔崇儒活动比较频繁：北魏太和十三年（489）秋七月，孝文帝于京师（平城）立孔庙^①。太和十九年（495），孝文帝又亲至阙里，祭祀孔子庙，为孔子起园柏，修饰坟垄^②；诏封孔子后裔孔灵珍为"崇圣侯"^③。天保元年（550），北齐初立，文宣帝诏封"崇圣侯"邑一百户，以奉孔子之祀，并下令鲁郡以时修治庙宇，务尽褒崇之至^④。太平二年（557），梁敬帝则下诏议立"奉圣"之后，并对孔子庙堂予以修缮^⑤。虽然由于南北分裂、社会动乱等原因，这些并没有反映在碑刻上，但根据史籍记载，以及曲阜现存的《正光三年魏鲁郡太守张府君清颂之碑》《兴和三年李仲璇修孔子庙碑》等少数碑刻，仍可见这一时期的尊孔崇儒之举。

再次，少数民族政权尊孔崇儒更加兴盛。

曲阜现存碑刻中有很大一部分是少数民族政权统治时期刻立的，主要有鲜卑族建立的北魏、女真族建立的金、蒙古族建立的元、满族建立的清。骆承烈先生《石头上的儒家文献——曲阜碑文录》共辑录1025幢石刻，其中少数民族政权统治时期刻立的就有近450幢，大约占了总数的一半。另外，曲阜孔庙中的"十三碑亭"，均为少数民族政权统治时期所建立。其中南排八座中的东起第三座、第六座建立于金代，第四座、第五座建立于元代；其余四座为清朝时期所建。北排五座均建立于清代。仅从碑刻及御制碑亭的数量上，就可见少数民族政权尊孔之盛。

此外，从碑刻的内容来看，少数民族政权对孔子也极尽尊崇。例如《大德十一年加封孔子制诏碑》记载元武宗加封孔子为"大成至圣文宣王"。清代碑刻也记载了康熙帝、乾隆帝亲至曲阜祭孔之事，尤其是乾隆帝，前后共八次至曲阜祭孔，且行三跪九叩之大礼，可见其对孔子的尊崇。另外，

① （北齐）魏收：《魏书》卷七下《高祖本纪》，第165页。

② （北齐）魏收：《魏书》卷七下《高祖纪下》，第177页。

③ （金）孔元措编撰：《孔氏祖庭广记》卷第一《追崇圣号》，第66～67页。

④ （唐）李百药：《北齐书》卷四《帝纪第四·文宣》，第51页。

⑤ （唐）姚思廉：《梁书》卷六《本纪第六·敬帝》，中华书局1973年版，第147页。

清代在孔子祭祀的规格、孔庙的规格、对孔子后裔的优待等方面，都有很大的提升。这些林林总总的尊孔举措，无不显示出这些少数民族政权尊孔之盛。

总而言之，曲阜碑刻可以称得上是一部以"尊孔崇儒"为主线的儒学史，且具体而鲜明地显示出历代政权尊孔崇儒之特色。

（二）集中展现儒学与政权的互动

毋庸置疑，正是在统治者和儒生们的助推下，儒学跃居为国家的正统思想，而孔子的形象，也"由一介有教无类的夫子，逐渐蜕化成'帝王师'，最后汇归为'万世道统之宗'"①。同时，孔子与儒学，也以其丰富、系统且适应中国社会的思想理论与治世之功，保障着历代政权的稳定发展，也由此保证了中华民族几千年文明的绵延不绝。巍巍孔庙，幢幢石碑，展现的正是两千多年来儒学与历代政权的互动。

首先，儒学在国家政权的支持下，获得各项制度保障，从而使得孔子、儒学的地位不断提升。从曲阜碑刻记载可知，自汉代起，孔子就成为"为汉制作""为汉定道"的圣人，孔子祭祀也逐渐被纳入国家祭祀的范畴；曲阜孔庙的建筑规模不断扩大；孔子后裔的爵位、待遇不断提高……这一系列的尊孔崇儒举措，是儒学在国家、社会层面获得尊崇的具体体现。

其次，儒学为统治者提供治国理政的理论学说，有助于政权稳固与社会有效治理。这从碑刻所载历代政权对孔子的赞辞中明显可见，例如汉碑中的"为汉制作"，唐碑中的"君长万叶，毕归心于素王"，金碑中的"期与万方同归文明之治"，明碑中的"孔子之道，天下一日不可无焉"，清碑中的"治统缘道统而益隆"，表达的都是孔子之道对于国家、政权的重要意义。

对于两者的互动，前面几章已具体论述，在此不再赘述。总而言之，曲阜碑刻这部"儒学史"，是儒学与历代政权互动的具体见证。

---

① 黄进兴：《优入圣域：权力、信仰与正当性》，第180页。

（三）传统儒学史的补充

众所周知，现在有关中国儒学史的撰写，往往以重要儒家人物的思想理论为发展脉络与主要内容，因此有学者指出当下儒学研究中存在"非历史主义倾向""儒家被约化为一种思想学说"的问题。而曲阜碑刻这部"儒学史"，显然与传统的儒学史有很大不同，它以独特的记载方式与独特的视角，有所侧重地反映了孔子之道在传统社会实践层面的存在与影响。相对于传统儒学史，这一补充，可以丰富儒学史内容，使儒学史更加具体与生动。

曲阜碑刻涉及众多历史人物及事迹。这些人物，既有帝王、公卿士大夫等传统社会的高层精英，又有地方基层官吏，还有孔氏后裔、文人学士，甚至也有一些普通民众。这些人物，并未如历代大儒那样在儒学学理的探究与发展上做出重要贡献，但他们是儒学由理论落实到社会实践，进而用儒学治国理政、宣风敷化、引领社会的重要推动者和践行者。

如下诏树立"成化碑"等各御制碑的历代帝王，他们在孔庙树立石碑及石碑所载他们对孔子之道的评价，是当时社会最高统治者尊孔重儒的最直接体现，此举必然成为引领儒学发展的风向标，同时也将推动儒家理念向社会民众渗透。

如元初给予孔氏各方关照的地方士绅严实，甚至"竹林堂头简老""长春宫大师萧公"等，这些公卿大臣及教派领袖，在儒学发展不振的时期，以自己的能力，助推孔氏家族的延续与儒学的复兴。

如碑刻中记载的乙瑛、韩敕、史晨、张猛龙、陈叔毅等地方基层官吏，他们的生平事迹，除碑刻之外，传世文献很少涉及，甚至没有记载，但他们或者在孔庙的管理与修建方面恪尽职守，或者"阐弘德政""宣风敷化"，在社会治理中践行孔子之道。

如孔宙、孔谦、孔道辅、孔元措等孔子后裔，他们秉承祖志，"祖述家业""绍圣作儒"，自觉承担起传承与弘扬孔子之道的职责。

这些人物及事迹大多没有出现于一般的儒学史的记载之中，但他们在儒学的发展中尽了自己的一份力。"众人拾柴火焰高",儒学历经两千多年而绵延不绝,经久不衰,除了历代大师、大儒在学理上的探究与推动,更离不开以帝王为首的各级统治者在实践层面的推动。碑刻记载的这些人物及事迹,正是传统儒学史的补充。

二、"孔子之道"的承载者与传播者

《明史》记载洪武二年(1369),朱元璋下令孔庙春秋释奠只行于曲阜孔庙、天下不必通祀时,遭到当时的刑部尚书钱唐、侍郎程徐等人的反对,程徐说:"孔子以道设教,天下祀之,非祀其人,祀其教也,祀其道也。今使天下之人,读其书,由其教,行其道,而不得举其祀,非所以维人心扶世教也。"程徐此言,可谓一语中的。实际上,历代以孔子祭祀为主的尊孔崇儒,旨在表达对孔子之道的认同与尊崇,并由此强化、传播孔子所确立的价值观,以此达到人心稳定、社会和谐有序发展的作用。"丹青所以图盛迹,金石所以刊不朽",曲阜碑刻作为曲阜孔庙密不可分的一部分,更以其"能记述""会讲话"担负起这一重要职责。

(一) 记载历代政权对孔子之道的认同与尊崇

由汉至清,历代政权对孔子之道的认同与推崇贯穿始终。东汉时期的《永寿二年韩敕礼器碑》中称"孔子近圣,为汉定道",《建宁二年史晨前后碑》亦称孔子"主为汉制,道审可行";曹魏政权所立《黄初年间鲁孔子庙之碑》中感叹孔子生前"欲屈己以存道,贬身以救世";唐《开元七年鲁孔夫子庙碑》中称颂孔子"元功济古,至道纳来";宋太宗诏令吕蒙正所撰《太平兴国八年重修兖州文宣王庙碑铭》中说"昭昭焉,荡荡焉,与日月高悬、天壤不朽者,夫子之道乎";金《承安二年党怀英撰重修至圣文宣王庙碑》中说"期与万方同归文明之治,以为兴化致理,必本于尊师重道";元《大德五年大元重建至圣文宣王庙之碑》曰"孔子之道,垂宪万世。有国家者,所当崇奉";明宪宗《成化四年御制重修孔子庙碑》中更是开篇即称"朕惟孔子之道,天下一日不可无焉";清《康熙三十二年御制重修阙里孔子庙碑》曰"盖深惟孔子之道，垂范今古。朕愿学之志，时切于怀"，清代帝王致祭碑中更是一再表明"治统缘道统而益隆"。

以上对孔子之道的认知与称颂，或出自御制碑，或出自代祀碑，或出自地方官吏呈奉给帝王的奏章碑，因此，这些对孔子之道的认知与称颂，体现的是当时政权对孔子及其思想学说的态度。从这些认知与称颂中，可知历代政权认同孔子之道对于国家治理、社会教化的重要作用，并将其作为国家的"根本大法"来予以遵循与崇奉。这些碑刻，体现了历代政权对孔子之道的选择与认同，尤其是在曲阜、在孔庙这一特殊的文化空间里，意义更为显著——昭示着当时社会的文化正统之所在，引导着当时社会核心价值观的形成与确立。

（二）宣扬、传播"孔子之道"

在曲阜碑刻中，记载了历代政权对孔子思想的宣扬与践行。例如，汉代统治者奉行"以孝治天下"，国家的律令政策、选官制度等都与"孝"结合起来，由此，"孝"成为当时社会的核心价值观之一。《永兴元年乙瑛置守庙百石卒史碑》就记载了首任孔庙百石卒史孔龢除了符合年四十以上、"经通一艺"等要求之外，还有重要的一点是"事亲至孝"。另外，《永兴二年孔谦碑》记孔谦"长膺清妙孝友之行"，《汉泰山都尉孔君之碑》《建宁四年博陵太守孔彪碑》《汉故豫州从事孔君之碑》记载孔宙、孔彪、孔褒都曾举孝廉。显然，汉碑所载即当时社会倡导"孝道"的反映，同时，又通过碑刻这一特殊的传播载体，向社会宣扬了儒家"孝道"。

再如魏晋南北朝时期是佛、道二教发展兴盛的时期，据《魏书·释老志》记载，北魏孝文帝太和元年（477），"京城内寺新旧且百所，僧尼二千余人，四方诸寺六千四百七十八，僧尼七万七千二百五十八人"。至宣武帝延昌年间（512—515），"天下州郡僧尼寺，积有一万三千七百二十七所，徒侣逾众"。佛教如此之盛，对于儒学的冲击也非常严重，西汉以来儒学在思想界的一统局面被打破。曲阜所存《神龟二年魏兖州贾使君之碑》《正光三年魏鲁郡太守张府君清颂之碑》《兴和三年李仲璇修孔子庙碑》《乾明元郑述祖夫子庙碑》等石碑就是在这样的背景下被树立的。虽然碑文主要称颂贾思伯、张猛龙等地方官吏，但也宣扬了儒家思想。这些官吏在社会治理中践行儒家治理理念，"礼义用兴，关境怀仁""治民以礼，移风以乐"。"仁""礼""义"等儒家思想不仅通过地方官吏的礼乐教化渗透于社会，而且树碑立石于曲阜孔庙，扩大了儒家思想的传播范围。可以想见，在儒学遭受佛、道冲击之际，孔子之道与儒家信仰遭遇危机之时，这些石碑被刻立于孔庙，其价值与影响不言而喻。

实际上，曲阜所存其他朝代的碑刻也都记载了不同历史时期对孔子之道的宣扬。这些碑刻是孔子之道历经两千多年绵延发展而不绝的见证，更是孔子之道有力的传播者与推动者。

综观以上，曲阜碑刻作为产生、存在于曲阜这一特殊的文化空间里的产物，其价值与意义不言而喻。当然，这一特殊性也使得曲阜碑刻存在一定的局限性，例如，因为碑刻主要集中于记载历代尊孔崇儒等，内容较为单一，无法全面反映儒学的历史发展与演变。此外，历代统治者以获得政权合法性、维护统治为主要目的尊孔崇儒，在一定程度上不能真实反映儒学在那个时代的状况。像元代，相较于其他朝代，元代碑刻数量增长明显，且碑文记载元朝政权对孔子的尊崇大大超过了前代，然而，儒学在元代的真实地位并不像碑刻所体现的那样，元代时期是儒学发展相对低迷的时期。这就需要我们重视碑刻记载，但又不能盲目信从，而是将碑刻与史籍记载相互对照，探究儒学发展的真相。

结　语

　　在由汉至清两千多年的中国传统社会中，儒学一直作为中国传统社会的主流思想形态而存在，历代尊孔崇儒之风由此日趋兴盛。在漫长的历史长河中，以"政治—教化"为主题，儒学与政权、士大夫与民众、政治与社会等之间形成了互动关系。作为孔子故里，曲阜尤其是曲阜阙里孔庙，成为历代政权传达治国理念、宣示儒家教化的重要平台。以尊孔崇儒为主要内容的曲阜碑刻，可谓儒学与历代中国社会"互动"关系的历史见证。

　　透过历代形制与内容各异的碑刻，儒学发展的阶段特征及不同历史时期人们对儒学的不同理解都得以清晰呈现。而在这些差异之外，也有一个儒学在中国传统社会存在与发展的共同点，那就是：历代政权在实际的社会治理中，都无一例外地选择尊孔重儒、以儒治国。历代政权为何对孔子、儒学如此尊崇？这与儒学所具有的关注社会现实、关注世道人心的治国理政特质密不可分。儒学关注社会、人心，强调"内圣外王"，致力于社会有序发展和人民安居乐业。因此，在儒学中，"德政""仁政"是其主要的政治主张，"君君""臣臣""父父""子子"是维护社会有序发展的礼法规范，仁、义、礼、智、信等是主要的社会伦理道德范畴。所以，古人总结的"以佛治心，以道治身，以儒治世"的"三教功能"，是对儒学在传统社会治国理政及伦理道德的宣扬、世道人心的维系方面举足轻重作用的概括。尽管我们不能否认历代政权对于孔子之道的褒扬、推崇有"维护统治"的一面，但是从根本上说，正是儒学自身的优势与特质，才使其得到政权的青

昧。借助于政权的推广，孔子之道也在社会中实践、推广开来，成为所谓
"民生日用不可暂缺"者。可以说，基于儒学的功能，儒学才有朝廷的尊崇，
借助朝廷的尊崇，儒学得以更广泛地影响社会。显然，历经两千多年的相
互影响与渗透，儒家思想已内化为中华民族独特的文明基因。

　　然而，在中国历史上，儒学之于中华民族的重要意义，一度被颠覆。
晚清至近代以来，鸦片战争的隆隆炮声打开了中国的大门，西方资本主义
列强侵入，中国沦为半殖民地半封建社会。在日益严重的封建统治危机与
民族危机下，一些以天下为己任的有识之士毅然担负起救亡图存的大任。
他们顺应历史潮流，学习西方先进的文化、制度，进而反帝、反封建。儒
学在与社会结合的过程中所呈现出的一定的威权色彩，恰恰成为封建政治
的指导思想和理论基础。于是，在一些激进的知识阶层那里，儒学被认为
是造成中国落后挨打、阻碍中国进步发展的主要因素，故而承载儒家思想
理论的政治制度、以儒学为代表的传统文化成为被抨击与改革的主要对象。
从康有为、梁启超领导的戊戌维新运动，到孙中山领导的辛亥革命，再到
陈独秀、李大钊等人领导的五四新文化运动，对孔子、儒学的抨击越来越
激烈。正像有的学者所说，儒学几乎尽失其具体的托身之所，变成了"游
魂"。不仅如此，新文化运动强化民主、自由与儒家观念非此即彼的对立关
系，由此使得儒学"是现代化的对立者"的观念深入人心。因此，在20世
纪很长的一段时间里，儒学留给民众的是专制、愚昧、落后的形象。

　　可喜的是，在20世纪后期，特别是改革开放以来，儒学再次回归人
们的视野并呈复兴之势。改革开放推动了中国经济的发展，给中国带来翻
天覆地的变化，然而，在经济大发展的同时，道德失范、信任危机也成为
需要解决的社会问题。面对这一状况，各界人士及社会学家都进行了反思，
积极研究解决对策，由此传统文化逐步受到重视，人们希望重拾传统文明，
以孔子思想整顿道德人心。实际上，面对现代工业文明所带来的社会弊端，
全世界都在思考这样的问题，也都看到了孔子思想的价值。例如，1988年
1月在巴黎举行的第一届诺贝尔奖获得者国际会议上，针对"面向二十一

世纪"的会议主题,有科学家提出:"如果人类要生存下去,就必须回到二十五个世纪以前,汲取孔子的智慧。"这一提议获得其他诺贝尔奖获得者们的认同,并作为会议的结论之一对外发布。[①]可见,孔子思想历经两千五百多年的发展,具有超越时空的普世价值。由此,历经近一个世纪的消沉低迷,儒学再次以其强大的生命力,在现代社会蓬勃发展。

如今,当我们徜徉于圣城曲阜,走进庄严肃穆的孔庙、苍柏葱郁的孔林,以及周公庙、颜庙、少昊陵、尼山书院等这些大大小小的文化遗迹,历览树立于其中的碑碣,透过它们或清晰可辨、或斑驳难识的碑文,明晰历代政权及士大夫对于孔子之道的褒扬与认同,体会历代精英阶层对孔子之道辅世功能和伦理道德价值的深刻理解,了解孔子思想学说与中国传统社会的互动与互融,我们更能理解孔子之道超越时空的价值与永恒的生命力。

---

① 澳大利亚国家图书馆网站: http://trove.nla.gov.au/ndp/del/page/10999647? zoomlevel=1。

主要参考文献

一、古代典籍

（汉）许慎撰，（清）段玉裁注：《说文解字注》，上海古籍出版社1981版。

（汉）司马迁：《史记》，中华书局1959年版。

（汉）班固：《汉书》，中华书局1962年版。

张世亮、钟肇鹏、周桂钿译注：《春秋繁露》，中华书局2012年版。

（魏）徐幹撰，孙启治解诂：《中论解诂》，中华书局2014年版。

（晋）葛洪著，杨明照校笺：《抱朴子外篇校笺》，中华书局1997年版。

（晋）陈寿：《三国志》，中华书局1959年版。

（南朝宋）范晔撰，（唐）李贤等注：《后汉书》，中华书局1965年版。

（南朝梁）萧子显：《南齐书》，中华书局1972年版。

（南朝梁）沈约：《宋书》，中华书局1965年版。

（北魏）郦道元著，陈桥驿校证：《水经注校证》，中华书局2007年版。

（北齐）魏收：《魏书》，中华书局1974年版。

（隋）王通撰，张沛校注：《中说校注》，中华书局2013年版。

（唐）李百药：《北齐书》，中华书局1972年版。

（唐）姚思廉：《陈书》，中华书局1972年版。

（唐）魏徵等：《隋书》，中华书局1973年版。

（唐）李延寿：《北史》，中华书局 1974 年版。

（唐）令狐德棻：《周书》，中华书局 1971 年版。

（唐）姚思廉：《梁书》，中华书局 1973 年版。

（唐）杜佑：《通典》，中华书局 1988 年版。

（唐）李林甫等：《唐六典》，文渊阁四库全书本。

骈宇骞译注：《贞观政要》，中华书局 2011 年版。

（唐）萧嵩等：《大唐开元礼》，文渊阁四库全书本。

（唐）韩愈撰，马其昶校注，马茂元整理：《韩昌黎文集校注》，上海古籍出版社 1986 年版。

（唐）李渊：《唐高祖文集辑校编年》，三秦出版社 2002 年版。

吴云、冀宇校注：《唐太宗全集校注》，天津古籍出版社 2004 年版。

（唐）道宣撰，郭绍林点校：《续高僧传》，中华书局 2014 年版。

（后晋）刘昫等：《旧唐书》，中华书局 1975 年版。

（宋）胡瑗著，白辉洪、于文博、［韩］徐尚贤点校：《周易口义》，中国社会科学出版社 2021 年版。

（宋）王溥：《唐会要》，中华书局 1960 年版。

（宋）欧阳修、（宋）宋祁：《新唐书》，中华书局 1975 年版。

（宋）范祖禹：《唐鉴》，文渊阁四库全书本。

（宋）司马光编著：《资治通鉴》，中华书局 1956 年版。

（宋）宇文懋昭撰，崔文印校证：《大金国志校证》，中华书局 1986 年版。

（宋）程颢、程颐著，王孝鱼点校：《二程集》，中华书局 1981 年版。

（宋）孙复：《孙明复小集》，文渊阁四库全书本。

（宋）石介著，陈植锷点校：《徂徕石先生文集》，中华书局 1984 年版。

（宋）范祖禹：《范太史集》，文渊阁四库全书本。

（宋）陈樵：《负暄野录》，丛书集成初编本。

（宋）王钦若等编纂：《册府元龟》，凤凰出版社 2016 年版。

（金）佚名编，金少英校补，李庆善整理：《大金吊伐录校补》，中华书局 2006 年版。

（金）刘祁著，崔文印点校：《归潜志》，中华书局 1983 年版。

（金）孔元措编撰：《孔氏祖庭广记》，山东友谊书社 1989 年版。

（元）马端临：《文献通考》，中华书局 2011 年版。

（元）苏天爵编，张金铣校点：《元文类》，安徽大学出版社 2020 年版。

（元）黄溍：《黄溍集》，浙江古籍出版社 2013 年版。

（元）脱脱等：《宋史》，中华书局 1977 年版。

（明）陈镐纂修：《阙里志》，山东友谊书社 1989 年版。

（明）瞿九思：《孔庙礼乐考》，续修四库全书本。

（明）都穆：《金薤琳琅》，文渊阁四库全书本。

（明）程敏政：《明文海》，文渊阁四库全书本。

（明）湛若水：《格物通》，文渊阁四库全书本。

（清）董浩等编：《全唐文》，中华书局 1983 年版。

（清）张廷玉等：《明史》，中华书局 1974 年版。

（清）焦循撰，沈文倬点校：《孟子正义》，中华书局 1987 年版。

（清）孙诒让：《墨子间诂》，中华书局 2001 年版。

（清）阮元校刻：《十三经注疏》，中华书局 2009 年版。

（清）张金吾编纂：《金文最》，中华书局 1990 年版。

（清）宋际、宋庆长：《阙里广志》，《儒藏》影印本。

（清）孔毓圻等：《幸鲁盛典》，文渊阁四库全书本。

（清）孔继汾述：《阙里文献考》，山东友谊书社 1989 年版。

（清）庞钟璐：《文庙祀典考》，清光绪四年（1878）刻本。

（清）戚学标：《鹤泉文钞》，清嘉庆五年（1800）刻本。

二、金石文献与著作

（宋）洪适：《隶释》，文渊阁四库全书本。

（宋）欧阳修原著，邓宝剑等注释：《集古录跋尾》，人民美术出版社

2010 年版。

（宋）赵明诚撰，金文明校证：《金石录校证》，广西师范大学出版社 2005 年版。

（清）钱大昕：《潜研堂金石文跋尾》，上海古籍出版社 2020 年版。

（清）孙星衍等：《寰宇访碑录》，上海古籍出版社 2020 年版。

（清）赵之谦：《补寰宇访碑录》，浙江人民美术出版社 2016 年版。

（清）王昶：《金石萃编》，上海古籍出版社 2020 年版。

（清）翁方纲：《两汉金石记》，上海古籍出版社 2020 年版。

（清）叶昌炽撰，姚文昌点校：《语石》，浙江大学出版社 2018 年版。

国家图书馆善本金石组编：《历代石刻史料汇编》，北京图书馆出版社 2000 年版。

新文丰出版公司编辑部编：《石刻史料新编第一辑》，台湾新文丰出版公司 1977 年版。

新文丰出版公司编辑部编：《石刻史料新编第二辑》，台湾新文丰出版公司 1979 年版。

新文丰出版公司编辑部编：《石刻史料新编第三辑》，台湾新文丰出版公司 1986 年版。

新文丰出版公司编辑部编：《石刻史料新编第四辑》，台湾新文丰出版公司 2006 年版。

包备五编著：《齐鲁碑刻》，齐鲁书社 1996 年版。

蔡美彪编著：《元代白话碑集录》，科学出版社 1955 年版。

高文：《汉碑集释》，河南大学出版社 1997 年版。

宫衍兴编著：《济宁全汉碑》，齐鲁书社 1990 年版。

骆承烈汇编：《石头上的儒家文献——曲阜碑文录》（上、下），齐鲁书社 2001 年版。

刘海宇：《山东汉代碑刻研究》，齐鲁书社 2015 年版。

陆和九：《中国金石学讲义》，北京图书馆出版社 2003 年版。

李樯、李天择:《济宁汉碑考释》,中国社会出版社 2014 年版。

刘培桂编著:《孟子林庙历代石刻集》,齐鲁书社 2005 年版。

马衡:《中国金石学概论》,时代文艺出版社 2019 年版。

毛远明:《碑刻文献学通论》,中华书局 2009 年版。

施蛰存:《金石丛话》,中华书局 1991 年版。

杨朝明主编:《曲阜儒家碑刻文献集成》(上、中、下),齐鲁书社 2022 年版。

赵超:《中国古代石刻概论》,文物出版社 1997 年版。

朱福平编著:《孔庙十三碑亭》,中国档案出版社 2004 年版。

曾晓梅编著:《碑刻文献论著叙录》(上、中、下),线装书局 2010 年版。

三、近现代著作

山东省地方史志编纂委员会编:《山东省志·孔子故里志》,中华书局 1994 年版。

陈戍国:《中国礼制史》,湖南教育出版社 2002 年版。

蔡美彪:《辽金元史十五讲》,中华书局 2011 年版。

杜维明著,钱文忠、盛勤译:《道·学·政:儒家公共知识分子的三个面向》,生活·读书·新知三联书店 2013 年版。

董喜宁:《孔庙祭祀研究》,中国社会科学出版社 2014 年版。

傅崇兰等:《曲阜庙城与中国儒学》,中国社会科学出版社 2002 年版。

符海潮:《元代汉人世侯群体研究》,河北大学出版社 2007 年版。

干春松:《制度化儒家及其解体》,中国人民大学出版社 2012 年版。

宫衍兴、王政玉编著:《孔庙诸神考——孔庙塑像资料编》,山东友谊出版社 1994 版。

张寿安:《圣贤与圣徒》,北京大学出版社 2005 年版。

黄进兴:《优入圣域:权力、信仰与正当性》,中华书局 2010 年版。

黄进兴:《皇帝、儒生与孔庙》,生活·读书·新知三联书店 2014 年版。

孔德成总裁，孔庆堃、孔令熙监修：《孔子世家谱》，山东友谊书社1990年版。

孔祥林、管蕾、房伟：《孔府文化研究》，中华书局2013年版。

林存光：《历史上的孔子形象——政治与文化语境下的孔子和儒学》，齐鲁书社2004年版。

刘刚、李冬君：《中国圣人文化论纲》，山西教育出版社2014年版。

李景明、宫云维编著：《历代孔子嫡裔衍圣公传》，齐鲁书社1993年版。

李申：《中国儒教史》，江苏人民出版社2018年版。

孟凡港：《石刻中的山东古代社会》，中国社会科学出版社2019年版。

庞朴主编：《中国儒学》，东方出版中心1997年版。

曲英杰：《孔庙史话》，社会科学文献出版社2011年版。

田天：《秦汉国家祭祀史稿》，生活·读书·新知三联书店2015年版。

吾淳：《中国社会的宗教传统》，上海三联书店2009年版。

萧启庆：《内北国而外中国：蒙元史研究》，中华书局2007年版。

姚大力：《蒙元制度与政治文化》，北京大学出版社2011年版。

杨朝明、宋立林主编：《孔子家语通解》，齐鲁书社2009年版。

朱鸿林：《孔庙从祀与乡约》，生活·读书·新知三联书店2015年版。

赵克生：《明朝嘉靖时期国家祭礼改制》，社会科学文献出版社2006年版。

赵琦：《金元之际的儒士与汉文化》，人民出版社2004年版。

赵继颜：《金元之际山东三世侯》，山东文艺出版社2004年版。

［德］傅海波、［英］崔瑞德编，史卫民等译：《剑桥中国辽西夏金元史（907—1368年）》，中国社会科学出版社1998年版。

［美］本杰明·史华兹著，程钢译，刘东校：《古代中国的思想世界》，江苏人民出版社2014年版。

［美］武雅士著，彭泽安、邵铁峰译，郭潇威校：《中国社会中的宗教

与仪式》，江苏人民出版社 2014 年版。

　　［日］安居香山、中村璋八辑：《纬书集成》（上、中、下），河北人民出版社 1994 年版。

四、相关论文

　　蔡方鹿：《道统思想的历史嬗变及其流弊——以宋明时期为主》，《深圳大学学报（人文社会科学版）》2016 年第 1 期。

　　陈炎：《"衍圣公世袭制度"、"教皇选举制度"、"活佛转世制度"的文化特征》，《天津社会科学》2011 年第 1 期。

　　董喜宁、陈成国：《孔子谥号演变考》，《湖南大学学报（社会科学版）》2010 年第 3 期。

　　黄爱平：《清代康雍乾三帝的统治思想与文化选择》，《中国社会科学院研究生院学报》2001 年第 4 期。

　　黄朴民：《两汉谶纬简论》，《清华大学学报（哲学社会科学版）》2008 年第 3 期。

　　何德章：《北魏国号与正统问题》，《历史研究》1992 年第 3 期。

　　姜海军：《清入关前后："尊孔崇儒"与儒学官学化》，《河北学刊》2017 年第 1 期。

　　金其桢：《碑论——中国物质形态特种传统文化研究之一》，《中国文化研究》1994 年第 3 期。

　　孔祥林：《孔子庙创建时间考》，《孔子研究》2007 年第 6 期。

　　刘培桂：《孔道辅与祭祀孟子之始》，《孔子研究》1994 年第 1 期。

　　王宇：《宋代衍圣公制度试述》，《孔子研究》2009 年第 4 期。

　　赵文坦：《蒙元时期衍圣公袭封考》，《孔子研究》2012 年第 2 期。

　　赵文坦：《文宣公孔仁玉中兴本事考》，《孔子研究》2015 年第 3 期。

　　寇养厚：《唐初三帝的三教共存与道先佛后政策——唐代三教并行政策形成的第一阶段》，《文史哲》1998 年第 4 期。

李纪祥：《西汉封爵孔子的两种走向：血缘性与非血缘性》，《文史哲》2013 年第 4 期。

刘成国：《9～12 世纪初的道统"前史"考述》，《史学月刊》2013 年第 12 期。

刘辉：《金代的孔庙与庙学述略》，《社会科学战线》2015 年第 12 期。

刘浦江：《德运之争与辽金王朝的正统性问题》，《中国社会科学》2004 年第 2 期。

廖小东、丰凤：《中国古代国家祭祀的政治功能及其影响》，《求索》2008 年第 2 期。

孟凡港：《从曲阜碑刻看历史上的尊孔活动》，《华夏文化》2009 年第 1 期。

孟凡港：《孔融父兄考：以碑刻为主要依据——兼对史志记载讹误的订正》，《福建论坛（人文社会科学版）》2011 年第 3 期。

沈刚：《东汉碑刻所见地方官员的祠祀活动》，《社会科学战线》2012 年第 7 期。

全相卿：《宋代墓志碑铭撰写中的政治因素——以北宋孔道辅为例》，《河南大学学报（社会科学版）》2015 年第 5 期。

王柏中：《试论传统祭祀的社会功能——以两汉国家祭祀为例》，《社会科学战线》2005 年第 5 期。

王方晗：《政治与遗产互动下的曲阜孔庙——以蒙元帝国前期孔庙的破与立为中心》，《民俗研究》2013 年第 4 期。

徐冲：《"禅让"与"起元"：魏晋南北朝的王朝更替与国史书写》，《历史研究》2010 年第 3 期。

邢铁：《明清时期孔府的继承制度》，《历史研究》1995 年第 6 期。

杨珩：《"金以儒亡"辨：兼论女真统治者的崇儒方略及其影响》，《贵州民族研究》2016 年第 6 期。

朱鸿林：《国家与礼仪：元明二代祀孔典礼的仪节变化》，《中山大学学报（社会科学版）》1999 年第 5 期。

赵荣光：《明清两代的曲阜衍圣公府》，《齐鲁学刊》1990 年第 2 期。

赵宇：《儒家"亚圣"名号变迁考——关于宋元政治与理学道统论之互动研究》，《历史研究》2017 年第 4 期。

王鹏江：《唐碑研究》，首都师范大学 2006 年博士学位论文。

董喜宁：《孔庙祭祀研究》，湖南大学 2011 年博士学位论文。

马晓林：《元代国家祭祀研究》，南开大学 2012 年博士学位论文。

张九龙：《曲阜孔庙元代碑刻研究》，山东大学 2014 年硕士学位论文。

孙育臣：《从曲阜石刻文献看明代尊孔崇儒》，曲阜师范大学 2016 年硕士学位论文。

吴云：《曲阜碑刻视域下的清代文化选择》，曲阜师范大学 2016 年硕士学位论文。

张艳青：《曲阜汉碑研究》，曲阜师范大学 2016 年硕士学位论文。

后　记

　　本书是在我博士论文的基础上修订而成的。从考博到博士论文题目选定、论文答辩通过，至如今的书稿出版，一路走来，得到了诸多师友的帮助与支持。借此后记，表达我的谢意。

　　我的博士研究生导师黄怀信先生致力于儒家文献研究，在《逸周书》《尚书》《论语》《大戴礼记》及出土文献等儒家文献的整理与校释领域成果显著。承蒙老师不弃，我于 2013 年考入老师门下。在博士论文题目选定时，老师最初考虑到我硕士研究生学习期间所做"孔子《诗》教思想研究"这一题目，打算让我在《诗经》领域继续深入。但是由于我工作后在《诗经》方面用力不深，与《诗经》研究已较为疏远，故未敢选定这一题目。当时，我的工作单位孔子研究院正进行"中国曲阜儒家石刻文献集成"这一国家社科基金项目。此项目由杨朝明院长主持，集全院科研力量对曲阜碑刻进行整理、辑录，我也参与其中。于是征询老师意见，是否可以从曲阜碑刻文献入手来研究孔子、儒学与历代政权之间的"互动"。老师听后欣然同意。老师认为曲阜碑刻文献具有重要价值与意义，而且我作为一名曲阜人，工作于曲阜，又参与单位所开展的碑刻文献整理工作，这一研究方向对我来说比较适合。老师的赞同与支持坚定了我开展这一研究的决心。后来在论文的写作过程中，老师以其严谨的治学态度，对我的论文给予诸多指导与修订。如今论文修订成书，其中饱含老师的辛勤付出，谨以此书表达对老师深深的感激之情。

　　杨朝明先生是我的硕士研究生导师，也是我走向学术之路的领路人。当年考入杨老师门下，老师带领我们做《孔子家语通解》的整理工作，指导我们以"六经之教"写作硕士论文，并指导我发表了第一篇学术论文……老师的培养与指导奠定了我今后的治学之路。2006 年，我硕士研究生毕业进入孔子研究院工作。2010 年，杨老师由曲阜师范大学调入孔子研究院任院长一职，成为我的领导和同事。因为同在一个单位，与老师交流、向老师请教的机会更多、更方便。也正是在杨老师的鼓励下，我才有勇气在职报考博士研究生。后来在论文题目的选定、论文写作及后期的书稿修改期间，老师也给予诸多意见和建议，指导我不断完善论文。如今，老师已调至山东大学工作，虽不能像以前一样经常亲聆教诲，但老师的教导铭记在心，并激励着我不断继续努力。

王钧林、程奇立、林存光、吴佩林等先生，他们是我博士论文预答辩和答辩的委员，对我论文的修改与完善提出诸多宝贵意见。感谢诸位老师的提携与帮助。

同时，我也感谢我的工作单位孔子研究院和诸位同事们。院领导注重科研人员学术能力的提升，鼓励年轻人继续深造，让我有幸可以在职读博。而在博士论文写作期间，"中国曲阜儒家石刻文献集成"项目顺利推进，同事们碑刻文献辑录与整理的成果，为我核对碑文进而展开研究提供了很大便利，不然，曲阜碑刻众多，前人辑录的碑刻文献错讹较多，如果由我一一去核对散布于曲阜各个文化遗迹的石碑，将会耗费不少时间。

感谢尼山世界儒学中心将本书纳入"尼山世界儒学中心　中国孔子基金会"文库，并给予出版资金支持。编辑出版期间，齐鲁书社许允龙、王江源两位编辑老师对书稿的最后修改与完善付出了很大努力，在此深表谢意。

最后，感谢我的家人与亲友，以及像亲人般的同门师兄弟们，感谢他们一直以来对我的支持与帮助。

本人学术水平有限，虽然从博士论文写作到后期的书稿修改，一直竭心尽力，但其中浅薄错讹之处定有不少，恳请各位专家学者批评指正。

陈　霞

2023 年 1 月 29 日于孔子研究院